國家圖書館出版品預行編目資料

華嚴「法界緣起觀」的思想探源——以杜順、法藏的法界觀
為中心／黃俊威 著 — 初版 — 台北縣永和市：花木蘭文化出
版社，2010〔民99〕
目 2+206 面；19×26 公分
（中國學術思想研究輯刊 八編；第 32 冊）
ISBN：978-986-254-216-3（精裝）
1. 華嚴宗　2. 佛教教理
226.31　　　　　　　　　　　　　　　　　　99002659

ISBN - 978-986-2542-16-3

9 789862 542163

中國學術思想研究輯刊
八　編　第三二冊　　　　　ISBN：978-986-254-216-3

華嚴「法界緣起觀」的思想探源
——以杜順、法藏的法界觀為中心

作　　者　黃俊威
主　　編　林慶彰
總 編 輯　杜潔祥
出　　版　花木蘭文化出版社
發 行 所　花木蘭文化出版社
發 行 人　高小娟
聯絡地址　台北縣永和市中正路五九五號七樓之三
　　　　　電話：02-2923-1455／傳真：02-2923-1452
網　　址　http://www.huamulan.tw 信箱 sut81518@ms59.hinet.net
印　　刷　普羅文化出版廣告事業
封面設計　劉開工作室
初　　版　2010 年 3 月
定　　價　八編 35 冊（精裝）新台幣 58,000 元

華嚴「法界緣起觀」的思想探源
——以杜順、法藏的法界觀爲中心

黃俊威　著

作者簡介

黃俊威，廣東惠陽人，1959 年 1 月 20 日生於香港廣華醫院。自初中開始，即開始修讀香港明珠佛學社所舉辦的佛學課程，並追隨黃家樹先生，修讀「印度佛教史」課程；以及高永霄先生的「中國佛教史」課程。中學畢業後，即於 1978 年（民國 67 年）9 月，考進台灣國立政治大學哲學系，在學期間，曾參加政大東方文化社，並負責講授「印度佛教史」課程，直至台灣大學哲學研究所博士班畢業為止（1978-1992），前後 15 年。1983 年（民國 72 年），考進台大哲研所碩士班，跟隨著葉阿月教授，學習梵文、巴利文、印度佛學、印度哲學；並跟隨張永儁教授，研究宋明理學、先秦諸子哲學等。1988 年（民國 77 年），考進台大哲研所博士班，1992 年（民國 81 年）7 月，台大哲研所博士班畢業。

曾任：中壢「圓光佛學院」師資（1988-1998）。

台中霧峰「慈明佛學研究所」師資（1989-2001）

華梵大學「人文教育研究中心」代理主任（1993-1994）

華梵大學「東方人文思想研究所」所長（2005-2010）

現任：華梵大學「東方人文思想研究所」副教授（1993-2010）。

提　要

在中國大乘佛教八大宗派的思想當中，華嚴宗的「法界緣起觀」，可以說是最具有中國機體主義思惟特色的佛教哲學。《華嚴經》中也常言道，所謂：「三界虛妄，唯是一心作。」這一種把「一心」看作是能夠顯現整個「法界緣起觀」的真心，更不禁讓人對佛教機體主義的形上學系統，產生了一股油然而生的欽佩之情！然而，任何一個思想的產生，它絕對不可能是脫離歷史、孤立而起的；或者根本就是非前非後，一蹴即成的。換言之：整個佛教思想的發展，它也必須要有一段漫長的思想史背景，作為蘊釀的基礎，最後，它才能夠開花結果，枝葉茂盛。因此，從佛教思想史的角度而言：華嚴思想雖然是體系龐雜，牽涉到的思想範圍，也是相當之廣，但是，總應該有一條思想史的脈絡可循！

而本書的寫作目的，就是希望能夠透過「思想史的溯還法」，分別探討「法界緣起」的思想根源，從原始佛教的「十四無記」、「十二支緣起」到部派佛教的「業感緣起」，乃至整個大乘佛教的「賴耶緣起」、「如來藏緣起」、「真如緣起」為止，作為整個「法界緣起」思想的序曲。

接下來，就是要分別處理有關華嚴宗的始祖杜順、二祖智儼；以及三祖法藏對於「法界緣起」思想的不同詮釋面相。例如，杜順的「五教止觀」、「法界觀門」理論，就成為了杜順本人的思想特色。而二祖智儼則代表了一位唯一能上承杜順，下啟法藏綜合思想系統的關鍵性人物，尤其是在他的「因門六義」和「一乘十玄門」的思想，對於後來法藏的「新十玄門」以及「六相圓融」理論系統的建構，關係非常是密切的。

綜合以上所述，我們也可以進一步發現到：「法界緣起」的思想形成，主要還是以前期的「業感緣起」、「賴耶緣起」、「真如緣起」；乃至「如來藏緣起」，作為理論建構的伏線。因此，研究「法界緣起」的思想史，事實上，就等於在研究「緣起」思想在不同時期的詮釋史；由於佛陀的「緣起論」思想，在不同時期當中，就分別有不同時期的詮釋態度，所以，集合了這不同時期的詮釋內容，就正好構成了整個「緣起」思想的詮釋史。

目
次

緒　論

壹、論文主旨

　　本論文的寫作主旨，便是希望能對「法界緣起觀」的形上學系統，作一番較深入的思想史探索過程。從而使得華嚴宗的「法界緣起」思想，能夠獲得一個更具體清晰的思想史說明。

貳、主旨說明

　　在中國大乘佛學的思想中，華嚴宗的「法界緣起觀」思想，可說是最具有中國特色的佛教思想。從《八十華嚴》裡的〈世主妙嚴品〉、〈如來出現品〉、〈離世品〉，以至〈入法界品〉，幾乎都成為了整個《華嚴經》的思想骨幹，這便是「無礙」（apratihata）的觀念。方東美曾經說過：

> 這個「無礙」是什麼呢？就是拿一個根本範疇，把宇宙裡面千差萬別的差別境界，透過一個整體的觀照，而彰顯出一個整體的結構，然後再把千差萬別的這個差別世界，一一化成一個機體的統一。並且在機體的統一裡面，對於全體與部分之間能夠互相貫注，部分與部分之間也能互相貫注。於是我們可以看出：整個宇宙，包括安排在整個裡面的人生，都相互形成一個不可分割的整體。倘若我們引用近代西洋哲學上面的慣用名詞來說：就是所謂 organic unity（機體統一），是一種 organism（機體主義）。對於這樣的一種思想，在中國的佛學領域，從初唐開始，就產生了一位佛學的大宗師杜順禪師，

他首先發揮了這一種學說。雖然在他的著作中所遺留下來，也僅是兩篇短文章，可是這兩篇短文章（《華嚴五教止觀》與《華嚴法界觀》），在中國大乘佛學的發展上，我們可以看出：它是解決了很重要的困難問題。而且，我們可以說：不僅僅在中國哲學上面具有很大的功效，同時，就整個世界哲學上面的發展，也可以幫助我們解決許多歷來所產生的難以解決的問題，甚至是不能解決的問題！（方東美《華嚴宗哲學》下冊，第 3 頁，黎明文化事業公司民國 70 年 7 月初版。）

以機體主義的「無礙」觀念來解決宇宙之間的一多差別問題，的確是華嚴哲學的最大貢獻。它除了可以跟中國哲學的「天人合一」觀念溝通外，同時也可以消弭西方哲學二元對立的困境！

華嚴哲學，除了以「無礙」的觀念來消弭一多之間的差別外，同時，它的「性起」思想，也可以作爲整個宇宙衍生論的說明。事實上，所謂「性起」，就是把宇宙一切的存在根源，都歸之於這「一心」。《華嚴經》中常言：「三界虛妄，唯是一心作。」這種把「一心」看作是顯現「法界緣起」的「眞心」觀念，更使得一般人對佛教形上學系統，不禁生起一股油然欽佩之情。有人說：華嚴是佛教的富貴。誠然！此言一點不假。然而，一個思想的產生，絕不可能是孤立而憑空的。換言之，佛教思想的產生，也不可能是一蹴即成，它必須有一段漫長的思想史背景作爲蘊釀，最後才會開花結果，枝葉茂盛。因此，從這一個角度而言：華嚴思想雖然體系龐雜，牽涉的範圍甚廣，但總有一條思想史的脈絡可循。

而本論文的寫作目的，便是希望能透過對「法界」「緣起」「一心」等一系列的形上學觀念，作一番思想史的溯源工作。從而具體掌握「法界」「緣起」「一心」的觀念，在整個佛教思想史中的演變過程，作爲對整個華嚴宗「法界緣起觀」形上學進路的方法論基礎。

參、研究進度

本論文的寫作目的，便是希望能對「法界緣起觀」的形上學系統，作一番較深入的思想史探索過程。從而使得華嚴宗的「法界緣起」思想，能夠獲得一個更具體清晰的思想史說明。

本論文所採取的方式，主要是從思想史的角度，去設法探討「法界緣起」

思想的來龍去脈，以及中間的演變過程。從而更具體的說明了佛教爲何從原先純粹實踐的原始佛教，客觀分析的部派佛教（或稱「阿毗達磨佛教」），性空唯名、虛妄唯識的初期大乘，慢慢地卻往「眞常唯心」的道路上發展。有關這些思想史的演變，亦將會都成爲本論文的探討重點。

　　本論文的研究範圍，主要以「法界緣起」思想爲中心。因此，在第一章中，大部分跟「法界緣起」有關的早期思想，如：「十四無記」、「十二支緣起」、「業感緣起」、「眞如緣起」、「賴耶緣起」、「如來藏緣起」等相關觀念，便必須加以處理。事實上，這一種有關早期思想的處理，主要是採取了澄觀的「四種緣起觀」，然後再經過思想史的轉化而成。又如「毗盧遮那佛」、「盧舍那佛」的觀念，便必然牽涉到「佛身觀」的開展問題。另外，有關對《華嚴經》的思想分析，初祖杜順以至法藏、澄觀的法界觀探討，都將會成爲本論文的論述重點。

肆、研究進程說明

　　一、由於中國的華嚴宗思想，主要是根植於印度的《華嚴經》而加以發展成熟，因此，對《華嚴經》作較有系統性的分析和研究，也是相當重要的思想工作。因此，在第二章中，也將會以三個章節，分別討論《華嚴經》的成立、結構、思想背景以及其思想影響等。

　　二、接著是使用「歷史的溯源法」，從思想史的角度，探討原始佛教的「十四無記」、「十二支緣起」跟「法界緣起」的關係。而這一部分的比較，也正是澄觀的「四種緣起觀」中所沒有的。

　　三、在這裡，便是繼續以「歷史的溯源法」，去探討部派佛教的「業感緣起」跟「法界緣起」之間的思想關聯。事實上，這也正是澄觀在「四種緣起觀」中的第一個。在這裡，佛教思想的唯心發展，便開始明顯起來。

　　四、部派佛教的「業感緣起」思想，進入到大乘時代以後，便發展成爲「阿賴耶緣起」的思想，這也正是澄觀所說的「賴耶緣起」。在這裡，阿賴耶識於是便成爲一切存有論的根源，透過阿賴耶識的「種子熏習說」，一切現象的存在於是便得到了進一步的確立。而唯識家的「阿賴耶識」，經過了眞諦（Paramārtha; A.D.499～569）的進一步詮釋，便發展成「阿摩羅識」的「九識說」。這種趨勢，便很自然地會跟「一心說」的理論呼應，從而發展成以「一心」爲主的「法界緣起觀」。有關這些思想史的因素，也會成爲本論文所要處

理的對象。

五、承接上文所述：「阿賴耶識」經過了眞諦的詮釋，而成爲「阿摩羅識」的「九識說」。這種趨勢，後來又跟「心性本淨說」的清淨心合流，進而發展成爲以「如來藏自性清淨心」爲主體的「如來藏緣起說」。到了這個時候，以「如來藏」作爲一切世間染、淨法的所依的觀念，則更爲明顯。由於「如來藏」與「自性清淨心」理論的結合，把「如來藏」視作「一心」現起的思想，便自然會導出以「一心」爲主的「法界緣起」思想。有關這些內容，都將會成爲本論文的探討重點。

六、華嚴宗的初祖杜順，可以說是整個華嚴思想的開創者和奠基者，因此，本文在第四章中，將會以三個章節，分別討論杜順的生平，以及他的《五教止觀》和《法界觀門》的思想內容，作爲對華嚴思想雛型的理解。

七、眞正繼承杜順的《法界觀門》思想，而將之發揚光大者，便要算是二祖智儼了。由於智儼是一位唯一能上承杜順，下啓法藏綜合思想的中介者，是溝通杜順和法藏之間思想的橋樑人物，因此，他在思想史中的地位便顯得相當重要。而在第四章中，亦會以三個章節，分別討論智儼的生平、「一乘十玄門」思想，以及他對「緣起」六義的詮釋，作爲理解法藏思想的伏筆。

八、華嚴宗的「法界緣起觀」，可以說是：上承初祖杜順的思想啓發、二祖智儼的釋心整理，以至三祖法藏的體系建構，最後，再經澄觀的思想發展而漸趨成熟。因此，法藏對於「法界緣起觀」思想體系的建立，實在是功不可沒！在本文的第五章中，也會以五個章節，分別討論法藏的生平；「法界緣起觀」的染、淨、合三項原則；「新十玄門」和「因門六義說」「六相圓融說」的關係；以及整個法界觀思想體系的奠立等等，都將會成爲本論文的探討重點。

伍、方法論基礎的說明

本論文所使用的研究方法，主要是扣緊華嚴宗「法界緣起」的觀念，作一種思想史上的「歷史溯源法」，而溯源的對象，也包括了從原始佛教、部派佛教以至整個大乘佛教的空、有二宗（中觀與唯識），乃至如來藏思想。

又由於華嚴宗「法界緣起」思想，乃佛教「緣起」思想發展的最頂峰。而這一連串的發展過程，事實上，又是代表了整個不同時期的佛教，對「緣起」觀念的不同詮釋。因此，研究「法界緣起」的思想史，就等於在研究「緣起」思想的詮釋史。由於「緣起」的思想，在不同的時期當中，就有不同的

詮釋態度，所以，集合了這不同時期的詮釋內容，便構成了整個「緣起」思想的詮釋史。

　　從這一個觀點而言：除了「思想史的溯源法」之外，還必須要牽涉到「思想的詮釋法」，透過對詮釋內容的理解，更可讓一般人對深奧難懂的佛教華嚴思想，獲得了較具體性的思想史說明。

　　在「思想史的溯源法」和「思想的詮釋法」之間，還包含了一個「思想的比較法」。透過「法界緣起」思想和早期不同「緣起」思想的對比研究，更能讓我們進一步掌握佛教「緣起」思想的整個演變過程。因此，以「思想史的溯源法」，配合「思想的詮釋法」和「思想對比法」，便成為本論文的方法論基礎。

第一章 《華嚴經》中所彰顯的「法界緣起」思想

　　本章所要討論的重點，主要是在處理有關《華嚴經》的翻譯、結集，以當中所呈現的「法界緣起」思想，作爲理解杜順和法藏「法界觀」的思想基礎。

第一節 《華嚴經》的成立

一、《華嚴經》的譯經史

　　《華嚴經》的梵名是 Buddhāvataṃ saka-nāma-mahā-vaipulya-sūtra，全譯是《大方廣佛華嚴經》，簡稱《華嚴經》。〔註1〕在中國的譯經史上，它是一部典型的大經，被稱爲「五大部」之一。《華嚴經》在中國，經過了歷代古師大德們的全力弘揚，終於成立了「華嚴宗」，它的教學和思想內容，在中國大乘佛教的思想中，占有相當重要的位置。

　　事實上，這一部經典全部結集完成的時間，可能要比《般若經》的出現，以及「淨土」、「文殊」的法門，還要晚一些。然而，由於它的結集過程相當複雜，因此，也可能會有較早出現的部分。

　　關於《華嚴經》的傳譯，全譯本有兩種：1.東晉時代佛馱跋陀羅（Buddhabhadra; A.D. 359～429）所譯的六十卷本，分三十四品，名爲《大方

────────────────

〔註1〕請參閱水野弘元編《新佛典解題事典》，第85頁，地平線出版社民國66年12月在台版。

廣佛華嚴經》，一般通稱爲「六十華嚴」簡稱「晉譯本」。2.唐實叉難陀
（śikṣānanda; A.D. 652～710）所譯的八十卷，簡稱「唐譯本」。有關六十卷的
翻譯情況，如《出三藏記集》卷九所說：

> 《華嚴經》胡本，凡十萬偈。昔道人支法領，從于闐得此三萬六千
> 偈。以晉義熙十四年，歲次鶉火，三月十日，於揚州司空謝石所立
> 道場寺，請天竺禪師佛馱跋陀羅。手執梵文，譯胡爲晉，沙門釋法
> 業親從筆受。時吳郡內史孟顗，右衛將軍褚叔度爲檀越，至元熙二
> 年六月十日出訖。凡再校胡本，至大宋永初二年，辛丑之歲，十二
> 月二十八日校畢。〔註2〕

根據記載：《華嚴經》的梵本，應該有十萬頌，可是，在「晉譯本」中，
卻只有三萬六千偈，大概當時印度人所稱的「十萬」，只是形容數量很多的意
思罷了。事實上，這些梵本，都是支法領從于闐（khotan）攜帶回來的。如《高
僧傳》卷六所說：

> 初經流江東，多有未備；禪法無聞，律藏殘闕。（慧）遠慨其道缺，
> 乃令弟子法淨、法領等，遠尋眾經，踰越沙雪，曠歲方反，皆獲梵
> 本。〔註3〕

依《高僧傳》所載：支法領等去西域取經，主要是秉承慧遠的意旨，到
處尋訪，皆各有所得。然而，把這些梵本加以收集，進而攜回中國的，則是
支法領。如《肇論·答劉遺民書》中，便有提到：

> 領公遠舉，乃千載之津梁也！於西域還，得方等新經二百餘部。〔註4〕

由此可見，大抵慧遠當時是在江東，所以《華嚴經》的梵本也到了江東。當時，
正好佛馱跋陀羅（Buddhabhadra）也到了江東一帶，因此，就選擇在揚州的道
場寺，把《華嚴經》的六十卷翻譯出來。從義熙十四年三月至元熙二年六月之
間（西元418～420年），共花費了差不多三年的時間，才把它全部譯出。

除了六十卷的《華嚴經》（六十華嚴）是全譯本之外，尚有唐代實叉難陀
（śikṣānanda）所譯的八十卷，共分三十九品，也是稱爲《大方廣佛華嚴經》，
簡稱「唐譯本」。事實上，「唐譯本」的出現，主要是有感於對晉譯舊本（六
十華嚴）的不滿，進而希望尋找更詳盡的版本，而恰好這個時候，《華嚴經》

〔註2〕　《出三藏記集》卷九，《大正藏》五十五冊，第 61 頁上。
〔註3〕　《高僧傳》卷六，《大正藏》五十冊，第 359 頁中。
〔註4〕　《肇論》，《大正藏》四十五冊，第 155 頁下。

的結集內容，更爲詳備，正好滿足人們的那一種求全求美的宗教渴望。因此，新譯的出現，剛好也反映了當時的時代需求。如《開元釋教錄》卷九所載：

> 沙門實叉難陀，唐云喜學，于闐國人。……天后（武則天）明揚佛日，敬重大乘。以華嚴舊經，處會未備，遠聞于闐有斯梵本，發使求訪，并請譯人實叉與經同臻帝闕。以天后證聖元年乙未，於東都大內遍空寺譯《華嚴經》。天后親臨法座，煥發序文，自運仙毫，首題名品。南印度沙門菩提流志、沙門義淨，同宣梵本。後付沙門復禮、法藏等，於佛授記寺譯，至聖曆二年己亥功畢。〔註5〕

由此看來，實叉難陀是于闐人，負責翻譯于闐國出土的《華嚴經》，那當然是最好不過了。所謂「實叉與經同臻帝闕」，正說明了實叉難陀和《華嚴經》的梵本，都是同時帶進中國境內的。至於翻譯的地點，則是在洛陽東都的遍空寺；翻譯時間是證聖元年至聖曆二年（A.D.695～699），前後共歷時五年。翻譯的情況是，首先由菩提流志、義淨等人，口宣梵本，然後由復禮、法藏等二人授譯筆錄。

比較這兩種譯本，「唐譯本」確實要比「晉譯本」詳盡得多了，例如：

1. 「晉譯本」的〈世間淨眼品〉，「唐譯本」則變成〈世主妙嚴品〉。

2. 「晉譯本」的〈盧舍那佛品〉，「唐譯本」則細分成〈如來現相品〉、〈普賢三昧品〉、〈世界成就品〉、〈華藏世界品〉和〈毗盧遮那品〉五品，在內容上，要比舊譯的詳盡得多了。

3. 此外，「唐譯本」的〈十定品〉，在「晉譯本」中是沒有的。

因此，新譯的「八十華嚴」，不論在內容及章品的編排上，都要比過去的「晉譯本」來得詳盡而充實。從這種現象中，我們不難發現：《華嚴經》從結集到成爲文字定本的過程中間，還有充滿著很多的思想發展空間，所以，從舊譯到新譯前後約二百多年的歷史發展過程中，《華嚴經》的內容，向在不斷地充實和增補，這是可以肯定的。

至於《華嚴經》的部分或零碎譯出，大概在西元二世紀之間，已經開始進行著，例如：

1. 漢代的支婁迦讖（Lokarakṣa）所譯出（西元178～189年）的《兜沙經》一卷。這是相當於「唐譯本」的第七〈如來名號品〉及〈光明覺品〉的略譯。

〔註5〕《開元釋教錄》卷九，《大正藏》五十五冊，第566頁上。

2. 吳代支謙所譯（西元 222～228 年）的《菩薩本業經》一卷，內容跟《兜沙經》差不多，很可能是《兜沙經》的意譯本。其中的〈願行品〉，跟「唐譯本」的〈淨行品〉接近。而〈十地品〉則跟「唐譯本」的〈昇須彌山頂品〉、〈須彌頂上偈讚品〉以及〈十住品〉相當。

3. 西晉的竺法護（Dharmakṣa）所譯（西元 265～308 年）的《菩薩十住行道品經》一卷，相當於「唐譯本」的〈十住品〉。

   還有《如來興顯經》四卷，是「晉譯本」〈寶王如來性起品〉以及「唐譯本」〈如來出現品〉的最初譯本。而《度世經》六卷，則相當於「唐譯本」的〈離世間品〉。《漸備一切智德經》五卷，則相當於「唐譯本」的〈十地品〉。

   至於《等目菩薩所問三昧經》三卷，正相當於「唐譯本」的〈十定品〉。

4. 東晉的祇多密（Gītamitra）所譯（西元 256～316 年）的《菩薩十住經》一卷，內容跟竺法護的《菩薩十住行道品經》相當。

5. 西晉的聶道眞所譯（西元 280～312 年）《諸菩薩求佛本業經》一卷，內容跟「唐譯本」的〈淨行品〉差不多。

6. 西秦的聖堅所譯（西元 388～409 年）《羅摩伽經》三卷，相當於「唐譯本」的〈入法界品〉序部分。

7. 姚秦的鳩摩羅什（Kumārajīva）所譯（西元 408～413 年）的《十住經》四卷；以及唐代的尸羅達摩（Sīladharma）所譯（A.D.790）的《十住經》九卷，皆相於「唐譯本」的〈十地品〉。

8. 唐玄奘所譯（西元 600～664 年）的《顯無邊佛土功德經》一卷；趙宋法賢所譯（A.D.973～1001）的《較量一切佛刹功德經》一卷，這些都是「唐譯本」〈壽量品〉的異譯。

9. 唐代的般若（Prajña）所翻譯（西元 798 年）的《大方廣佛華嚴經》四十卷，便是一般所稱的「四十華嚴」。

此外，尚有地婆訶羅（Divāhara）所補譯（西元 685 年）的《大方廣佛華嚴經續入法界品》一卷，卻是「晉譯本」〈入法界品〉的補譯。而東晉的佛馱跋陀羅所譯的《文殊師利發願經》一卷，以及唐代的不空（Amoghavajra）所譯的《普賢菩薩行願讚》一卷，皆相當於「四十華嚴」末後的偈頌部分。〔註6〕

〔註 6〕 請參閱高峰了州著，慧岳譯《華嚴思想史》，第 1～10 頁，中華佛教文獻，民國 68 年 12 月 8 日初版。以及印順《初期大乘佛教的起源與開展》，第 999～

　　有關經典之引用：如《涅槃經‧梵行品》所舉的「雜花」；或〈高貴德王菩薩品〉所指的《佛雜花經》，都屬於《華嚴經》的部分。又《大乘密嚴經‧妙身生品》，亦有舉出「十地華嚴」的名稱。

　　有關論典之引用：如《大智度論》所指的《漸備經》、《不可思議解脫經》，以及《十住毗婆沙論》所引的《十住經》或《十地經》，便是《華嚴經》的〈十地品〉或〈入法界品〉。

　　由此可知，從《華嚴經》的單獨別譯到後來的全部譯出來看，我們正可發現到，《華嚴經》的最初只是以零碎的部分，慢慢地傳入中國境內，後來才逐漸形成「四十華嚴」、「六十華嚴」以至「八十華嚴」的宏大規模。事實上，早在西元前後，這一部經典，已經是以單行局部流通的方式，跟當時的《法華經》、《大般若經》等方等經典，共流行於印度和西域之間，這是相當可能的。

二、有關《華嚴經》的編集問題

　　《華嚴經》是一部內容相當複雜的大部經典，因此，它的集出，也不太可能是一蹴即成的，從早期單獨別譯的《兜沙經》、《菩薩本業經》等出現，即可看出它在印度和西域的形成和發展階段，也是經過了相當漫長的時間，然而，這並不等於說這些經典是後期的。因為按照印度人的習慣，經典大部分是靠口口相傳來記載受持，事實上，站在宗教的立場，《華嚴經》是佛陀在菩提樹下所親證的最高境界，而人間的弟子是無法瞭解，只有天上的天人和菩薩們才能體會個中三昧。因此，華嚴法門在當時的印度是無人知曉，一直到佛陀入滅後五、六百年，才逐漸在印度和西域一帶出現，為人間所流傳。因此，所謂的經典編集，便是指：這些如此浩瀚的經典，是在何種成熟的因緣下才會呈現人間，這便是本節所要討論的重點。

　　我是一個大乘佛教徒，當然是相信這些經典是佛陀親口所說的，然而，由於這些經典在人間無從得知，那麼，從什麼時候開始，這些鮮為人知的經典才逐漸流傳人間，這便牽涉到經典出現的「時節因緣」問題。因此，探討有關經典的編集過程，便是要呈現這些人間的歷史性，而並非要否定這些經典的真實性。經典的真實性，大可透過宗教實踐過程去逐一體證，這是沒有問題的。

　　在龍樹（Nāgārjuna; A.D.150～250）以前，有關《華嚴經》的傳出，已經

1010 頁，正聞出版社，民國 70 年 5 月出版。

出現。如吉藏的《三論玄義》所說：佛滅二百年中，由摩訶提婆，移住王舍城、北央崛多羅地方的大眾部，將《華嚴》、《般若》等大乘經典，合在三藏中傳出。

另一方面，據眞諦（Paramārtha; A.D.499～569）所傳的《華嚴傳》記載：龍樹到了龍宮，是得到《華嚴大不思議解脫經》。有關《般若經》和《不思議解脫經》的思想，都跟《十地經》的「十地」或「十住」思想，關係非常密切。因此，參考《十住毗婆沙論》，對於「十地」思想的瞭解，會有相當大的幫助。

因此，從上文的論述中，我們可以看出：在人間流傳的《華嚴經》，很可能是當時不同部類經典的大綜合。而有關集出的時間，按照印順法師的分析，可分爲三個時期：

1. 初編的階段：如《兜沙經》、《菩薩本業經》等發展來看，應該在西元150 年之間，一定已經集成。

2. 中期的階段：如〈入法界品〉、〈世界成就品〉等，在《大智度論》中已被大量引用，故推定爲龍樹以前，即西元150～200 年所集成。

3. 集成的階段：依印順法師的推測，大約是在西元三世紀之間。而在大部分集出以後，增補幾段，或再補入一品的情況，都是大有可能的。〔註7〕

古代的華嚴學者，大都傳說《華嚴經》的經本，多到不可勝數，但大部分都不曾流傳於人間，而透過甚深的機緣，幸然保存下來的，傳說就有十萬頌本，三十八品之多。而據眞諦（Parāmartha; A.D.499～565）所譯，世親釋的《攝大乘論釋》卷十五所說：

> 論曰：如言百千經菩薩藏緣起中說。
>
> 釋曰：總舉諸經故稱如言。菩薩藏中，有別淨土經，經有百千偈，
> 故名百千經。又《華嚴經》有百千偈，故名百千經，於此經緣起中，
> 廣說淨土相。〔註8〕

由此看來，所謂「百千偈」，其實就是「十萬頌」。而有關「十萬頌」的傳說，在西域一帶本來就極爲普遍，如隋代闍那崛多（Jñānagupta）所傳，《歷代三寶紀》卷十二所說：

> 依如梵本，此大集經凡十萬頌，若具足翻可三百卷。

見今譯經崛多三藏口每說云：于闐東南二千餘里，有遮拘之迦國。彼王純信敬大乘，諸國名僧入其境者，並皆試練，若小乘學，即遣不留；摩訶人，請

〔註7〕印順《初期大乘佛教的起源與開展》，第1020 頁，正聞出版社民國70 年5 月版。
〔註8〕世親釋，直諦譯《攝大乘論釋》卷十五，《大正藏》三十一冊，第263 頁下。

停供養。

> 王宮自有《摩訶般若》、《大集》、《華嚴》三部大經，並十萬偈。王
> 躬受持……彼土又稱，此國東南二十餘里，有山甚嶮，其內安置《大
> 集》、《華嚴》、《方等》、《寶積》、《楞伽》、《方廣》、《舍利弗陀羅尼》、
> 《華聚陀羅尼》、《都薩羅藏》、《摩訶般若》、《八部般若》、《大雲經》
> 等，凡十二部，皆十萬偈。〔註9〕

因此，十萬頌的傳說，可能是印度所慣用的形容詞，表示數量極多之意罷了，所以，不一定表示實際的數量就有十萬之多。至於有關《華嚴經》的編集地點，一般認為可能是現今新疆境內的卡魯格勒（Karghalik），也就是在當時的于闐（khotan）一帶。根據經典的記載，《華嚴經》是佛陀成道的二七日所說的，而在當時的法會中，卻沒有人間的弟子，與會的全部都是無量數他方世界的菩薩、天、龍八部等，因此，華嚴法門，都是盡虛空界、遍法界，唯獨缺少人間性的記載，所以，無從由經典的本身去推定它的實際編集地點。這種情況，跟《方等》、《般若》經典的表達方式，都是相當類似的。

第二節 《華嚴經》的根本思想架構

有關《華嚴經》的根本思想架構，我們大可透過第七的〈如來名號品〉所列舉的綱目便可知道它大概的思想內容和修行法門。現在，就讓我們首先瞭解本品所呈現的宗教境界。

> 爾時，世尊在摩竭提國、阿蘭若法菩提場中，始成正覺。於普光明殿，
> 坐蓮華藏師子之座，妙悟皆滿，二行永絕，達無相法，住於佛住，得
> 佛平等，到無障處，不可轉法，所行無礙，立不思議。普見三世，與
> 十佛剎微塵數、諸菩薩俱，莫不皆是一生補處，悉從他方，而共來集。
> 普善觀察：諸眾生界、法界世界、涅槃界、諸業果報、心行次第、一
> 切文義、世出世間、有為、無為、過、現、未來。〔註10〕

從這一段經文中，我們大可發現到：世尊在菩提樹下所證悟的，是「一真法界」，也就是最高境界的「法界緣起」。而在這境界當中，能無礙地普見三世十佛塵剎，亦能善觀眾生界（賴耶緣起）、法界世界、涅槃界（真如緣起）、

〔註9〕 《歷代三寶紀》卷十二，《大正藏》四十九冊，第 103 頁上。
〔註10〕 《華嚴經》卷十二〈如來名號品〉第七，《大正藏》十冊，第 57 頁下。

諸業果報（業感緣起）等等。因此，站在宗教的境界而言，「法界緣起」是最高的緣起境界，而一切與之相關的「賴耶緣起」、「業感緣起」和「眞如緣起」，都可作爲「法界緣起」的基礎。

接著，諸菩薩們便提出以下的問題：

時諸菩薩作是思惟：

若世尊見愍我等，願隨所樂，開示：佛刹、佛住、佛刹莊嚴、佛法性、佛刹清淨、佛所說法、佛刹體性、佛威德、佛刹成就、佛大菩提……。
說諸菩薩，十住、十行、十迴向、十藏、十地、十願、十定、十通、十頂，及說如來地、如來境界、如來神力、如來所行，如來力、如來無畏、如來三昧、如來神通、如來自在、如來無礙、如來眼、如來耳、如來鼻、如來舌、如來身、如來意、如來辯才、如來智慧、如來最勝，願佛世尊亦爲我說。〔註11〕

在這裡，我們大可整理出問題的三大方向，例如：

1. 世界如何成立：佛刹、佛住、佛刹莊嚴、佛法性、佛刹清淨、佛所說法、佛刹體性、佛威德、佛刹成就、佛大菩提。

2. 菩薩的修學法門：十住、十行、十迴向、十藏、十地、十願、十定、十通、十頂。

3. 諸佛的果德：如來地、如來境界、如來神力、如來所行，如來力、如來無畏、如來三昧、如來神通、如來自在、如來無礙、如來眼、如來耳、如來鼻、如來舌、如來身、如來意、如來辯才、如來智慧、如來最勝。

一、世界如何成立

針對第一個問題：世界如何成立？這便必然要牽涉到時間的有限、無限，以及空間的有邊、無邊問題。本來，這兩大形上學的問題，正是原始佛教「十四無記」所不回答的，現在，透過《華嚴經》的〈如來名號品〉，世尊也終於在一一回答了。例如：

爾時，世尊知諸菩薩心之所念，各隨其類，爲現神通，現神通已。
東方過十佛刹微塵數世界，有世界名金色，號「不動智」。彼世界中，有菩薩名文殊師利，與十佛刹微塵數諸菩薩俱，來詣佛所，到已作

禮。即於東方，化成蓮華藏師子之座，結跏趺坐。

南方過十佛剎微塵數世界，有世界名妙色，佛號「無礙智」。彼有菩薩，名曰覺首，與十佛剎微塵數諸菩薩俱，來詣佛所，到已作禮。即於南方，化成蓮華藏師子之座，結跏趺坐。

西方過十佛剎微塵數世界，有世界名蓮華色，佛號「滅暗智」。彼有菩薩，名曰財首，與十佛剎微塵數諸菩薩俱，來詣佛所，到已作禮。即於西方，化成蓮華藏師子之座，結跏趺坐。

北方過十佛剎微塵數世界，有世界名瞻蔔華色，佛號「威儀智」。彼有菩薩，名曰寶首，與十佛剎微塵數諸菩薩俱，來詣佛所，到已作禮。即於北方，化成蓮華藏師子之座，結跏趺坐。

東北方過十佛剎微塵數世界，有世界名優缽羅華色，佛號「明相智」。彼有菩薩，名功德首，與十佛剎微塵數諸菩薩俱，來詣佛所，到已作禮。即於東北方，化成蓮華藏師子之座，結跏趺坐……。〔註12〕

此外，尚有東南方、西南方、西北方、下方、上方等無盡世界，都各有不同的諸佛出世。由此看來，在不同的佛國土中，有關諸佛的名號，佛剎的莊嚴，佛住世的時劫，都各有不同。因此，在十方世界、十方微塵剎土中，皆有不同的諸佛住世說法，度化眾生。就在這種情況下，世界的成立，便是依諸佛菩薩的三昧境界而呈現。就在這十佛剎微塵數世界中，空間是十方圓融，無量無邊，而時間則是三世無礙，無窮無盡。這正如同「十玄門」中的「因陀羅網法界門」，光光相網、一多相即、圓融無礙。如此一來，原始佛教的「十四無記」中的時、空問題，佛涅槃後的存在問題，透過《華嚴經・如來名號品》中對諸佛境界的描述，差不多已經作出了正面圓滿的解說。無怪乎文殊利菩薩在親睹十方三世諸佛國土以後，都讚歎不已。例如：

爾時，文殊師利菩薩摩訶薩，承佛威力，普觀一切菩薩眾會，而作是言：此諸菩薩，甚為希有！

諸佛子，佛國土不可思議，佛住、佛剎莊嚴、佛法性、佛剎清淨、佛說法、佛出現、佛剎成就、佛阿耨多羅三藐三菩提，皆不可思議！

〔註13〕

〔註12〕《華嚴經》卷十二〈如來名號品〉第七，《大正藏》十冊，第58頁上。
〔註13〕《華嚴經》卷十二〈如來名號品〉第七，《大正藏》十冊，第58頁下。

由此可知，原始佛教所不予處理的問題，在《華嚴經》幾乎都已經獲得圓滿正面的回答。因此，從義理的發展過程中，我們不難發現，《華嚴經》的形上學意味，透過宗教境界的呈現，幾乎已推向了一個哲學上眞、善、美的至高境界！

二、菩薩的修學法門

有關菩薩的修學法門，這便牽涉到：十住、十行、十迴向、十藏、十地、十願、十定、十通、十頂的內容問題。若按照法門的順序排列，相關的品名，在《八十華嚴》是〈十住品〉（15）、〈十行品〉（21）、〈十迴向品〉（25）、〈十地品〉（26）、〈十無盡藏品〉（22）、〈十定品〉（27）、〈十通品〉（28），至於「十頂」，則可能是指〈離世間品〉（38）的十種印。

以下我們將按照法門的先後次序，逐一簡述法門的內容如下：

（一）〈十住品〉中的「十住法門」

這是以法慧菩薩，承佛的威神力，入於「菩薩無量方便三昧」，然後再透過諸佛的加持力量，於三昧境中說出「十住」的階位如下：

1. 發心住：這是指初發心菩薩的學佛動機，是應該依正確的認識佛法，然後才發菩提心。
2. 治地住：這是指菩薩應爲利益眾生，發十種心，勤學十法。
3. 修行住：這是指菩薩應以十種行來觀一切法，並應勤學十法而得開解。
4. 生貴住：這是指菩薩應從聖教中生，成就十法，生如來家。
5. 具足方便住：這是指菩薩應具備種種度眾的方便能力。
6. 正心住：這是指應對佛法生起一股堅定不移的信心。
7. 不退住：不論有無三寶、菩薩存在，心中都堅定不退。
8. 童眞住：身、口、意三業皆悉清淨，如同小孩一般。
9. 法王子住：對一切法已能如實善知，應當得法王而繼佛的果位。
10. 灌頂住：修行至此，已達圓滿階段，與佛無異。如王子行灌頂之禮而成爲國王。〔註14〕

（二）〈十行品〉中的「十行法門」

本品以功德林菩薩承佛的加持力量，入「菩薩善思惟三昧」，從定境中所

〔註14〕請參閱《華嚴經》卷十六〈十住品〉第十五，《大正藏》十冊，第83～87頁。

說出的法門。其內容簡述如下：

1. 歡喜行：菩薩應以平等心布施一切眾生，使眾生心生歡喜。
2. 饒益行：菩薩應以無所求、無所著之心，護持淨戒，饒益一切眾生。
3. 無違逆行：菩薩應常修忍法，謙下恭敬，不作惱亂傷害之事。
4. 無屈撓行：菩薩應精進修行，不屈不撓。相當於六度中的「精進波羅蜜」。
5. 離癡亂行：菩薩應常保正念清淨，心無散亂。
6. 善現行：菩薩應常保身、口、意三業清淨。
7. 無著行：菩薩應經常保持一顆無所染著的心。
8. 難得行：修行至此，一切難得之行，皆可成就。
9. 善法行：菩薩到了這一個階段，已能善持正法，不斷佛種。
10. 眞實行：到了這個悟境，所言所行，至此已跟佛完全一樣了。〔註15〕

（三）〈十迴向品〉中的「十迴向法門」

本品是以金剛幢菩薩，承佛的加持力量，入「菩薩智光三昧」，從定境中所宣說的法門。簡述如下：

1. 救護一切眾生、離眾生相迴向：以無相、大悲之心，行六波羅蜜之行的善念去作迴向。〔註16〕
2. 不壞迴向：以恭敬三寶，深信不壞的信心去作迴向。〔註17〕
3. 一切諸佛迴向：以隨順修學諸佛的心情去作迴向。〔註18〕
4. 一切處迴向：祈願一切所學善根功德，能遍及一切處。〔註19〕
5. 無盡功德藏迴向：以懺悔罪業所生起的無業功德去作迴向。〔註20〕
6. 入一切平等善根迴向：又名「隨順堅固一切善根迴向」，這是以「轉輪

〔註15〕請參閱《華嚴經》卷十六〈十行品〉第十九，《大正藏》十冊，第102～110頁。
〔註16〕請參閱《華嚴經》卷二十三〈十迴向品第二十五〉，《大正藏》十冊，第124～127頁。
〔註17〕請參閱《華嚴經》卷二十四〈十迴向品第二十五〉，《大正藏》十冊，第127～128頁。
〔註18〕請參閱《華嚴經》卷二十四〈十迴向品第二十五〉，《大正藏》十冊，第129～130頁。
〔註19〕請參閱《華嚴經》卷二十四〈十迴向品第二十五〉，《大正藏》十冊，第131～132頁。
〔註20〕請參閱《華嚴經》卷二十五〈十迴向品第二十五〉，《大正藏》十冊，第133～134頁。

聖王」的胸懷，爲法忘軀，然後以此善根功德去作迴向。〔註21〕

7. 隨順一切眾生迴向：這是以菩薩行度眾所積累的一切善根作爲安住，然後再以此善根功德，去作迴向。〔註22〕

8. 眞如相迴向：這是以菩薩行所成就的眞如平等功德相，而普作迴向。〔註23〕

9. 無縛、無著解脫迴向：這是以無煩惱、無執著的解脫心，去作迴向。〔註24〕

10. 入法界無量迴向：或稱「等法界無量迴向」。這是以佛的一切智境界，觀照法界眾生的平等無量心，去作迴向。〔註25〕

（四）〈十地品〉中的「十地法門」

這是以金剛藏菩薩，在他化自在天宮、摩尼寶藏殿中，入「菩薩大智慧光明三昧」的境界，然後從定境中所宣說的法門。其內容如下：

1. 歡喜地：這是以菩薩因經常繫念佛與法、菩薩與菩薩行的功德，而常生歡喜心的初地境界。這其中還包括了十種大願，所謂：

眾生界盡，世界盡，虛空界盡，法界盡，涅槃界盡，佛出世界盡，如來智界盡，心所緣界盡，佛智所入境界界盡，世間轉法轉智轉界盡。若眾生界盡，我願乃盡；若世界，乃至世間轉法轉智轉界盡，我願乃盡；而眾生界不可盡，乃至世間轉法轉智轉界不可盡故，我此大願善根，無有窮盡。〔註26〕

這一段記載，跟〈普賢行願品〉中的「十大願王」，其精神方向都相當類似。〔註27〕

〔註21〕請參閱《華嚴經》卷二十五〈十迴向品第二十五〉，《大正藏》十冊，第 135～156 頁。

〔註22〕請參閱《華嚴經》卷二十九〈十迴向品第二十五〉，《大正藏》十冊，第 156～160 頁。

〔註23〕請參閱《華嚴經》卷三十〈十迴向品第二十五〉，《大正藏》十冊，第 160～164 頁。

〔註24〕請參閱《華嚴經》卷三十一〈十迴向品第二十五〉，《大正藏》十冊，第 165～170 頁。

〔註25〕請參閱《華嚴經》卷三十二〈十迴向品第二十五〉，《大正藏》十冊，第 171～178 頁。

〔註26〕《華嚴經》卷三十四〈十地品第二十六〉，《大正藏》十冊，第 178～184 頁。

〔註27〕《華嚴經》卷四十〈普賢行願品〉，《大正藏》十冊，第 844 頁中。

2. 離垢地：這是指菩薩以十種心，遠離一切的不善、煩惱、污垢，而得清淨戒體的境界。有關這十種心的內容，如經中所說：

爾時，金剛藏菩薩告解脫月菩薩言：佛子！菩薩摩訶薩，已修初地，欲入第二地，當起十種深心。何等為十？所謂正直心、柔軟心、堪能心、調伏心、寂靜心、純善心、不雜心、無顧戀心、廣心、大心。菩薩以此十心，得入第二離垢地。〔註28〕

3. 發光地：這是以別的十種深心，來修習四禪八定，從定境中生出智慧光芒勘破一切煩惱，心無所著。這種的所謂十種深心，如經中說：

爾時，金剛藏菩薩告解脫月菩薩言：佛子！菩薩摩訶薩，已淨第二地，欲入第三地，當起十種深心。何等為十？所謂清淨心、安住心、厭捨心、離貪心、不退心、堅固心、明盛心、勇猛心、廣心、大心。菩薩以是十心，得入第三地。〔註29〕

4. 焰慧地：這是透過對「十法明門」的觀察，從而生起十種智慧光芒，成就種種功德果報。如經中所說：

爾時，金剛藏菩薩告解脫月菩薩言：佛子！菩薩摩訶薩，第三地善清淨已，欲入第四焰慧地，當修行十法明門。何等為十？所謂觀察眾生界；觀察法界；觀察世界；觀察虛空界；觀察識界；觀察欲界；觀察色界；觀察無色界；觀察廣心信解界；觀察大心信解界。菩薩以此十法明門，得入第四焰慧地。〔註30〕

5. 難勝地：這是透過「十種平等清淨心」的趣入，復轉求無上勝道，隨順眞如，得不退轉。故其難勝可貴之處，由此可見一斑。如經上說：

爾時，金剛藏菩薩告解脫月菩薩言：佛子！菩薩摩訶薩，第四地所行道，善圓滿已，欲入第五難勝地，當以十種平等清淨心趣入。何等為十？所謂於過去佛法平等清淨心、未來佛法平等清淨心、現在佛法平等清淨心、戒平等清淨心、心平等清淨心、除見疑悔平等清淨心、道非道智平等清淨心、修行智見平等清淨心、於一切菩提分法上上觀察平等清淨心、教化一切眾生平等清淨心。菩薩摩訶薩以

〔註28〕《華嚴經》卷三十五〈十地品第二十六〉，《大正藏》十冊，第185～186頁。
〔註29〕《華嚴經》卷三十五〈十地品第二十六〉，《大正藏》十冊，第187～189頁。
〔註30〕《華嚴經》卷三十六〈十地品第二十六〉，《大正藏》十冊，第189～191頁。

此十種平等清淨心，得入菩薩第五地。〔註31〕

6. 現前地：這是透過觀察「十平等法」，從而使得「十二支緣起」之相，於一心中，一一現前，由此證知，「三界所有，唯是一心」。如此便可證得「明利隨順忍」，然而尚未達到「無生法忍」的境界。誠如經中所說：

爾時，金剛藏菩薩告解脫月菩薩言：佛子！菩薩摩訶薩已具足第五地，欲入第六現前地，當觀察十平等法。何等為十？所謂一切法無相故平等，無體故平等，無生故平等，無成故平等，本來平等故平等，無戲論故平等，無取捨故平等，寂靜故平等，如幻、如夢、如影、如響、如水中月、如鏡中像、如焰、如化故平等，有、無不二故平等。菩薩如是觀一切法，自性清淨，隨順無違，得入第六現前地，得明利隨順忍，未得無生法忍。〔註32〕

7. 遠行地：這是以修習十種方便慧，具足十波羅蜜，於念念中，滿足一切菩提分法。所謂「乘菩薩清淨乘，遊行世間，知煩惱過失，不為所染」，如此便可達到「菩薩清涼月，常遊畢竟空；為償多劫願，浩蕩赴前程」的自在無礙境界。如經中所說：

時，金剛藏菩薩告解脫月菩薩言：佛子！菩薩摩訶薩，具足第六地行已，欲入第七遠行地，當修十種方便慧，起殊勝道。何等為十？所謂雖善修空、無相、無願三昧，而慈悲不捨眾生；雖得諸佛平等法，而樂常供養佛；雖入觀空智門，而勤集福德；雖遠離三界，而莊嚴三界；雖畢竟寂滅諸煩惱焰，而能為一切眾生，起滅貪、瞋、癡煩惱焰；雖知諸法如幻、如夢、如影、如響、如焰、如化、如水中月、如鏡中像，自性無二，而隨心作業，無量差別；雖知一切國土，猶如虛空，而能以清淨妙行，莊嚴佛土；雖知諸佛法身，本性無身，而以相好，莊嚴其身；雖知諸佛音聲性空：寂滅不可言說，而能隨一切眾生，出種種差別清淨音聲；雖隨諸佛，了知三世，唯是一心，而隨眾生意解分別，以種種相、種種時、種種劫數，而修諸行。菩薩以如是十種方便慧，起殊勝行，從第六地，入第七地，入已此行常現前，名為住第七遠行地。〔註33〕

〔註31〕《華嚴經》卷三十六〈十地品第二十六〉，《大正藏》十冊，第 191～193 頁。
〔註32〕《華嚴經》卷三十七〈十地品第二十六〉，《大正藏》十冊，第 193～195 頁。
〔註33〕《華嚴經》卷三十七〈十地品第二十六〉，《大正藏》十冊，第 196～198 頁。

8. 不動地：這是以菩薩悲願，從「無生法忍」中，迴入世間，以平等之如如智，任運自在而濟度眾生。如經中所說：

　　時，金剛藏菩薩告解脫月菩薩言：佛子！菩薩摩訶薩，於七地中，善修習方便慧；善清淨諸道；善集助道法，大願力所攝，如來力所加，自善力所持。常念如來：力無所畏，不共佛法，善清淨深心思覺，能成就福德智慧。大慈大悲，不捨眾生，入無量智道；入一切法，本來無生，無起無相，無成無壞，無盡無轉，無性為性。初、中、後際，皆悉平等，無分別如如智之所入處，離一切心意識分別想，無所取著，猶如虛空，入一切處。是名得「無生法忍」。佛子！菩薩成就此忍，即時得入第八不動地。〔註34〕

9. 善慧地：這是指菩薩能以無量智，入無量法，得一切善巧無礙智，示現種種神通變化。如經中所說：

　　時，金剛藏菩薩告解脫月菩薩言：佛子！菩薩摩訶薩，以如是無量智思量觀察，欲更求轉勝，寂滅解脫，復修習如來智慧，入如來祕密法，觀察不思議，大智性淨。諸陀羅尼三昧門，具廣大神通，入差別世界，修力無畏不共法，隨諸佛轉法輪，不捨大悲本願力，得入菩薩第九善慧地。〔註35〕

10. 法雲地：這是指菩薩的修行，已經到達佛果的圓滿階段，此時即可承受如來家業，生如來家。並且更能於生死海中，興大法雲，降大法雨，普濟眾生，故名「法雲地」。在這種境界中，一切的三昧境，如海藏三昧、海印三昧，皆現在前，這便是「法界緣起」所呈現的最高妙境。如經中所說：

　　時，金剛藏菩薩告解脫月菩薩言：佛子！菩薩摩訶薩，從初地乃至第九地，以如是無量智慧，觀察覺了已，善思惟修習，喜滿足白法，集無邊助道法，增長大福德智慧，廣行大悲，知世界差別，入眾生界稠林，入如來所行處，隨順如來寂滅行，常觀察如來力無所畏，不共佛法，名為得「一切種一切智智受職位」。

　　佛子！菩薩摩訶薩，以如是智慧，入受職地已，即得菩薩離垢三昧、入法界差別三昧、莊嚴道場三昧、一切種華光三昧、海藏三昧、海

〔註34〕《華嚴經》卷三十八〈十地品第二十六〉，《大正藏》十冊，第199～201頁。
〔註35〕《華嚴經》卷三十八〈十地品第二十六〉，《大正藏》十冊，第202～204頁。

印三昧、虛空界廣大三昧、觀一切法自性三昧、知一切眾生心行三昧、一切佛皆現前三昧，如是等百萬阿僧祇三昧，皆現在前。〔註36〕

（五）〈十無盡藏品〉中的「十藏法門」

這是功德林菩薩所親自宣說的法門。其內容大致如下：

1. 信藏：信一切法空；信一切法無相；信一切法無願；信一切法無作；信一切法無分別；信一切法無所依；信一切法不可量；信一切法無有上；信一切法難超越；信一切法無生。
2. 戒藏：普饒益戒；不受戒；不住戒；無悔恨戒；無違諍戒；不損惱戒；無雜穢戒；無貪求戒；無過失戒；無毀犯戒。
3. 慚藏：憶念過去所作諸惡，而生於慚。
4. 愧藏：自愧過去生中的貪欲煩惱。
5. 聞藏：這是以「多聞第一」，作爲修行法門。
6. 施藏：這是以布施作爲修行的法門。
7. 慧藏：這是從如實觀中，起如實智慧的修行法門。
8. 念藏：這是以憶念的方法，捨離癡惑，得具足念。
9. 持藏：這是以生生世世，受持經教，無有忘失。
10. 辯藏：是以辯才無礙之長，廣宣佛法，達到普度眾生的目的。〔註37〕

（六）〈十定品〉中的「十種三昧」

這是藉著普賢菩薩的啓問，經佛的認可，然後由普賢菩薩親自宣說的「普賢三昧」境界。因此，這種的所謂「十定」，就是指普賢菩薩的十種三昧。〔註38〕其名稱如下：

1. 普光大三昧：於一念中，普得一切三世智，普知一切三世法。
2. 妙光大三昧：這便是以一身入三千大千微塵世界，光光相網。
3. 次第遍往諸國土大三昧：於三昧中，能遍至所有佛土世界。
4. 清淨深行大三昧：以清淨心，供養十方諸佛的三昧。
5. 知過去莊嚴藏大三昧：能知諸佛過去因緣的三昧。

〔註36〕《華嚴經》卷三十九〈十地品第二十六〉，《大正藏》十冊，第205～210頁。
〔註37〕請參閱《華嚴經》卷二十一〈十無盡藏品第二十二〉，《大正藏》十冊，第111～114頁。
〔註38〕請參閱《華嚴經》卷四十二〈十定品第二十七〉，《大正藏》十冊，第211～229頁。

6. 智光明藏大三昧：能知未來一切世界的三昧。

7. 了知一切世界佛莊嚴大三昧：能清楚知道所有世諸佛的三昧。

8. 眾生差別身大三昧：能入一切世界不同眾生身上的三昧。

9. 法界自在大三昧：於自身一一毛孔中，入諸三昧。

10. 無礙輪大三昧：住於一切無礙境界的大三昧。事實上，這正是「法界緣起」境界的大三昧。

由此可知，諸佛所證入的境界，確實是不可思議。而這些境界，都是必須經歷了多少的艱苦修行才可達到，尤其以「十住」、「十地」、「十願」、「十迴向」和「十無盡藏」，更是修行的重點。至於「十通」和「十頂」，由於都是描述諸佛的神通境界，因此，在此即不加論述了。

三、諸佛的果德

這裡所謂的「諸佛果德」，主要是指出：當一切世界眾生俱皆成佛的時候，所共同展現的清淨莊嚴功德。例如：如來地、如來境界、如來神力、如來所行、如來力、如來無畏、如來三昧、如來神通、如來自在、如來無礙、如來眼、如來耳、如來鼻、如來舌、如來身、如來意、如來辯才、如來智慧、如來最勝。這些都可以說是由諸佛的果德所成就的神通自在。例如，在〈如來名號品〉中所提到的諸佛境界是：

> 爾時，世尊在摩竭提國、阿蘭若法菩提場中，始在正覺。於普光明殿，坐蓮華藏師子之座，妙悟皆滿，不行永絕，達無相法，住於佛住，得佛平等，到無障處，不可轉法，所行無礙，立不思議。普見三世，與十佛剎微塵數、諸菩薩俱，莫不皆是一生補處，悉從他方，而共來集。
> 普善觀察：諸眾生界、法界世界、涅槃界、諸業果報、心行次第、一切文義、世出世間、有為、無為、過、現、未來。〔註39〕

從這一段經文中，我們大可發現到：世尊在菩提樹下所證悟的，是「一真法界」，也就是最高境界的「法界緣起」。而在這境界當中，能無礙地普見三世十佛塵剎，亦能善觀眾生界（賴耶緣起）、法界世界、涅槃界（真如緣起）、諸業果報（業感緣起）等等。因此，站在宗教的境界而言，「法界緣起」是最高的緣起境界，而一切與之相關的「賴耶緣起」、「業感緣起」和「真如緣起」，都可作為「法界緣起」的基礎。

〔註39〕《華嚴經》卷十二〈如來名號品第七〉，《大正藏》十冊，第57頁下。

事實上，在〈如來名號品〉、〈如來現相品〉、〈華藏世界品〉、〈毗盧遮那品〉等，無不是在描述諸佛的一切不思議境界，而佛果的呈現是具足種種功德莊嚴，是一種妙有的宛然俱在。若從「十四無記」的第四大問題來說，也就是有關如來滅後的存在，在這裡已經表現得相當清楚。因此，如來的滅度，只能被解釋爲一種示現涅槃，而不是「灰身滅智」的虛無，反而是一種具足無量莊嚴功德的存在。所以，從《華嚴經》對諸佛果德的描述中，其實也正好正面地回答有關諸佛的存在問題。

第三節　華嚴思想的傳承和影響

一、《華嚴經》的譯出與《十地經論》的翻譯

對《華嚴經》最早作註釋的，可推至四世紀末長沙寺僧衛所造的〈十住經含注序〉（收編於《出三藏記集》）。而道融有《十地義疏》的著作。還有，在羅什、慧遠之間的往返書信——《大乘大義章》中，亦曾屢引《不可思議解脫經》，都跟〈入法界品〉有關。

佛馱跋陀羅（Buddhabhadra; 覺賢; A.D.359～429）所譯出的《六十華嚴》，對後來華嚴思想的發展，深具決定性的影響作用。例如，法業由於親近佛馱跋陀羅的關係，後來便寫成了《華嚴旨歸》二卷，這可說是一本最原始的《華嚴經》綱要。

後來，因菩提留支（Budhiruci）和勒那摩提（Ratnamati）出了《十地經論》，於是便把華嚴十地思想的研究，掀起了一歷史的新高潮！

二、南北地論的分裂

由於菩提留支和勒那摩提兩人，對經論的詮釋立場的不同，因而形成了南北兩道的分流。原來，菩提留支是站在《楞伽》和《解深密經》的立場，認爲「阿賴耶識」（ālaya-vijñāna）就是「如來藏」（tathāgata-garbha）。勒那摩提則站在《寶性論》的立場，認爲「如來藏」是比「阿賴耶識」更超然，它是不生不滅；「阿賴耶識」則是生滅變化，並生起前六識。因此，菩提留支的思想，是較傾向於唯識系統；勒那摩提則較傾向於「如來藏緣起」或「性起」的眞常系統。這些觀念，跟《華嚴經》的〈如來性起品〉，或《寶性論》的思

想，非常接近。

　　自從真諦（Paramārtha; A.D.499～569）把世親的《攝大乘論釋論》譯出以後，第九識「阿摩羅識」（amala-vijñāna 無垢識）的思想，便一直深入人心。此外，在他的《九識義記》著作中，更詳盡地闡明他的主張。事實上，這些思想的發展，都跟《華嚴經》的翻譯有息息相關的關係。

第二章 「法界緣起」的思想史淵源

本章所要討論的範圍，主要是以思想史的方法，針對有關「緣起」思想在整個佛教思想史中的演變過程，作較有系統性的思想分析。在方法論的運用上，主要是以澄觀的「四種緣起觀」作為思想史的發展藍圖，從而得出了業感緣起、賴耶緣起、真如緣起、法界緣起等四種緣起分類。然後，再加上「十四無記」、「十二支緣起」和「法身、報身、化身」思想的補充闡明，於是便形成了第一章的基本思想架構。

第一節 從「十四無記」到「法界緣起」的進路 —— 「形上」觀念的確立

一、「十四無記」在原始佛教所彰顯的形上學意義

站在佛教思想史而言：原始佛教所懸置的「十四無記」問題，的確是一宗頗值得耐人尋味的思想懸案。事實上，原始佛教基本上是一個重視實踐、解脫的宗教，根本就談不上有形上學的興趣。可是，為何一個原本就沒有形上學興趣的原始佛教，後來卻可發展出自己一套獨特的形上學系統，甚至更可演變成為後來華嚴宗的「法界緣起」思想呢？若要解開這一個佛教思想史上的懸案，便必須要對這「十四無記」的形上學本質加以探討，或許可解決部分問題的真相。

當佛陀在世的時候，佛陀是盡量避免回答任何的形上學問題；然而，在佛陀入滅以後，如此懸疑的問題便必須弟子一一加以回答。

例如：時間是有邊、無邊、既有邊既無邊，既非有邊既非無邊。空間是有限、無限、既有限既無限、既非有限既非無限。命（靈魂）身（肉身）是一、異。如來滅後是存在、不存在、既存在既不存在、既非存在既非不存在。

在《雜阿含經》卷三十四，第九六二經中，便有就「十四無記」的問題，分別記載如下：

> 如是我聞：一時，佛住王舍城迦蘭陀竹園。爾時，婆蹉種出家，來詣佛所，與世尊而相問訊，問訊已，退坐一面，白佛言：瞿曇！云何瞿曇作如是見，如是說：世間常〔A〕，此是眞實，餘則虛妄耶？
>
> 佛告婆蹉種出家：我不作如是見，如是說；世間常是則眞實，餘則虛妄。
>
> 云何瞿曇作如是見、如是說：世間無常〔-A〕；常無常〔A-A〕；非常非無常〔-A--A〕。有邊〔A〕；無邊〔-A〕；邊無邊〔A-A〕；非邊非無邊〔-A--A〕。命即是身〔A〕；命異身異〔-A〕。如來有後死〔A〕；無後死〔-A〕；有無後死〔A-A〕；非有非無後死〔-A--A〕。
>
> 佛告婆蹉種出家：我不作如是見，如是說，乃至非有非無後死。
>
> 爾時，婆蹉種出家白佛言：瞿曇！於此見，見何等過患，而於此見一切不說？
>
> 佛告婆蹉種出家：若作是見：世間常是眞實，餘則虛妄者，此是倒見，此是觀察見，此是動搖見，此是垢污見，此是結見，是苦、是閡、是惱、是熱，見結所繫。愚癡無聞凡夫，於未來世，生、老、病、死、憂、悲、惱、苦生。婆蹉種出家！若作是見：世間無常〔-A〕；常無常〔A-A〕；非常非無常〔-A--A〕。有邊〔A〕；無邊〔-A〕；邊無邊〔A-A〕；非邊非無邊〔-A--A〕。命即是身〔A〕；命異身異〔-A〕。如來有後死〔A〕；無後死〔-A〕；有無後死〔A-A〕；非有非無後死〔-A--A〕。此是倒見，乃至憂、悲、惱、苦生。
>
> 婆蹉種出家白佛：瞿曇！何所見？
>
> 佛告婆蹉種出家：如來所見已畢。婆蹉種出家！然如來見，謂見此苦聖諦、此苦集聖諦、此苦滅聖諦、此苦滅道跡聖諦，作如是知、如是見已。於一切見、一切受、一切生、一切我、我所見，我慢繫

著，使斷滅寂靜，清涼眞實，如是等解脫。〔註1〕

由此看來，佛陀對於這一連串的形上學問題，基本上的態度是不予處理，因爲這些問題，都跟實際上的解脫無關。而佛陀所最關心的問題，便是如何從觀察苦、集、滅、道的四聖諦中獲得解脫。因此，在實際解脫的大前提下，形上學的討論似乎沒有必要。

基本上，佛陀是一位重視人生實踐而不重視無根空談的人，而佛陀重視實踐這一點，也可以從《中阿含經》卷六十《箭喻經》的譬喻中得到證明。

> 我聞如是：一時，佛遊舍衛國，在勝林給孤獨園。爾時，尊者鬘童
> 子獨安靖處，燕坐思惟，心作是念：所謂此見，世尊捨置，除卻不
> 盡通說。謂：世有常，世無有常；世有底，世無底；命即是身，爲
> 命異身異；如來終，如來不終，如來終不終，如來亦非終亦非不終
> 耶？我不欲此，我不忍此，我不可此。若世尊爲我一向說世有常者，
> 我從彼學梵行；若世尊不爲我一向說世有常者，我當難詰彼，捨之
> 而去。〔註2〕

在這裡，鬘童子和婆蹉種出家所提出的問題，都同樣屬於「十四無記」的範圍。而鬘童子更以這「十四無記」的是否獲得作答，作爲是否繼續修行的交換條件。而佛陀對於鬘童子這一種態度，基本上是並不欣賞，因此，便直接訶責鬘童子的這種態度，隨後即對其它的弟子說：

> 於是世尊面訶鬘童子已，告諸比丘：若有愚癡人作如是念：若世尊
> 不爲我一向說世有常者，我不從世尊學梵行。彼愚癡人竟不得知，
> 於其中間而命終也。
>
> 如是：世無有常；世有底，世無底；命即是身，爲命異身異；如來
> 終，如來不終，如來終不終，如來亦非終亦非不終耶？若有愚癡人
> 作如是念：若世尊不爲我一向說世有常者，我不從世尊學梵行。彼
> 愚癡人竟不得知，於其中間而命終也。〔註3〕

事實上，佛陀在這裡所要強調的，正是「解脫的逼切性」。而鬘童子以佛陀必須回答「十四無記」的問題，作爲是否繼續修行的交換條件，基本上是不曾意識到這種「解脫的逼切性」，所以才會引起佛陀的直接訶責。隨後，佛陀爲

〔註1〕　《雜阿含經》卷三十四，《大正藏》二冊，第245頁中～下。
〔註2〕　《中阿含經》卷十六，第二二一《箭喻經》，《大正藏》一冊，第804頁上～中。
〔註3〕　《中阿含經》卷十六，第二二一《箭喻經》，《大正藏》一冊，第804頁下。

了要說明這種「解脫的逼切性」，於是便以有人中箭受傷的比喻，說明這種「解脫的逼切性」，是尤甚於形上學問題的探討。例如佛陀在此指出：

> 猶如有人，身被毒箭，因毒箭故，受極重苦。彼見親族，憐念愍傷，爲求利義，饒益安隱，便求箭醫，然彼人者，方作是念：未可拔箭！
> 我應先知彼人如是姓、如是名、如是生；爲長、短、麤、細；爲黑、白、不黑、不白；爲刹利族、梵志、居士、工師族；爲東方、南方、西方、北方耶？
> 未可拔箭！我應先知：彼弓爲柘、爲桑、爲槻、爲角耶？
> 未可拔箭！我應先知弓札：彼爲是牛筋、爲麞鹿筋、爲是絲耶？
> 未可拔箭！我應先知弓色：爲黑、爲白、爲赤、爲黃耶？
> 未可拔箭！我應先知弓弦：爲筋、爲絲、爲紵、爲麻耶？
> 未可拔箭！我應先知箭簳：爲木、爲竹耶？
> 未可拔箭！我應先知箭纏：爲是牛筋、爲麞鹿筋、爲是絲耶？
> 未可拔箭！我應先知箭羽：爲飄鶡毛、爲鵰鷲毛、爲鶤雞毛、爲鶴毛耶？
> 未可拔箭！我應先知箭鏑：爲錍、爲矛、爲鈹刀耶？
> 未可拔箭！我應先知作箭鏑師：如是姓，如是名、如是生；爲長、短、麤、細；爲黑白、不黑不白；爲東方、西方、南方、北方耶？
> 彼人竟不得知，於其中間而命終也！
> 若有愚癡人作如是念：若世尊不爲我一向說世有常者，我不從世尊學梵行！彼愚人竟不得知，於其中間而命終也。〔註4〕

假如有人被毒箭所傷，他的親友帶他去看外科醫生。而他卻說：我不願意把這箭拔出來，除非我知道是誰射我；他是刹帝利種、婆羅門種、吠舍種、還是首陀羅種；他的姓名和氏族；他的身材膚色；來自何處；是被什麼弓所射中、弓弦是什麼樣的，那一型的箭，箭羽是用那種毛製的。事實上，此人在未知道答案之前恐怕已經死亡了。

因此，凡是無益於人生實踐的辯論，離開生命問題所作種種的形上學假設，都是佛陀所不贊成的。事實上，原始佛教所要追求的，並不是一套完整的形上學系統，而是爲了人生理想的實踐而建立的一條康莊大道，這便是「苦

〔註4〕《中阿含經》卷十六，第二二一《箭喻經》，《大正藏》一冊，第 804 頁下～805 頁上。

滅道諦」（dukkha nirodha gamini patipada），或稱「道諦」。所以，佛陀的沈默基本上還有這一番用意。

二、「十四無記」對部派佛教形上學發展的啟示

　　這一連串的形上學追問，對於一個本來就關心解脫、重視宗教實踐的佛陀來說，當然是不需要作任何的回答。可是，時代的巨輪卻不可能讓這些問題永遠擱置下去，而後來的佛弟子，就在這強大的外教壓力底下，便必須要被迫去面對此一問題，因此，一個具有分析性、思辯性、結構性、知識性的「阿毗達磨佛教」（Abhidharma Buddhism），便在這種歷史條件下慢慢地孕育發展。正如世友菩薩（Vasumitra; A.D.100）在他所編寫的《異部宗輪論》中所說：

> 佛般涅槃後，適滿百餘年。聖教異部興，便引不饒益，展轉執異故，隨有諸部起。依自阿笈摩（āgama；阿含），說彼執令厭。世友大菩薩，具大智覺慧，釋種真苾芻！觀彼時思擇，等觀諸世間，種種見漂轉，分破牟尼語，彼彼宗當說。應審觀佛教，聖諦說為依；如採沙中金，擇取其真實。〔註5〕

由此可知：部派佛教的主要特色，正是「依自阿笈摩……分破牟尼語」，這一種處理佛陀一生言教的態度，便是「阿毗達磨」（abhidharma；對法）。換言之，每一個部派，都按照自宗流傳下來的聖典（āgama；阿笈摩、阿含；意思是輾轉傳來）來分析佛陀一生的言教，進而加以思想上的整理、組織和系統化。就在這一種系統化的過程中間，便會不自覺地把原先屬於「宗教實踐命題」的「緣起」加以轉化，而使之成為具有某種程度上的「存有論意義」。

　　因此，倘若是站在「宗教實踐」的立場：一切事物皆是因緣所生、因緣所滅。而人類一切的痛苦、煩惱、亦是因緣所生；因此，亦可在因緣所滅的情況下獲得消解，這便是還滅解脫。當然，在還滅解脫的情況下，一切的言說、諍論，都會顯得毫無必要。可是，倘若是站在「存有論」的立場，我們的確可進一步追問：到底這些從「因緣」所構成的事物本身，它的構成分子、本質、本體或「法體」，到底是實有、假有抑或是根本沒有實體——「性空」呢？這一連串的針對「緣起」所展開的「存有論」追問，便開啟了日後「阿

〔註5〕《異部宗輪論》，《大正藏》四十九冊，第15頁上。

毗達磨式」的佛教發展。

例如：時間是有邊、無邊、既有邊既無邊、既非有邊既非無邊。空間是有限、無限、既有限既無限、既非有限既非無限。

對於這一連串有關時間和空間的形上學命題，便引發了部派佛教的時間觀和對空間的看法。這跟初期大乘佛教的十方佛、十方國土、十方世界的思想開展，有相當重要的啓發意義。隨著華嚴思想的開展；這一種在空間上形成了重重無盡、一多相即的「因陀羅網境界門」「一多相容不同門」等多元世界觀，而在時間上則形成了劃破三世、圓融無礙的「同時具足相應門」、「十世隔法異成門」等觀念。這些問題，都是隨應著時、空的問題而加以開展的。〔註6〕

此外，有關：「命（靈魂）身（肉身）是一、異」的問題，便開啓了日後犢子部的「補特迦羅」（pudgala）思想，隨後更引發了唯識家「阿賴耶識」（ālaya-vijñāna），眞諦系的「阿摩羅識」（amala-vijñāna）以及「如來藏」思想。這也就是所謂「業感緣起」、「賴耶緣起」、「如來藏緣起」等思想的原始根源。就在處理這些問題的過程中，佛教也不自覺地走上了「唯心」的道路，所謂「三界虛妄，唯是一心作」的觀念，則更爲明顯。〔註7〕

至於有關「如來滅後是存在、不存在、既存在既不存在、既非存在既非不存在」的問題，更開啓了部派佛教的「法身常在」、「法身不滅」的法身信仰；隨著「本生」、「譬喻」、「因緣」的流行，菩薩行的觀念，便更趨明顯，而「報身圓滿」的觀念，也隨之形成。到了大乘佛教時代，《大智度論》對於有關佛身的問題，嘗試用「父母生身」和「法性生身」的觀念，來處理歷史佛的不圓滿狀況。如此一來，歷史上的佛陀，便被詮釋成「父母生身」的「化身佛」，而永存不滅的佛陀，便是屬於「法性生身」的「法身佛」了。〔註8〕

從這一個角度來看，「十四無記」，歷史上的佛陀（化身佛）所不答的問題，便只有透過「法身佛」或「報身佛」去加以回答了。這一種安排，也正說明了一個佛教思想史的演變和發展的軌跡。這些思想上的蛛絲馬跡，對於一位研究思想的人來說，也可以說是一件相當耐人尋味的研究題材。

〔註6〕 請參閱印順《初期大乘佛教之起源與開展》第八章「宗教意識的新適應」一文，第463～532頁，正聞出版社，民國70年5月版。

〔註7〕 請參閱拙文《論部派佛教的輪迴主體觀念》——從自我、無我到補特伽羅（民國76年5月，台大碩士論文），第142～158頁。

〔註8〕 請參閱印順《初期大乘佛教之起源與開展》第三章「本生‧譬喻‧因緣之流行」一文，第109～174頁，正聞出版社，民國70年5月版。

第二節　從「十二支緣起」到「法界緣起」的進路
——「無實體」觀念的確立

一、原始佛教的「緣起」思想——作為實踐意義的「十二支緣起」

　　原始佛教的緣起觀，最初並非作為一個「存有論命題」，而只是作為一個「宗教實踐命題」。這種現象，我們大可從以下的一段經文中得知，如《雜阿含經》卷十二所說：

> 如是我聞：一時，佛住拘留搜、調牛聚落。時有異比丘來詣佛所，稽首禮足，退坐一面，白佛言：世尊！謂緣起法，為世尊作，為餘人作耶？佛告比丘：緣起法者，非我所作，亦非餘人作。然彼如來出世及未出世，法界常住。彼如來自覺此法，成等正覺，為諸眾生，分別演說，開發顯示。所謂：此有故彼有，此起故彼起。謂：緣無明、行，乃至純大苦聚集；無明滅則行滅，乃至純大苦聚滅。佛說此經已。時彼比丘聞佛所說，歡喜奉行。〔註9〕

由此看來，「緣起法」是佛陀在菩提樹下所親證的內容，不論佛陀是否出現於世，它都超然客觀存在。而佛陀也正是由於能發現這一個「緣起法」，才覺悟成佛的。而所謂「緣起」公式便是：此有故彼有、此生故彼生；此無故彼無、此滅故彼滅。這裡所指的「緣起法」，便是指「十二支緣起」（dvādaśāṅga-pratītya-samutpāda），內容包括：

　　（1）無明（avidyā）：一切煩惱迷惑的根源，亦即盲的意志作用。

　　（2）行（saṃskāra）：無明而生的善、惡行為。

　　（3）識（vijñāna）：入胎時的最初意識。

　　（4）名色（nāma-rūpa）：在胎中的精神（名）和物質（色）的存在狀態。

　　（5）六入（ṣaḍ-āyatana）：眼、耳、鼻、舌、身、意的形成。

　　（6）觸（sparśa）：出胎後對外界的接觸。

　　（7）受（vedanā）：因接觸而產生的苦、樂感受。

　　（8）愛（tṛṣṇā）：受而產生的執著和貪愛。

　　（9）取（upādāna）：因貪愛而希望佔有、取得。

　　（10）有（bhava）：因佔有而形成了生命體的存在。

〔註9〕《雜阿含經》卷十二，《大正藏》二冊，第85頁中～下。

（11）生（jāti）：因存在而造成了來生的輪迴受生。

（12）老死（jarā-maraṇa）：因受生，於是便有生、老、病死等憂傷苦惱，永無終止。

除非能斷除無明，這樣，由無明而來的行、識等一系列現象便不會再產生，這便是還滅解脫的涅槃境界。〔註10〕

這些現象，都是在說明一個「緣生」的流轉輪迴。這便是：此有故彼有、此生故彼生的生命流轉觀。而還滅解脫，便必須透過無明滅……行滅……到老死滅的「緣滅」過程，才可進一步獲得解脫。這便是：「此無故彼無、此滅故彼滅」的意義所在。

因此，透過「緣生」，世間的輪迴因果便可成立；透過「緣滅」，出世間法的還滅因果亦可相繼確立。從這種現象中我們不難發現：這「緣起」的公式，最初只是用作描述現實人生的輪迴現象，探討有關「苦」的根源，作為修行實踐的指導原則。但到了部派佛教時代，竟將「緣起」演繹成為實有的「三世兩重因果」。〔註11〕

二、部派佛教的「緣起」思想——作為存有意義的「假、實」之爭

承接上文所述：原始佛教的「緣起論」，最初只是作為一個「宗教實踐命題」，是流轉輪迴和還滅解脫的修行指導原則。尚沒有明顯地用作指涉外在世界、宇宙萬有生起和消滅的「存有論命題」。然而，從煩惱或苦的「緣生」到還滅解脫的「緣滅」，這一種從「此有故彼有」到「此滅故彼滅」的「緣起」法則，的確可進一步引申作為解釋宇宙萬法生滅變化的「存有論命題」。

因此，在部派分裂時代，屬於傳統上座部系統的說一切有部，便首先展開「阿毗達磨式」的分析、整理和研究工作，並嘗試從知識建構的態度，以「緣起論」作為指導原則，去設法分析五蘊、十二處、十八界〔註12〕的存在

〔註10〕 請參閱李孝本等著《佛學入門》，第44～47頁，常春樹書坊，民國66年11月版。

〔註11〕 請參閱李孝本等著《佛學入門》，第47頁，常春樹書坊，民國66年11月版。

〔註12〕 所謂「五蘊」，便是指：色（rūpa）、受（vedanā）、想（saṃjñā）、行（saṃskāra）、識（vijñāna）。「十二處」是「六根」和「六塵」，分別是：眼（śaksu）、耳（śrotra）、鼻（ghrāna）、舌（jihva）、身（kāya）、意（manās）；和：色（rūpa）、聲（śabda）、香（gandha）、味（rasa）、觸（spraṣṭavaya）、法（dharma）；再加上：眼識（śaksu-vijñāna）、耳識（śrota-vijñāna）、鼻識（ghrana-vijñāna）、舌識（jihva-vijñāna）、身識（kāya-vijñāna）、意識（manās-vijñāna），便合共「十八

狀態。如此一來，就在這種知識建構的情況下，便會不自覺地把「緣起」的討論，逼向到一個「存有論」的道路上去加以發展。因此，才會進一步引申出所謂「緣起」的「性實」、「性假」和「性空」的問題。慢慢地，「緣起」的觀念，便開始從原先的「宗教實踐命題」，化約而成爲一個討論宇宙萬物存在法則的「存有論命題」。這一種思想方向的轉變，的確是把佛教的思想發展，推往一個嶄新的里程碑。現在，我們便首先從說一切有部的思想開始探討。

接著，部派佛教又如何將這個本來是富有實踐意義的「緣起」命題，逐漸演變成爲一個富有存有論意義（ontological meaning）的命題。由此才開始有所謂「緣起」到底是：實有、假有的爭論。

（一）說一切有部的「緣起性實觀」

說一切有部基本上是一個重視思辯、分析的學派，它是「阿毗達磨」學風的開創者：這一個學派之所以得名，主要是跟它所主張的「三世實有、法體恆存」的理論有關，如《部執異論疏》所說：

> 其說一切有義故，用標部名。〔註13〕

而世親在《俱舍論》卷三十〈分別隨眠品〉中，更進一步規定：「一切有」（sarvāsti）的意思，必須肯定「三世實有」，不然的話，便不能算是說一切有部了。如：

> 毗婆沙師定立去、來二世實有。若自謂是說一切有宗，決定應許實
> 有去、來世，以說三世皆實有故，許是說一切有宗。若人唯說：有
> 現在世，及過去世，未與果業，說無未來，及過去世，已與果業，
> 彼可許爲「分別說部」，非此部攝。〔註14〕

換言之，所謂「說一切有」，就是必須肯定「三世實有」。這樣，才能夠跟只肯定有過去及現在的潛在業因，和否定有過去、未來果報的「分別說部」，加以區別開來。因此，在一切皆是實有的情況下，「五蘊」的總相縱使是因緣和合「和合假」，但它的構成要素，也就是別相，當然是非實有不可。

事實上，站在有部的立場而言，在「五蘊和合」的生命體當中，固然是找不到一個真正的「我」（ātman）。這種推論，是首先預設了生命體只不過是「五蘊」的和合體，凡「和合」的必然是「假有」——和合假，這便是「人

界」。

〔註13〕《部執異論疏》已失佚，現皆引自《三論玄義檢幽集》卷五，《大正藏》七十冊，第463頁中。

〔註14〕《俱舍論》卷二十〈分別隨眠品〉，《大正藏》二十九冊，第104頁中。

無我」（pudgala-nirātman；或稱「補特伽羅無我」）。然而，這一種「和合假」的推論，最終還必須要面對一個更背後的「假依實」問題。換言之，「五蘊」所和合的「我」可能是假──和合假；但「五蘊」的構成要素卻有可能是眞實的──假依實。正如《順正理論》卷十三〈辯差別品〉所說：

> 未知何法爲假所依？非離假依，可有假法。〔註15〕

因此，「和合假」和「假依實」的推論，正是有部對一切存有分析的預設前提。有關這一點，演培法師在《印度部派佛教思想觀》中，即有如下的說明：

> 假有必須依於眞實的。依於眞實，才能構成前後的相續同時的和合相及相續相。雖假有法，無實自性。但在和合與相續的現象中，探求到內在不可分析的點，即成爲實有自性了。如分析和合的色法，到最微細不可再分割的極微物質點，即爲實有的自性，是組成粗顯色相的實質。又如分析心、心所法的精神，到最後不可再分割的單元，即成爲實有的自性，是構成前後相續的精神實體。所以，他們認爲要有實在的根本自性物，然後才有世間的一切假有現象。他們運用析假見實的方法，分析到不可再分的質素──心、物、非心非物──即是事物的實體，也就是自性，這自性爲萬有的本元。……
>
> 所以，諸法實有，爲薩婆多部的根本見解。〔註16〕

按此而論，有部不但認爲「能造的四大」──地、水、火、風、是實有，就是連「四大所造色」，也是實有的。如「五蘊」、「十二處」、「十八界」，也是實有，並且更可成爲吾人的認識對象。如《異部宗輪論》所載：

> 說一切有部本宗同義者。謂：一切有部諸是有者，皆二所攝。一名二色〔名（nāma）、色（rūpa）〕。過去、未來體亦實有：一切法處皆是所知（jñāya），亦是所識（vijñāya）及所通達（abhijñāya）。〔註17〕

由此可見，有部所主張的「人無我」，而「法體有我」的見解，是有他的學理根據的。因此，縱使後來的經量部、說假部，都分別站在「緣起假有」的觀點，認爲「蘊、處假有」，並正式從「五蘊」的積聚義，根本否定了「五蘊」的極微論，可是卻始終無法爲有部學者所接受。最主要的原因，是因爲有部總是要站在「假必依實」的立場，認爲「五蘊」本身固然是由積聚而成，但

〔註15〕《順正理論》卷十三〈辯差別品〉，《大正藏》二十九冊，第 404 頁上。
〔註16〕《異部宗輪論語體釋》，第 112～114 頁，佛教出版社，民國 67 年 5 月版。
〔註17〕《異部宗輪論》，《大正藏》四十九冊，第 16 頁上。

積聚的最小單位還是必須要有極微（aṇu），不然的話，積聚即不可能產生。事實上，由於極微本身都具有「五蘊」的相狀，所以，才會積聚成為「五蘊」。有關這一點，在《大毗婆沙論》卷七十四有云：

> 一一極微有蘊相故，亦可各別立爲色蘊。若一一極微無色相，眾多聚集亦應非蘊。〔註18〕

極微是實有，這是一般學者的普遍共識。現在，有部認爲：一一極微皆具蘊相，積聚而成「五蘊」。那麼，在理論上又有何不妥呢？事實上，經量部主張「蘊」是積聚，有部也承認「蘊」是積聚，似乎大家在定義上就不大一樣。經量部認爲：凡積聚的，就不可能是實有。積聚和實有，是不相容的矛盾概念，不可能同時並存。但有部卻不認爲如此，他們認爲這兩個概念是可以彼此相容的。有關這一點，在印順法師的《性空學探源》中，即有如下的一段分析：

> 「蘊」是聚義，是聚之義，是以一一實法爲體性的積聚。在法體上說，還是實有。他的觀點，注重在聚中的一一法，忽視了總聚的本身。有部的意思，「蘊」之聚義，並不是說聚，而是說一一法；如說人類如何如何，並不是說離開一個的人，說明另有類性。即是從人類的共同性，說明一個人如何如何。〔註19〕

由於有部從極微、法體的觀點去看「蘊」之積聚義。所以，不論經量部、說假部如何去論證「蘊、處假有」，對於有部學者來說，依然是無法動搖其對「蘊」的實有觀點，而「三世實有、法體恆存」的「緣起性實觀」，於是便成爲了有部的理論特色。

（二）經量部、說假部的「緣起性假觀」

經量部（Sautrāntika）是最晚分裂的部派。因此，它對於前期有部的思想，也提出了相當程度的批判。其中對於有關有部所主張的「一切法有」、「一切有」、「蘊、處、界皆是實有」的看法，卻不表贊同。而只承認「界」（dhātu）是真實，至於「蘊」、「處」皆是假有。這便是經量部所主張的「蘊、處假有，界體真實」的「緣起性假觀」。

倘若從存有論（ontological means）的角度而言，有部的「緣起性實觀」，是一種「假必依實」的「法體實有論」。事實上，這一種「緣起性實觀」的觀

〔註18〕《大毗婆沙論》卷七十四，《大正藏》二十七冊，第 384 頁下。
〔註19〕《性空學探源》，第 195 頁，慧日講堂，民國 62 年 2 月版。

點，似乎已根本違反了「蘊」是積聚義的原則，反倒是把「蘊」看作是依他的和合相，背後卻是以一些不須因緣、自有自存的「法體」、「法我」或「極微」來作為支撐者，從而使「蘊」得以存在。如此一來，「蘊」已經不再是「積聚義」，而變成了實體的和合相了。

因此，就在這種要求把「蘊」回復到（積聚義）的情況下，經量部於是便主張「蘊是假有」、「蘊非實有」，藉以回復到「蘊」作為「積聚義」的內涵。如世親（Vasubandhu; A.D.400）在《俱舍論》卷一〈分別界品〉中，即站在經量部的立場，提出如下之主張云：

> 若言聚義是蘊義者：蘊應假有〔宗〕。多實積集共所成故〔因〕；如聚、如我〔喻〕。此難不然！一實極微亦名蘊故。若爾，不應言聚義是蘊義，非一實物有聚義故。〔註20〕

有部認為「蘊、處、界皆是實有」，主要是建立在「一切法有」的基礎上。事實上，「蘊」是「積聚義」這一點，相信各派都不會反對。但問題的癥結點似乎是在於：所謂「積聚義」，到底是眾「極微」的積聚；抑或是非「極微」的積聚，便成為了爭論的焦點。

經量部當然是認為：既然「蘊」是「積聚義」，「蘊」便不可能由「極微」所構成。如果「蘊」是由「極微」所構成，那麼，「蘊」便不是「積聚義」，而是實體，實體便不是「蘊」了。可是，有部卻認為：「蘊」既是「積聚義」，那麼，由眾多「極微」和合、積聚而成的「五蘊」試問又有何不妥呢？

然而，經量部卻並不理會有部這種「假必依實」的理論要求有否必要，只是站在它對「蘊」的本質定義出發來規定：凡是積聚的，就不可能是「極微」所構成。因為凡是由「極微」所構成的東西，已經是獨立的實體，不可以再被稱之為「蘊」了。〔註21〕

有部和經量部，由於彼此之間對「積聚義」的定義不同而造成的理論對立，實在是可以理解的。如《順正理論》卷四〈辯本事品〉所云：

> 此中上座作如是言：五識依緣，俱非實有，極微一一，不成所依所緣事故。眾微和合，方成所依所緣事故。〔註22〕

〔註20〕《俱舍論》卷一〈分別界品〉中，《大正藏》二十九冊，第 5 頁上。
〔註21〕請參閱演培《印度部派佛教思想觀》，第 156～157 頁，慧日講堂，民國 64 年 1 月 1 日初版。
〔註22〕《順正理論》卷四〈辯本事品〉，《大正藏》二十九冊，第 350 頁下。

因此，「蘊」不應該是「極微」的積聚體，而應該是眾「因緣」──非「極微」的積聚體。「蘊」既然是眾「因緣」的積聚體，那當然是假而非實了。就在這種情況下，「蘊」是積聚義，而一一「極微」的組合卻不可說為積聚義，便成為了經量部對「積聚義」所下的本質定義。而且，有些學者更認為：經量部這一種「緣起性假觀」，很可能是受到大眾部中的說假部影響。接著就讓我們來探討一下說假部的思想與經量部之間的關係。

由於說假部是從大眾部中分裂出來的部派，其思想大致上跟大眾部差不多。有關說假部的主張，文獻資料是相當缺乏，只有《異部宗輪論》一些片斷記載云：

> 其說假部本宗同義。謂：苦非蘊，十二處非真實。諸行相待，展轉
> 和合，假名為苦。無士夫用。〔註23〕

說假部之所以得名，主要是跟他所主張的「蘊、處假有」、「十二處非真實」有關。然而，除了「五蘊」、「十二處」非真實外，到底「十八界」是否真實？就不得而知。在這裡，所謂「苦非蘊」的命題，意思是指：由「五蘊」和合的生命體，的確是有種種痛苦的逼迫的現象存在，然而這種現象並不屬於「五蘊」本身。

按照傳統的說法：「蘊」體就是苦。如十二緣起支的「無明緣行……乃至純大苦聚集」，似乎「蘊」體純粹就是苦，沒有一點快樂可言。可是，按照說假部的看法：苦其實並非「蘊」體所有，「蘊」體其實只有被逼迫性。而「蘊」之所以為苦，主要是「蘊」外的和合作用所造成的，故其所生之苦，是屬於「蘊」外，而不是屬於「蘊」的本身，因此便說「苦非蘊」。所以，苦其實並非「蘊」的本質，而是客塵。所謂「蘊、處假有」，其實也正是在說明「蘊」、「處」的和合性。

因此，經量部的「蘊、處假有」，很可能是受到說假部「十二處非真實」的影響。而且，經量部的「蘊、處假有」，說假部的「十二處非真實」，更可進一步發展而成為「十二處空」，這便是性空學的根本立場。而「緣起性空」的思想脈胳，便是順應這種趨勢而產生的。而且，更由於性空學興起以後，有部的極微論，終於要面臨一場空前的批判和否定，就在這種情況下，中觀學派所提出的「緣起故無自性，無自性故空」的「緣起」理念，似乎已經成為了當時人們心目中的一個顛沛不破的真理。由於「極微」的「實體性」遭

〔註23〕《異部宗輪論》，《大正藏》四十九冊，第 16 頁上。

受到性空學的空前洗禮後，原先所具備的「空間排他性」和「時間先後性」，便無形中要宣告瓦解了！如此，「一入一切，一切入一」、「一芥子中含九須彌，一一塵中見一切法」等「事事無礙」觀念的發展，正充分說明了當「極微論」的思想瓦解以後，事物與事物之間的時、空阻礙，便無形中被消解一空了！

總括以上所說，部派佛教對於「緣起」作出假、實之爭的結果，正使得佛教本身的內部思想，無形中便開始往「存有論」的方向加以發展，最後，透過性空學的批判，有部的「極微實有論」，終於要面臨被否定的命運。雖然，有部對「實體」的思維內容，在當時是遭受到如此的嚴厲批判，然而其獨特的思維形式卻依然影響到後來的思想發展。例如：唯識學派的「種子熏習說」，華嚴思想中的「一多相即」、重重無盡的「法界緣起」思想，都可以說是透過對「極微論」的否定後所引申出來的佛教思想突破！

三、大乘佛教的「緣起」思想

（一）中觀學派的「緣起性空」

從部派佛教對「緣起」的「性實」、「性假」的分析中，我們大致可以看出一條思想史的線索。從有部最初透過對「五蘊」、「十二處」、「十八界」的分析，慢慢地所建立的「和合假、假依實」等推論形式；由此而導出「人無我」而有「法我」的推論結果，更使得各派之間，為此爭論不休。從有部的「緣起性實觀」，到經量部、說假部的「緣起性假觀」，「緣起」的思想，已經有往「性空」、「假名」、「三世無」的方向邁進。

受到大眾部系「二世無」〔註24〕的思想影響，主張「三世無」、「性空唯名」的般若中觀思想，終於應運而生。在此，龍樹更把「緣起」正式定義為「性空」（śūnyatā）、「假名」（prajñāpti）「中道」（mādhyamika）等等。如《中論》卷四〈觀四諦品〉所云：

> 眾因緣生法。我說即是無〔空〕；亦為是假名；亦是中道義。未曾
> 有一法，不從因緣生，是故一切法，無不是空者。〔註25〕

如此一來，把「緣起」正式定義為「性空」、「假名」、「中道」，乃至「無自性」等觀念，已經是初期大乘的觀點。就在這種「一切法空」、「無自性」的大前

〔註24〕大眾部的「二世無」，主要是指過去、未來的「無」；而「三世無」則更包括現在的「無」。

〔註25〕《中論·觀四諦品》，《大正藏》三十冊，第33頁中。

提下，一切有關「實有」、「自性」或「極微」的實體觀念，都會遭受到極嚴厲的破斥。如《中觀論頌‧觀有無品》所說：

> 眾緣中有性，是事則不然。性從眾緣出，即名爲作法。性若是作者，
> 云何有此義？性名爲無作，不待異法成。〔註26〕

站在有部的立場：一切法分析到最後，必須是有其「法體」或「極微」，這便是「性」或「自性」（svabhāva）。而所謂「緣起」，便是由這些無數的「極微」加以和合，從而積聚成一系列的現象。因此，「緣起」現象是和合假；而構成「緣起」背後的「法體」或「極微」，卻是非眞實不可，這便是「假依實」的推論要求。

可是，龍樹的看法則認爲：倘若「緣起」眞的是以背後的「法體」或「極微」爲基礎，這已經是一種「自性」的存在方式，而不是「緣起」的存在方式。事實上，「緣起」與「自性」，基本上是兩個矛盾和不相容的概念。因爲縱使所和合的現象是「緣起」，但能和合的「極微」、「法體」，已經是「非緣起性」了。既然說「一切法從緣生」，那麼，這些「極微」或「法體」的存在方式，到底是「緣起性」抑或是「非緣起性」，便成爲了爭論的焦點。經量部和說假部，可能很早即意識到這一個問題，因此，他們很早即反對「緣起」是「性實」的，而提出「緣起」應該是「性假」的，其關鍵可能也正在於此。

有部認爲：在「緣起」的現象中，必須假設有一些「非緣起性」的「極微」存在，作爲「緣起」現象存在的保證。這種論點，是不可能成立的！「極微」——「自性」假若是因緣所生的話，那麼它已經不是什麼「自性」了，而應該是由因緣所構成的存在（作法）。假如「極微」眞的能構成一切法的存在，這也是不可能的。因爲「極微」本身是自有自存，不須依賴其它條件而能自身存在的東西。試問以一些自身即能存在的東西，去支撐那些需要依賴其它條件才能存在的東西，這兩種的存在方式，顯然是互相矛盾的。

因此，就在龍樹（Nāgārjuna; A.D.150～250）這種對「極微論」探取徹底批判態度的情況下，有部的「極微論」終於要面臨性空學的洗禮，最後，終於發展成爲「眞空而妙有，一多而相即」的「無盡緣起」世界，事實上，這一種華嚴式的「一多相即」、「光光相網」的重重無盡世界，也可以說正是由「極微論」的思想困窘中，撥雲見月的重大理論突破！

綜觀以上所說，中觀學派的「緣起性空」思想，主要是針對「極微論」

〔註26〕《中論‧觀有無品》，《大正藏》三十冊，第 19 頁下。

所探取的批判。事實上，有部的「極微論」，是實有恆存的。如此一來，便自然會產生兩個以上的極微，不可能共用同一個空間的結果。換言之，當第一個極微佔據了這一個空間，別的極微便不可能再進入這一個空間了，這便是實體的不可侵入性或排他性。因此，在有部的「極微論」思想底下，空間的互攝互入、一多相即，便成爲不可能了。然而，當中觀學派正式提出「緣起性空」以後，實體的「極微論」便遭受到徹底否定；就在這種情況下，實體與實體之間的不可侵入性和排他性，便自然被瓦解了。代之而起的便是物與物之間的互攝互入，感應遂通，這一種思想上的扭轉，便自然開啓了華嚴式的思維方式，這是相當可能的。

（二）唯識學派的「依他起性」以及「種子說」

有部所主張的「極微論」，經過了性空學的洗禮後，代表唯識家的世親菩薩（Vasuba-ndhu; A.D.400）也開始把有部的「三世實有，法體恆存」思想，轉化而成爲一種接近「圓成實性」的「三自性說」和阿賴耶識的「種子說」。原來，唯識學派把「緣起」定義爲「依他起性」，而以染、淨「依他起性」來說明「偏計所執性」和「圓成實性」，這樣便構成了「三自性」中，「依他起性」的「轉依」觀念。這一種詮釋「緣起」的立場，已經是隱含了一種「性起」的意味，這跟華嚴宗的「法界緣起」思想，多少會有一點相通之處。

現在，就讓我們首先研究一下「依他起性」和「種子說」對「法界緣起」之間的思想轉出關係。據《世親菩薩傳》所載，世親的迴小向大，便是因爲夜誦《十地經》而深有所悟，於是便發心，投向大乘。由此可知，《十地經》的思想，跟唯識思想的關係，也是相當密切。其中有關《華嚴經》的「法界緣起」思想，跟唯識家「三性」當中的「依他起性」「圓成實性」——「淨依他起性」和「偏計所執性」——「染依他起性」之間的「種子說」思想轉出關係，便十分明顯。

在《攝大乘論‧世親釋二》中，主要是以三種「緣生」，來說明小乘的緣起思想。這便是：

1. 分別自性緣生：這是指早期的說一切有部，以「法體」的自性，去建立一切法的存在。而世親則以阿賴耶識（ālaya-vijñāna）的「種子說」來說明一切法的存在。

2. 分別愛非愛緣生：這是指原始佛教的「十二因緣」，從無明到老死的「緣生」，都跟愛、非愛有關。

3. 受用緣生：這是以「受用識」，也就是六識，作爲五蘊生起的原因。而世親則在六識以上，增加了第七識和第八「阿賴耶識」，並且更以「阿賴耶識」，作爲統一前六識的基礎。〔註27〕

最後，眞諦（Paramārtha; A.D.490～565）更從染污的「阿賴耶識」中，分出一個清淨的「阿摩羅識」（amala-vijñāna），作爲「如來藏自性清淨心」（tathāgata-garbha-prakṇti-vi-śudhi-citta），這一種思路，更可進一步發展成「如來藏緣起」，或者是華嚴宗的「法界緣起觀」。

由此可知，有部的「三世實有，法體恆存」的「極微論」思想，雖然都分別被經量部和中觀學派加以批判，以至終於一蹶不振。然而，這一種思惟模式，卻並不會因批判而徹底消失，相反地，它可能會再以另外一種改頭換面的方式，潛在出現，這便是「依他起性」和「種子說」的結合觀念。事實上，由於「種子」（bīja）沒有「極微」（aṇu）的「實體性」，因此，它既能蓄存任何資料（熏習），亦能釋放任何資料（現行）。而且蓄存與釋放之間，更是互通無礙，如此一來，一多互相含攝的觀念，更會慢慢地形成茁壯，從而匯通到華嚴「法界緣起」思想的開展，也倒是具相當可能的。

第三節　從「業感緣起」到「法界緣起」的進路 ——「唯心」方向的確立

一、原始佛教的業感思想

「業」的梵語是 karma，它是從語根√kṛ 演變而來，含有「造作」、「活動」的意思。在原始佛教中，佛陀所強調的「業」，主要是：自作業，自受報；反對當時所流行的「宿作因論」（宿命論）。如南傳的《法句經》所云：

自作惡而自染污，自不作惡而自清淨。各人能自淨與不淨，非由他人能淨故。〔註28〕

自己的依所才是自己的，如何有其他的依所呢？當自己是最好的調御者時，此人已獲得最難得的依所。〔註29〕

〔註27〕《攝大乘論・世親釋二》，《大正藏》三十一冊，第 164～167 頁。
〔註28〕《法句經・自己品》，南傳二十三，第 43 頁，第一六五。
〔註29〕《法句經・自己品》，南傳二十三，第 42 頁，第一六○。

　　眞的，自己才是自己之主，自己才是自己之所依。故此，能制御自
　　己，宛如〔調御〕商賈之良馬。〔註30〕

還有，在《長老偈》中也有同樣的一段記載：

　　譬諸大海之震動，如同生死之所伏於汝。汝應作自己之良洲，因爲
　　汝並沒有其他的依所。〔註31〕

早期原始佛教這一種從「自淨其心」之道邁向「自我實現」的精神，正充分表現了原始佛教這種質樸踏實的穩健作風。而且更透過這一種腳踏實地的實踐精神，去積極實現生命的最高理想——涅槃。事實上，在整個實踐的行爲中，自己也正是參予實踐的主體，和得到最終解脫的主體，因此，造業與受報的主體，基本上是同一的，而《法句經》之所謂：「自作惡而自染污，自不作惡而自清淨。」〔註32〕也正充分表明了這一點。所以，只有「自己才是自己之主」、「自己才是自己之所依」。〔註33〕每一個人若要獲得解脫，除非是透過自己的努力實踐，不然的話，別人是永遠幫不上忙的，所謂「各人能自淨與不淨，非由他人能淨故」，〔註34〕也正是這種「自我實現」精神的最佳寫照。

　　當然，原始佛教的業感思想，主要是跟它的質樸沈實的精神有關。當中的「實踐意味」也相當強烈，而形上學的傾向則並不明顯。然而，到了部派佛教時代，由於時、空關係改變，把「業」作爲一個形上學的命題而加以探討的風氣，便更加明顯。

二、部派佛教的業感思想——從「唯物」到「唯心」

　　到了部派時代，「業」的觀念，便正式成爲了一個形上學所探討的對象。到底「業」是以何種形式存在？如何作「業」？如何感果等問題？便成爲了部派佛教的討論焦點。爲了解決此一問題，說一切有部提出了「無表業」的理論。接著犢子部和正量部提出「業體暫住說」；《成實論》也提出了「無作業」的理論；而經量部更提出了「思」的種子說；大眾部隨後也提出了「成就說」的理論。

　　透過這些理論的發展，佛教的業感思想，也有從原先的「唯物」傾向，

[註30] 《法句經・比丘品》，南傳二十三，第 76 頁，第三八〇。
[註31] 《長老偈經・六偈集》，南傳二十五，第 194 頁，第四一二。
[註32] 《法句經・自己品》，南傳二十三，第 42 頁，第一六五。
[註33] 《法句經・比丘品》，南傳二十三，第 76 頁，第三八〇。
[註34] 《法句經・自己品》，南傳二十三，第 43 頁，第一六五。

慢慢地往「唯心」的道路發展,這種趨勢,對於大乘佛教的理論發展,關係相當密切。現在就讓我們首先研究一下說一切有部的「無表業」。

(一)說一切有部之「無表業」Avijñāpti-karman

在說一切有部(Sarvāstivādin)之業力觀認爲:身口意三業(Kāya-karman, vak-karman, manas-karman)是人類最基本之行爲活動,一切行爲之產生,都不外從這三方面出發,「有部」於是便基於此一肯定命題,而將業的本身槪分爲兩大類,即「表業」(vijñāpti-karman)與「無表業」(avijñāpti-karman),如《順正理論》卷三十三所云:

> 應知如是所說諸業中,身語二業:俱表、表無性。〔註35〕

所謂「表業」,就是指此一行爲之本身,能夠完全明顯地表現出來,讓對方能在當時淸楚看見,從而更可馬上獲得判斷。這種觀念,正相當於現今心理學之所謂「外觀行爲」(explicit behaviour)。〔註36〕如《順正理論》卷三十三所云:

> 謂能表示,故名爲表;表示自心令他知故。〔註37〕

而所謂「無表業」,就是指此一行爲之本身,雖然會在剎那生滅的過程中頓成過去,無法復現,可是其剩餘之影響作用卻依然存在。例如殺人行爲的本身,雖然只存在某一特定之時空範疇,轉眼即逝,及後警方趕抵現場時,卻不會因警方在案發時未能親眼目擊此一案件發生之經過,而斷然抹煞其眞實存在性,故此有部把這種由「表業」所產生之延續影響作用,稱爲「無表業」。如《俱舍論》卷一所云:

> 無表雖以色業爲性,如有表業;而非表示令他了知故,名無表。說者
> 顯此是師宗言。略說:表業及定所生善、不善色,名爲無表。〔註38〕

通過「表業」所產生的「無表業」,雖然亦如「表業」一樣,是「四大種所造色」(catuari mahābhūtāni rūpa),可是「表業」與「無表業」之間,仍有其不同點,這就是:「表業」通善(kuśala)、惡(pāpa)、無記(avyākṛta)三性;而「無表業」只有善與不善(akusala)性兩種,在《俱舍論》卷十三更有進一步的解釋謂:

> 無表唯通善、不善性,無有無記。所以者何?以無記心勢力微劣,

〔註35〕《順正理論》卷三十三,《大正藏》二十九,第531頁中。
〔註36〕張春興、楊國樞《心理學》,第29頁,台北三民書局民國66年10月修正版。
〔註37〕《順正理論》卷三十三,《大正藏》二十九,第531頁下。
〔註38〕《俱舍論》卷一,《大正藏》二十九,第3頁上。

不能引發強業令生。〔註39〕

按有部學者之意見認爲：策動身語行爲之產生，必須有賴強而有力的意志作用，方能使之發爲「無表」；如以善心策動而有的身語行爲，便可發爲「善無表」（kusala avijñāpti-ka-rman）；而以惡心策動而有的身語行爲，便可構成「惡無表」（pāpa avijñāpti-karman）。然而，無記心的本身，由於其意志作用力過於微弱，故此是不可能產生任何強烈的影響作用，而成爲「無表業」，所以由無記心所產生之「無表業」，是根本不可能存在。

有部學者，除了不承認有無記心之「無表業」外，同時更進一步否認有唯依意業所生之「無表」，而只單獨承認身語二業產生「無表」之可能性。其原因乃由於：「無表業」的產生，必須要以「表業」爲緣，方能生起，然而身語意三業當中，唯一最令人清楚看見的行爲（表業），實際上只有身語二業，而意業則不能具有這種可表的特性，所以不能構成「表業」，意業既不可發爲「表業」，那又何來產生「無表」呢？有關這一點，在《順正理論》卷三十三，即有強調謂：

> 復有何緣，唯有語業，表、無表性，意業不然，以意業中無彼相故。
>
> 謂能表示，故名爲表；表示自心，令他知故，思無是事，故不名表。

〔註40〕

由於有部並不承認意業有表，那當然更不能承認有意業之「無表」存在，所以能產生「表業」和「無表業」者，便只有身、語二業，而非意業，因此在《俱舍論本頌・分別業品》第四中即有偈云：

> 此身語二業、俱表、無表性。〔註41〕

同時，有關意業本身非「表」，亦非「無表」的問題，在《順正理論》卷三十三即有解釋謂：

> 如是且辯：意業非表、亦非無表。以無表業初起，必依生因大種，此後無表生因雖滅，定有同類大種爲依，故後後時，無表續起。諸意業起，必依於心，非後後時，定有同類心相續起。可意無表，依止彼心，多念相續，以心善等念念有殊。設無表思，同類續起，如何依止前心意業，可隨後念異類心轉，非有意業心不相應，故意業

〔註39〕《俱舍論》卷十三，《大正藏》二十九，第 70 頁下。
〔註40〕《順正理論》卷三十三，《大正藏》二十九，第 531 頁下。
〔註41〕《俱舍論本頌》〈分別業品〉第四，《大正藏》二十九，第 316 頁上。

中，亦無無表。是故唯有身語二業，表無表性，其理善成。〔註42〕

由此可知，有部學者都一致認爲：「無表業」在初起時，必須要依「四大種」（catvāri mahābhūtāni；亦即地、水、火、風的四種元素）爲生因，而在下一剎那當中，「無表業」之生因雖滅，可是隨後必定會有同類性質的「四大種」繼續產生，作爲「無表業」便能相續不斷地進行。然而，意業在初起時，卻是以心爲依止，可是心的本身，卻是念念差別，前後剎那之間，根本就無法相應，那麼，意業本身到底又如何能與前後心之間取得一致聯繫，從而產生其相續不斷的關係呢？因此，事實上這種情況是不可能發生，所以意業本身根本就不可能產生「無表」，而唯有身語二業，才有成立「無表」之可能性。

就三界存在的立場而言，有部學者認爲：「無表」唯有在欲、色二界當中（kāma-dhātu, rūpa-dhātu）才有，而無色界（arūpya-dhātu）則是絕對沒有可能存在。其原因是：有部根本就不承認無色界中有「色」（rūpa；指物質）的存在，如《順正理論》卷三十六卷所云：

> 欲、色二界皆有無表，決定不在無色界中，以無色界中有伏色想故，厭背諸色入無色定，故彼定中不能生色。……有作是言，以無色界無大種，故無無表色。〔註43〕

同時，在《俱舍論》卷十三中亦有同樣記載云：

> 欲、色二界皆有無表，以無色中無大種故。〔註44〕

由於「無表業」是從「表業」而來，當然必須首先要有身語「表色」（kāya-vijñāpti-rūpa, vak-vijñāpti-rūpa）的條件，才有可能令其產生，無色界既沒有「色法」的存在，那又何來會有「無表業」呢？倘若承認無色界中有「無表業」，這豈非無形中與「無表業爲四大種所造色」之定義，產生矛盾，如《俱舍論》卷十三，即有責難道：

> 於無色界若有無表，應有無表非大種生。不可說言：有漏無表，以別界地大種爲依。〔註45〕

然而，由身語「表色」所引起的「無表色」（vak-vijñāpti-rūpa），到底又應存在於什麼地方呢？有關這個問題，有部學者則認爲：它應該存在於「法處」

〔註42〕《順正理論》卷三十三，《大正藏》二十九，第531頁下。
〔註43〕《順正理論》卷三十六，《大正藏》二十九，第545頁中。
〔註44〕《俱舍論》卷十三，《大正藏》二十九，第70頁下。
〔註45〕《俱舍論》卷十三，《大正藏》二十九，第70頁下。

（dharmāyatana）所以又名爲「法處所攝色」（dharmāyatanagṛhya-rūpa），「無表色」若不被攝於「法處」，則「無表色」便不可能產生其相續不斷的因果關係，從而成爲「無表業」了。如《俱舍論》卷十三所云：

> 又契經說：苾芻當知，法謂外處，是十一處所不攝法，無見無對，不言無色。若不觀於法處所攝無表色者，此言闕減，便成無用。〔註46〕

「無表色」既爲「法處」（dharmāyatana）所攝，那麼對於「無表色」之體性問題，有部學者又該持何種態度呢？有關這一點，在《俱舍論》卷十三即有表示謂：

> 毗婆沙師說：有實物名無表色，是我所宗。〔註47〕

從這一點看來，有部學者對於「無表色」的本身，都一致主張其具有實體性。不但如此，他們同時更從別解脫律儀（pratimokṣa-saṃvara）之相續關係中，進而證知實有「無表色」之存在。如《俱舍論》卷十三所云：

> 又若撥無無表色者，則亦應無有別解脫律儀。非受戒後有戒相續，雖起異緣心，而名苾芻等。又契經說：離殺等戒，名爲隄塘戒，能長時相續堰過犯戒過故，非無有體可名隄塘。由此等證知，實有無表色。〔註48〕

總括而論，有部所主張之「無表業」，其實正是潛在業力的一種具體說明，其體性是「無見無對」之「色法」，爲「法處」所攝，故此這一種力量，只能存在於欲、色二界，而且更以身語二業之強烈意志作用爲其存在之根本原因，所以是絕對沒有唯依意業或無記心所發之「無表」存在。因此，有部這種以「無表色」來說明「無表業」的處理方式，已經有明顯的「唯物」傾向；同時，也無法進一步說明業力的如何相續問題。〔註49〕事實上，這一種觀念，很可能是跟有部所主張「三世實有，法體恒存」的思維方式有關，是一種含有典型唯物主義實在論的色彩。然而，這一點思考方式，已經慢慢被後來的各部派加以批判，從而使得當初部派佛教的「唯物」傾向，開始轉移到「唯心」的思想方向發展；例如，犢子部和正量部的「業體暫住說」──不失法、《成實論》的「無作業」、經量部的「思」種子說、大眾部的「成就說」等理論，都含有極濃厚的「唯心」

〔註46〕 《俱舍論》卷十三，《大正藏》二十九，第69頁上。

〔註47〕 《俱舍論》卷十三，《大正藏》二十九，第70頁上。

〔註48〕 《俱舍論》卷十三，《大正藏》二十九，第69頁上。

〔註49〕 請參閱田養民著，楊白衣譯《大乘起信論·如來藏緣起說之研究》，第120頁，日本昭和四十六年元月初版；地平線出版社，民國67年8月初譯版。

傾向。這正是本論文進一步所要論述的重點所在。

（二）犢子部、正量部的「業體暫住說」──不失法 Avipraṇāśa

犢子部（Vatsīputrīya）是首先提倡「有我論」的部派，他所主張的「非相蘊‧非離蘊‧補特伽羅」（na saskandha-viskandha-pudgala），更成為了當時最具爭論性的議題。事實上，犢子部的「有我論」，主要是針對說一切有部把「無我」定義成「我的不存在」（nirātman=ātman nāsti）以後，所引申的輪迴主體問題，為了拯救這「主體性」頻臨瓦解的危機，犢子部於是便提出了「補特伽羅」的理論。

除此之外，犢子部更對有部所主張的「三世實有，法體恒存」以及現象界的「剎那生滅」理論，也作出某種程度上的修正，從而使得有部原來實體界的「法體恒存說」和現象界的「剎那生滅說」，一轉而成為色法（物質）的「暫住說」和心法（精神）的「剎那說」。這一種把色、心分離的做法，正充分表現了犢子部的思想特色。例如，在《異部宗輪論》中，即有以下的一條記載：

> 諸行有暫住（如：山河、大地等），亦有剎那滅（如：心、燈焰、鐘聲等）。〔註50〕

有關這一點，按呂澂的分析認為：

> 諸法不完全是剎那滅，亦有些是暫住的。一般講剎那滅是聯繫到心的剎那滅講的，因為別的東西不是一下子就看得出生滅的。犢子部認為：心的一起一滅是剎那滅；而心外的諸法，如：燈焰、鐘聲等，也是剎那滅的。可是，另外一些法，如：大地、山河、草木等，則是暫住的。雖然，在時間的過程中也有變化，但在一定的時間內仍是相續的。這些議論，與其他部派以色、心同時起伏，講諸行剎那滅的不同。犢子部認為：心法剎那，此外則大部分暫住。這樣，把色、心分開；色可以在心外獨立存在，就有一些唯物的傾向。

這一理論，後來到了正量部，更是大加發展，從而與鞏固唯心陣地的，特別是大乘中的唯識論，不得不發生尖銳的衝突！〔註51〕

事實上，犢子部的這種把色法視為可獨立於心外的實有，且可在一段長時間暫時存在的想法，對後來正量部的「業體暫住說」，影響相當深遠。例如，

〔註50〕《異部宗輪論》，《大正藏》四十九，第15頁上。

〔註51〕請參閱呂澂《印度佛學思想概論》，第78頁，天華出版社，民國71年7月1日版。

正量部（Sammitiya）認爲「不失法」Avipraṇāśa 是「非念念滅，但有大期滅」的思想，充分發揮了犢子部的「色法暫住」思想，從而成爲了一種「業體暫住說」。現在，就讓我們來研究一下正量部「不失法」所代表的「業體暫住說」理論，是如何開展的。

正量部承犢子部「善不善性」之理論基礎上，別立「不失法」，作爲業力存在之根據，據《中觀論疏》卷八所云：

能持業令不失果，故名不失法。〔註52〕

因此，「不失法」的主要作用，是在於能保持業果，令其不失。有關這一點，在《顯識論》中更有進一步說明：

如六識起善惡，留在熏力於本識中，能得未來報，名爲種子。若小乘義，正量部名爲無失（不失），譬如卷約。故佛說偈：諸業不失，無數劫中，至聚集時，與眾生報。〔註53〕

由此可知，正量部之「不失法」，在《顯識論》中，都已被視作爲「種子熏習說」的一種。如《中觀論疏》卷八所云：

阿梨耶翻爲無沒識，更是不之異名，沒是失之別目故，梨耶猶是不失法。又梨耶體是果報無記，能持一切善惡種子。〔註54〕

按正量部的意見認爲：吾人所造之善惡諸業，正猶如所欠之債務一樣，「不失法」便是債券，在債務尚未還清以前，債券始終爲債務人所擁有，且可隨時持券討債，而絕無任何拒賴之可能，如《中觀論疏》卷八所云：

正量部明：一切眾生隨起一念業，必有不失法隨之起；如世間出債，隨財多才必須立券。故釋業而失不失法也。〔註55〕

既然眾生於一念業中，皆有「不失法」隨之而起。那麼，這裡又不禁產生一個疑問：眾生心中之業力，皆是念念生滅；而「不失法」隨業而起，當然亦是念念生滅。然而，念念生滅之「不失法」，刹那即成過去，那又何來招感業果呢？有關這一個問題，在《中觀論疏》卷八即有解釋云：

問：業是有爲念念生滅，不失法亦是有爲念念生滅，云何得不斷不常耶？

〔註52〕《中觀論疏》卷八，《大正藏》四十二，第 120 頁下。
〔註53〕《顯識論》，《大正藏》三十一，第 880 頁下。
〔註54〕《中觀論疏》卷八，《大正藏》四十二，第 119 頁上。
〔註55〕《中觀論疏》卷八，《大正藏》四十二，第 221 頁中。

答：眞諦三藏出正量部。明：不失法，是功用常；待果起方滅，中
間無念念滅。譬如券還債竟，然後乃破裂耳。〔註56〕

原來，「不失法」雖與善惡諸業同時生起，可是，其攝持不失之功用，在尚未
感果以前，卻是常住不壞；並不致因業體之念念生滅而消失，而必須待果報
生起以後，其原先所擁有之不失功用方會滅盡。這正猶如債務在清還之後，
債券也就隨即會被撕毀。有關這一點，在《隨相論》中也有同樣之記載云：

若正量部戒善，生此善業，與失法（不失法）俱生，其不說：有業
能業體生即謝滅，無失法不滅，攝業果令不失；無失法非念念滅法，
是待時滅法，其有暫住義，待果生時，其體方謝。〔註57〕

正量部在此更一再強調：「不失法」之本身，並非念念不斷之生滅法，而是在
某一期間內才會消失之大滅法。由於其時間之涵蓋性較爲廣泛。故能暫時存
在於某特定之時空之內，而必須待果報產生之後，其原先所擁有之性質才會
隨之消失。這種思想，便是正量部有名的「業體暫住說」。

因此，在業果尚未生起之時，雖至懺悔，而其罪報仍是不滅，而必須待果
起受報以後，此罪方息。這正猶如債務在尚未還清以前，雖至悔疚，而債務猶
在，而必須待債清券破後，債務方能完全瓦解。如《中觀論疏》卷八所云：

而依正量部義。論云：正量部有二種：一、至得；二、不失法。不
失法但善惡有之，外法則無。又但是自性無記，又待果起方滅。若
是至得，逐法通三性，通內外法，皆有果未起時，若懺悔則至得便
滅；而不失法雖懺悔罪不滅，要須更待果起方滅也。〔註58〕

所以，「不失法」的性質，並非刹那即逝之生滅法，而是在造業至感果以前能
暫住存在不失之大滅法。如《中觀論疏》卷八所云：

正量是功用常，無念念滅，但有大期滅。〔註59〕

由於業的本身是念念生滅，因此，必須要有一暫住大滅之「不失法」在，才
能攝持業界，令其不失。所以，「不失法」之性質，是雖空無自性，而能攝持
令果不失，故是「不斷」。但當其在感果以後，其體即謝，故是「不常」。由
於這種「不斷不常」之特性，「不失法」之攝果受報才有根本成立之可能，而

〔註56〕《中觀論疏》卷八，《大正藏》四十二，第119頁下。
〔註57〕《隨相論》，《大正藏》三十二，第161～162頁上。
〔註58〕《中觀論疏》卷八，《大正藏》四十二，第119頁下。
〔註59〕《中觀論疏》卷八，《大正藏》四十二，第119頁中。

且更能符合佛陀之本意。如《中論》卷三〈觀業品〉所云：

> 雖空亦不斷，雖有而不常，業果報不失，是名佛所說。〔註60〕

可是，這裡又不禁同時產生另一疑問：業與「不失法」既是同時俱生，而且皆是生滅變異之有為法，但為何業體本身是剎那生滅，而不失法卻可大期生滅呢？有關這一點，在《隨相論》中即有解釋云：

> 問：業與無失法俱生，同是有為法，業體何故滅，無失法不滅耶？
>
> 答：業是心相應法，故生而即滅；無失法非心相應法，故不念念滅。
>
> 〔註61〕

按此而論，業的本身，由於是與「心」相應之法，故此能隨著心念之起伏而剎那生滅；而「不失法」則是屬於「心不相應行法」，因此是絕對不會受遷流不息之意識作用念念轉移而影響消失，從而更能攝持一切善惡果報，令其不失。

然而，在這裡，同時又產生一個「二分法」的困局：業的本身既是與「心」相應之法，而「不失法」卻是屬於「心」不相應之法，兩者之性質似乎是毫不相干之兩回事。那麼，在這種情況下，業力之感果受報又是如何可能呢？針對這一個困局，《中論》卷三〈觀業品〉即有化解之道云：

> 不失法如券，業如負財物，此性則無記；分別有四種，見諦所不斷，
>
> 但思惟所斷，以是不失法，諸業有果報。〔註62〕

因此，正量部在此除了把「不失法」視為債券，業力視為債務之外，同時，對於「不失法」之體性問題，更主張其為「非善非惡」之「無記」（avyakṛta），因為唯有「無記」性的「不失法」，才能成為招感善惡果報之最佳保證者。故《中觀論疏》卷八即有云：

> 又依正量部義，正量本是律學，佛滅後三百年中從犢子部出。辨不
>
> 失法，體是無記。〔註63〕

同時，「無記」的本身，它還有另外一層更深刻之意義，這就是：「不失法」只不過是招感業果之保證者而已，而其本身是不受果報，故是「無記」。如《中觀論疏》卷八所云：

> 善惡、業自感報，而不失法是無記，不感報。如世間負財人，自還

〔註60〕《中論》卷三，《大正藏》三十，第 22 頁下。
〔註61〕《隨相論》，《大正藏》三十二，第 162 頁上。
〔註62〕《中論》卷三，《大正藏》三十，第 22 頁中。
〔註63〕《中觀論疏》卷八，《大正藏》四十二，第 119 頁下。

債耳，而券不還債，是故立不失法爲無記。〔註64〕

此外，「分別有四種」，據青目論（vimalākṣa）之意見認爲：應該是指三界繫與不繫四種。換句話說，所謂「四種」，則是指三界有漏之欲界繫、色界繫、無色界繫和無漏之不繫。按正量部所云：隨起一念善惡，即有「不失法」與之共起，令果不失：若起三界繫業，則有三界繫之不失法在，故此不失法爲三界所繫；而當無漏業起時，亦有無漏之「不失法」與之共起，故此名爲「不繫」。如《中觀論疏》卷八所云：

> 今依青目明是不失法，三界繫與不繫，故云四種。所以通四種者，
> 正量部云：隨起一念善惡，則有不失法與之共起，令不失果；若起
> 三界繫業，則有繫不失法，故不失法爲三界繫。起無漏業，亦有不
> 失法與之共起，不失法名爲不繫。〔註65〕

同時，就「見諦所不斷，但思惟所斷」而言，當中之「見諦」（prahāna）與「思惟」（cintanā），到底又是指什麼呢？據《中觀論疏》卷八所載：

> 見諦所不斷，但思惟所斷者，第三斷不斷門分別。攝論依大乘義判
> 見、思。初地爲見道，二地至金剛爲修道，梨耶至金剛心治際時本
> 識都滅。〔註66〕

故此，「見諦」與「思惟」，實際上是指「見道」與「修道」兩種果位。換句話說，「不失法」是非「見道」之初果所能斷，而必須至「修道」二果以上才能斷盡。

可是，在這裡又不禁產生一個矛盾問題：「不失法」既然是通有漏之三界繫與無漏之不繫四種，若言「不失法」至「修道」二果以上便能完全斷盡的話，則「不失法」之感果功能，便無形中只能局限於有漏之三界繫方面，而對無漏之不繫業，豈非完全失效，像如此之「不失法」，便不應偏言有四種。如《中觀論疏》卷八所云：

> 若不失法通繫不繫者，便應通斷不斷。下不應言：見諦不斷思惟所
> 斷。〔註67〕

然而，據吉藏大師之意見認爲：這裡所說的「斷」，並非是指「不失法」本身

〔註64〕《中觀論疏》卷八，《大正藏》四十二，第 119 頁中。
〔註65〕《中觀論疏》卷八，《大正藏》四十二，第 120 頁上。
〔註66〕《中觀論疏》卷八，《大正藏》四十二，第 120 頁上。
〔註67〕《中觀論疏》卷八，《大正藏》四十二，第 120 頁上。

之斷滅，而只不過是指「不失法」中，見思惑種子緣縛力量之完全斷盡而已。因爲，見思惑種子之緣縛力量，在「見道」之初果，猶不斷除，而必須待「修道」二果以上至金剛心治療時，此緣縛之力量，方能消失。故《中觀論疏》卷八亦有云：

> 正量明：見諦但斷八十八不善煩惱耳，不斷無記法故，不斷不失法。
> 〔註68〕

此外，在同一文中，吉藏大師更就此意，闡明其間之重要關鍵，如疏中所云：

> （宗）梨耶既是果報心，是苦諦攝。解漸明生死，果報心漸滅，至治際時斷。梨耶中集諦盡，梨耶苦諦邊亦滅，實不斷也。就見思解斷本識中見思惑種子，但是斷集了，而梨耶苦諦邊都不被斷，而集滅故苦亦滅也。
>
> （因）今文言見諦不斷思性斷者：梨耶是生死苦諦報無記，被見思惑緣縛，見諦解斷緣縛不盡，思惟解斷緣縛盡，故言見諦不斷思惟斷。
>
> （喻）佛陀、人、眾生是果報無記、曇無德心是無記、正量不失法是無記，例同此義並不被斷，俱爲二惑緣，縛見道斷不盡，故言斷耳。〔註69〕

由於有「不失法」的存在，故此，在「修道」二果以上，至金剛心至際時的得道聖者，其見思惑之緣縛力量雖然已遭瓦解；可是，其過去所剩餘之善惡果報卻是依然存在，而必須待果起受報後，「不失法」之攝持作用才真正消失。因此，縱然是一位已具解脫之聖者，卻仍然會有遭受「剩餘業報」之可能。如《中觀論疏》卷八所云：

> 若起心懺悔，則至得便滅，而不失法非是不善，治道起時不斷，要必須得果。故羅漢之人受果者，此是不失法持之故也。〔註70〕

因此，「不失法」雖是「心不相應行法」，可是，由於它同時具備有「無記」之特性，故此便能與「心相應行」之業，取得彼此之間的一致溝通，從而攝持一切業果，令其不失，故論中所云之「以是不失法，諸業有果報」，其意正在於此。若謂「不失法」與業之間會因彼此性質之互不相干而無法溝通的話，

〔註68〕《中觀論疏》卷八，《大正藏》四十二，第120頁上。
〔註69〕《中觀論疏》卷八，《大正藏》四十二，第120頁中。
〔註70〕《中觀論疏》卷八，《大正藏》四十二，第120頁中。

則無形中便等於否定了「不失法」中「無記」性之存在，那麼，「不失法」與業之間的性質，豈非變得完全相似而毫無差別，如此一來，「不失法」便不會再是「見諦不斷思惟斷」，而應該是在「見諦」之時已被斷除淨盡，這樣，不但不能進一步解釋業果相續之情況，反而更破壞了「不失法」攝業受報之可能關係，而造成了因明學上之重重謬誤，如《中論》卷三〈觀業品〉所云：

若見諦所斷，而業至相似，則得破業等，如是之過咎。〔註71〕

對於這一個問題，吉藏大師在《中觀論疏》卷八中，曾有明確之闡釋云：

四家並明：不失法是無記不被斷。今遂言不失法被斷，則不失法便是惑性，非復無記；若是惑性，便能感報，即是業，故言而業也。既是業便得果報，名至相似。〔註72〕

吉藏大師這一番話，其主旨正在說明；倘若不失法為見諦所斷，則「不失法」之性質，便與業之惑性沒有多大差別；這樣它便應該與業一樣，同樣有受報感果之可能存在。那麼「不失法」之攝業不失功能，便無形中宣布崩潰，像這種的情形，便稱為「破業」。如《中觀論疏》卷八所云：

問：云何名破業耶？

答：不失法若被斷，則感報；以無記感報，故是破業。如令券書還債，故名破業。〔註73〕

由此可見，正量部的「不失法」，並非念念生滅的「心相應行法」，而是一期大滅之「心不相應行法」，其體性是「非善非惡」之「無記」，因此它雖與念念生滅之業性有別，然而由於「無記」的關係，故能與業取得一致溝通，進而攝持一切善惡種子，令其感果，而其本身則並不受報，在業力之感果受報過程完畢後，「不失法」原先所擁有之攝持不失功能，方會像債清券破一般，滅盡無餘。

正量部這一種「業體暫住」的「不失法」的觀念，無疑是跟犢子部之「色法暫住說」和「無記法」的「善不善性」理論，有著極不可分的關係。事實上，能攝持此「不失法」的主體，便是犢子部所說的「補特伽羅」（pudgala）我。〔註74〕這一個我，是一切生死流轉，業力果報的所依。這樣，「不失法」

〔註71〕《中論》卷三，《大正藏》三十，第 22 頁中。

〔註72〕《中觀論疏》卷八，《大正藏》四十二，第 120 頁下。

〔註73〕《中觀論疏》卷八，《大正藏》四十二，第 120 頁下。

〔註74〕請參閱呂澂《印度佛學思想概論》，第 184 頁，天華出版社，民國 71 年 7 月 1 日版。

的內容，已經不是一個單純的業因，而是一切業力彼此互動的組合體。因此，眞諦（Paramārtha; A.D.490～565）在《攝大乘論釋》中，把它稱爲「果報識」。後來，在譯《顯識論》時，還把「果報識」換成「不失法」。這種思想，可能跟後來唯識家所說的「異熟識」、「阿賴耶識」、「阿摩羅識」，甚至「如來藏」思想，都有相當深遠的影響。所以，從「業感緣起」到「賴耶緣起」，以至「如來藏緣起」，其思想史之間的關係更是清晰可見。

（三）經量部的「思」Cetanā──種子說 bījavāda

經量部（Sautrāntika）的譬喻論師鳩摩羅馱（Kumār/abdha; A.D.200～300？），〔註75〕雖然是從說一切有部流出，可是他對於業力的「存有論」態度，卻根本上與有部各持相反態度。首先，站在經量部本身之立場，不但不承認「無表業」之實體性，而且對於有部富有「唯物論」傾向的「色法無表實有論」，更施以無情的痛擊。如《大毗婆沙論》卷一百二十二所云：

> 又表、無表若是色者，青、黃、赤、白是何耶？〔註76〕

原來，經量部本身並非不承認有「無表業」的存在，而是不贊成有部把「無表業」視爲色法之一，因爲在經量部之意見認爲：所謂「無表」，應該是以「思」（cetanā）爲基礎，方可有存在之可能，有關經量部對於業力存在的觀念，在《俱舍論》卷十三即有云：

> 謂從如前所說二表（表、無表）殊勝思故，起思差別，名爲無表。

〔註77〕

由此可見，經量部所說的「無表」觀念，主要是建立在「思」（cetanā）的差別性上，故此是絕不承認有「表業」和「無表業」的實體性存在，如《大毗婆沙論》卷一百二十三云：

> 謂譬喻者，說表、無表業無實體性。所以者何？若表業是實，可得依之令無表有。然表業無實，云何能發無表令有？且表業尚無無表，云何有而言有者？是對法（abhidharma）諸師矯妄言耳！〔註78〕

按譬喻論師鳩摩羅馱（Kumār/abdha）的意見認爲：不但「表業」無實體性，

〔註75〕請參閱印順《說一切有部爲主的論書與論師之研究》，第535～536頁，台北慧日講堂，民國67年4月再版。
〔註76〕《大毗婆沙論》卷一百二十二，《大正藏》二十七，第634頁中。
〔註77〕《俱舍論》卷十三，《大正藏》二十九，第68頁下。
〔註78〕《大毗婆沙論》卷一百二十二，《大正藏》二十七，第634頁中。

就是連「無表業」也不應有實體性存在。其原因是：假如「表業」是有實體
性的話，那麼從「表業」所產生之「無表業」便應有實體性；可是，事實上
「表業」本身並沒有實體性，而從沒有實體性之「表業」，又怎能使之產生有
實體性之「無表業」來呢？這豈非與原先的命題矛盾。況且，當表業產生之
時，「無表業」尚未存在，那麼，其相續不斷之關係又該從何建立呢？因此，
「表業」和「無表業」的實體性理論是根本不可能成立。有關這一點，在《俱
舍論》卷十三更有進一步的詳細說明謂：

> 然經量說：形非實有。謂顏色聚一面多生，即於其中假立長色；待
> 此長色於餘色聚一面少中，假立短色；於四方面並多生中，假立方
> 色；於一切處遍滿生中，假立圓色；所餘形色隨應當知。如見火槽，
> 於一方面無間連運，便謂爲長；見彼周旋，謂爲圓色。故形無實，
> 別類色體。〔註79〕

依經量部的說法：所謂「色法」（物質的存在），其實只不過是假名而立，是
緣自無數生滅變化積聚所產生之現象或形式，而當中並沒有所謂恒常不變之
實體性存在。這正如火槽一樣，一方面見其永無間斷地作高速運動，我們便
會有「長」的感覺，而假其名爲「長色」（長形的物質）；若見其周旋運動，
便會有「圓」的感覺，而稱之爲是「圓色」（圓形的物質）。由於色的本身只
不過是形式變化運動所產生之現象而已，所以由色法所產生之「表業」和「無
表業」，當然是沒有其永恒不變之實體性存在。同時在同一論中接著更說：

> 無表業相，如前已說。經量亦說：此非實有。由先誓限，唯不作故。
> 彼亦依過去大種施設，然過去大種體非有故，又諸無表，無色相故。
>
> 〔註80〕

經量部在此更強調：「無表業」的存在，只不過是一種潛能狀態而已，是「由
先誓限，唯不作故」，所以它都是依過去的「四大種」（catvāri mahā-bhūtāni）
所構成，然而過去之「四大種」由於都是刹那生滅，因此並沒有其實體性存
在，由此可知，「無表業」是不可能成爲業力存在之主體。經量部既然不承認
以「無表業」作爲業力存在之主體，那麼，對於其業力存在之體性問題，又
該作何解釋呢？

　　按經量部的意見認爲：業之所以爲業，只不過是一種「思」（cetanā）的

〔註79〕《俱舍論》卷十三，《大正藏》二十九，第 68 頁中。
〔註80〕《俱舍論》卷十三，《大正藏》二十九，第 68 頁下。

種種作用而已。換句話說：只有「思」（cetanā）才能產生業果，至於身語活動的本身，是不可能構成業報，如《大毗婆沙論》卷一百一十三所云：

> 又譬喻者說：身語意業，皆是一思。〔註81〕

由此可見，「思」是吾人意志作用力的一種表現，假如沒有這種意志作用作爲背後之推動力量的話，則整個身、意本身即無活動而言。所以「思」在一切業中，由於其造作力最強，故能統攝一切業果，而成爲業之主體。如《俱舍論》卷一所云：

> 思是業性，造作義強，故名最勝！〔註82〕

由於「思」是以業爲性，且造作義強，故能引發強業令生，經部量更因而據此肯定一切業的產生，皆是一「思」，而絕不承認有離「思」以外的其它業果。如《大毗婆沙論》卷十九所云：

> 謂或有執，離思無異熟因，離受無異熟果，如譬喻者。〔註83〕

「思」，在眾多心理活動當中，本屬意志作用的一種具體表現，而經部量學者則根據經中所云之「思業」（cetanā-karman）、「思已業」（cetayitvā-karman），企圖把這種「思」的作用，劃分爲兩大類。如《俱舍論》卷十三所云：

> 契經中說，有二種業：一者、思業；二者、思已業。此二何異？謂前加行起思惟思，我當應爲如是如是所應作事，名爲思業。即思惟已，起作事思，隨前所思作所作事，動身發語，名思已業。〔註84〕

所謂「思業」，就是指吾人對於事情本身所作判斷的一種思維作用；而「思已業」，則是指隨其判斷作用的完成而進至行動步驟的一種具體過程。有關「思業」和「思已業」的進一步性質，在《俱舍論》卷十三，更有詳盡的說明謂：

> 此所由業，由體是何？謂心所思，及思所作。故契經說，有二種業，一者、思業；二者、思已業。思已業者，謂思所作。如是二業，分別爲三，謂即有情身、語、意業。如何建立此三業耶？爲約所依；爲據自性；爲就等起。縱爾何違？若約所依，應唯一業，以一切業並依身故。若據自性，應唯語是業，以三種中唯語業即故。若就等起，亦應唯一業皆意等起故。〔註85〕

〔註81〕　《大毗婆沙論》卷一百二十二，《大正藏》二十七，第 587 頁上。
〔註82〕　《俱舍論》卷一，《大正藏》二十九，第 4 頁上。
〔註83〕　《大毗婆沙論》卷十九，《大正藏》二十七，第 69 頁上。
〔註84〕　《俱舍論》卷十三，《大正藏》二十九，第 68 頁下。
〔註85〕　《俱舍論》卷十三，《大正藏》二十九，第 67 頁中。

換句話說，經量部對於業力的產生，都一併把它歸到「思」的作用上，而把
「思」分爲「心所思」及「思所作」，「心所思」即經中所云之「思業」，而「思
所作」即「思已業」。可是在這裡又不禁產生另一個問題，既然一切造作行爲
皆以「思」（cetanā）爲主體；所謂「身語意業，皆是一思」，那麼其與身、語、
意三業之間的關係，到底又該從何建立呢？

有關這一個問題，經量部則企圖以「所依」（āśraya）、「自性」（svabhāva）
和「等起」（samutthāna）等三個觀念，分別把它們跟身、語、意三業之間的
關係串連起來，並謂：

> 若約所依，應唯一業，以一切業並依身故。

換句話說，一切行爲之產生，必須要以身體爲依歸，不然的話，即不可能構
成任何行動；若按照「自性」的立場而論，則應該以「語」爲業，因爲「語」
與業的本質，是完全一致，所謂「若據自性，應唯語是業，以三種中，唯語
即業故」，正是此意；若就「等起」的立場而言，則應唯意是業，因爲一切業
皆由意所「等起」，由此經量部論師更特別強調：「若就等起，亦應唯一，業
以一切業皆意等起故。」

由此可見，經量部對於以「意」作爲業果存在的根據，是完全建基在「等
起」的立場上。有關這一點，在《順正理論》卷三十三亦有詳細解釋謂：

> 此所由業，其體是何？謂心所思，及思所作，故契經說，有二種
> 業：一者、思業；二者、思已業。思已業者，謂思所作，即是由
> 思所等起義。如是二業，於契經中，世尊說爲三，謂身、語、意
> 業，如是三業，隨其次第，由所依自性等起故建立，謂業依身故
> 名身業；業性即語，故名語業；此業依意復與意俱等起起身語，
> 故名意業。〔註86〕

同時，對於「思」與「意」的等同關係，在《俱舍論》卷十三中，更有明確
的指出謂：

> 然心所思，即是意業。思所作業（思已業）分爲身、語二業，是思
> 所等起故。〔註87〕

換句話說，所謂「思業」，其實就是意業；「思已業」，則是指身、語二業。
但嚴格地說，身、語二業只不過是「思業」作事等起所依之工具而已，實際

〔註86〕《順正理論》卷三十三，《大正藏》二十九，第531頁中。
〔註87〕《俱舍論》卷十三，《大正藏》二十九，第67頁中。

上卻不具有業的特性。因此，經量部所謂「身語意業，皆是一思」，其意正在於此。

同時，經量部對於「思」具體作用的完成，大概可詳分爲三個階段加以研究，這三個階段便是：1. 審勝思（gati-cetanā）；2. 決勝思（niścaya-cetanā）；3. 動發勝思（vidhavana-cetanā）。

如《俱舍論》卷十三所云：

> 謂從如前所說二表（表、無表）殊勝思故，起思差別名爲無表。……
>
> 審、決勝思（審勝思、決勝思），動發勝思所引生故。〔註88〕

所謂「審勝思」，就是指在一件事情尚未付諸行動之前的思考過程；而在思考過程後之決定作用，則稱爲「決勝思」；當決定作用完成以後，便會進一步付諸具體行動，透過身體與語言的方式，將其行爲表現出來，是爲「動發勝思」，如《成唯識論》卷一所云：

> 能動身思，說名身業；能發語思，說名語業。審、決二思，意相應故，作動意故，說名意業。起身語思，有所造作，說名爲業，是審、決思所遊履故。〔註89〕

綜合以上的三個階段而言，所謂「審、決勝思」（審勝思、決勝思），其實正是指意業的兩種具體作用；而「動發勝思」，則是以動身和發語二業爲「思」，故此其性質是身、語二業的綜合表現，是直接受「審勝思」和「決勝思」所親自指揮，因此其雖名爲業，然而不具有業的特性，而眞正具有業的特性者，應該是「審、決勝思」（意業），而非「動發勝思」（身、語業）。有關經量部對業的本身所持之觀點，在《俱舍論》卷十三即有明顯表示云：

> 復立何法爲身業耶？若業依身，立爲身業；謂能種種運動身思，依身門行，故名身業。語業、意業隨其所應，立差別名，當知亦爾。
>
> 〔註90〕

如此一來，經中所云之「思業」及「思已業」，與經量部所說的「心所思」（思惟思）及「思所作」（作事思）；「審、決勝思」和「動發勝思」；「意業」和「身語業」，便無形中成爲了一個連貫系統。我們若將此系統以圖表方式加以表示，便會產生以下的情況：

〔註88〕《俱舍論》卷十三，《大正藏》二十九，第68頁下。

〔註89〕《成唯識論》卷一，《大正藏》三十一，第5頁上。

〔註90〕《俱舍論》卷十三，《大正藏》二十九，第67頁中。

契經中說經量部所說「思」的完成過程是業的性質

「思」種子的圖解

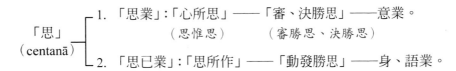

同時，在這個系統中，最後更以「思」（cetanā）的觀念，作為業力的最高統轄標準，而成為經量部所主張「身、語、意業、皆是一思」的理論基礎。既然一切身、語意業，皆是一「思」所產生，那麼，到底這「思」的本身，又是為何所統攝呢？對於這一種問題，經量部則認為應該是「行蘊」（saṁskāra-skandha）所攝，如《大毗婆沙論》卷七十四中便有詳細分析云：

> 問：世尊，何故於相應、不相應行蘊中，偏說思想行蘊，非餘行耶？
>
> 答：思於施設行蘊法中，最為上首。思能導引，攝養諸行故。佛偏
> 說。如受施設，集諦法中，最為上首；受能導引、攝養諸集故，
> 佛偏說。復次，造作有為，故名為行，思是造性，餘法不爾故，
> 佛偏說：思為行蘊。〔註91〕

可是，在這裡又不禁產生另外一個疑問：「思」既是屬「行蘊」（saṁskāra-skandha）所攝，當然亦是遷流不息，業的特性「思」既是刹那生滅，那又當如何去招感未來果呢？

經量部對於這個問題的看法是：招感未來果報之業性，並不是一個離「思」（cetanā）而獨立存在之實體，而應該是「思」本身所熏習而潛在相續（abhipravartata）之「思」種子，當「思」種子之微細相續轉變差別，達到一個因緣成熟的時候，便會自然地與外緣互相結合，從而招感當來果報。有關這一點，在《俱舍論》卷十三中，記載有關經量部先軌範師就「福業增長」等觀念，對此問題作進一步的解釋謂：

> 又經所說：福增長言。
>
> 先軌範師作如是釋：由法爾力，福業增長；如如施主所施財物，如
> 是如是受者受用，由諸受者，受用施物，功德攝益，有差別故。於
> 後施主，心雖異緣，而前緣施思所熏習，微細相續，漸漸轉變，差

〔註91〕《大毗婆沙論》卷七十四，《大正藏》二十七，第383頁下。

別而生，由此當來，能感多果。〔註92〕

先軌範師以布施之功德爲例，說明布施行爲的本身，雖然在刹那之間即成過去，但其熏習作用仍舊會存在於吾人之潛意識當中，而在未感果之前，總是相續不斷，隔心而流，但眾生的心、意、識本身，並非如一般人所認爲的是善惡兩個極端的截然劃分，而應該是善惡二心間雜而起的差別現象。雖然如此，可是其潛在力量卻依然存在，同時亦決不會因心念之參差雜起而有所消失或間斷，所以更能隨心，心所之微細作用而相續不斷，由當招感未來果報。有關這一點，在《順正理論》卷三十四中，經量部譬喻論師更以明顯的種子說爲例，闡明其中的重要關鍵，如論中所云：

> 謂譬喻宗，故彼宗說：如外種果，感果理成，如是應知業果應赴。
> 謂如外種，由遇別緣，爲親傳因，感果已滅，由此後位，遂起根、
> 芽、莖、枝、葉等諸異相法，體雖不住，而相續轉。於最後位，復
> 遇別緣，方能爲因，生於自果；如是諸業，於相續中，爲親傳因，
> 感果已滅，由此於後，自相續中，有分位別異相法起，體雖不住，
> 而相續轉。於最後位，復過別緣，方能爲因，生於自果，雖彼外種，
> 非親爲因，令自果生；然由展轉如是諸業，亦非親爲因令自果生；
> 然由展轉力，內外因果相續理同。外謂種、根、芽等不斷名爲相續。
> 內法相續，謂前後心，恒無間斷，故無外道所難過失。〔註93〕

以經量部譬喻論師的意見認爲：業的本身，正猶如外在的種子一樣，當它遇到其它外界條件變化時，其原先所擁有之遺傳狀態亦隨即起了變化，由此而有根、芽、莖、葉等其它不同的現象產生；其形態雖無時不在改變，然而其相續不斷之連貫關係卻是依然存在。而當它再次遇到其它在條件變化時，其原先所擁有的果，又相對地成爲了因；如此業因相續，展轉不斷。這樣子，業果受報才有根本成立之可能，而不致落入外道的邪見當中。

經量部這一種心、心相續的業力存在說，無疑地已逐漸向「種子說」不斷邁進，且對於後期大乘佛教唯識思想的產生，更具有其極大的影響作用，而且這一種種子學說的提出，雖說是緣自於潛在業力本身之深徹體悟，可是，其思想意識的引發，卻都跟世間植物本身的種子現象，有其不可分割的關係。有關這一方面，在《中論》卷三中即有云：

〔註92〕《俱舍論》卷十三，《大正藏》二十九，第 69 頁中。
〔註93〕《順正理論》卷三十四，《大正藏》二十九，第 535 頁上。

> 如芽等相續，皆從種子生，從是而生果，離種無相續。從種有相續，
> 從相續有果。先種後有果，不斷亦不常。如是從初心，心法相續生，
> 從是而有果，離心無相續，從心有相續，從相續有果。先業後有果，
> 不斷亦不常。〔註94〕

由此可見，經量部譬喻論師之心相續說，主要是以世間植物之種子現象作爲依據，從而建立其「不斷不常」之相續理論。例如，植物之生長過程，必須首先經過三個階段才能加以完成：種、相續、結果。

當種子被放置在土壤中，從其起初發芽，由芽生莖，從莖發葉、開花，由花結果，從種子到感果的階段中，其間必須經過芽、莖、葉、花等相續現象；不然的話，則整個成長和發展過程即將無法完成。所以實際上，從種生果，並非是一種直接的跳躍，而應該是一種相續不斷的連接過程，當種子發芽生莖時，其原先所擁有之種子相狀雖然消失，可是其相續之潛能在芽莖之間卻是依然存在。因此，從種生芽，從芽生莖，從莖開花，從花結果，相續的潛在力量，是連綿「不斷」；而當種子滅而生芽時，其原先所擁有之種子相狀已經消失，故種子本身是「不常」，由於這種「不斷」「不常」的微妙相續關係，種子本身在將來才有開花結果之可能。所以，譬喻論師更以此種子現象爲喻，進而推論出業果本身的受報，也不能離開類似種子現象的心、心相續關係。

經量部這種「不斷不常」的業力學說，對於業力存在問題的解釋方法，雖比過往的學說來得合理和進步；可是，在這裡又不禁產生另一個疑問：種子本身爲色法，可觸可摸，而業力則是異生異滅，不可觸摸，若以業力之存在譬喻爲種子之相續，到底在實際上能否完全成立呢？有關這一點，在《中論》卷三當中，龍樹菩薩即提出其辯難謂：

> 若如汝分別，其過則甚多，是故汝所說，於義則不然。〔註95〕

換句話說，若依照譬喻論師所分析的話，則便會有很多問題存在；因爲在實際的情況下，業力的存在跟種子的相續現象，是很難取得其等同關係，如青目論師（Vimalakṣa）在《中論》釋中所云：

> 若以業、果報相續故，以穀子爲喻者，其過甚多，但此中不廣說。
> 汝說穀子喻者，是喻不然。何以故？穀子有觸有形，可見有相續：
> 我思惟是事，尚未受此言，況心及業，無觸、無形不可見，生滅不

〔註94〕 《中論》卷三，《大正藏》三十，第22頁上。
〔註95〕 《中論》卷三，《大正藏》三十，第22頁中。

住，欲以相續，是事不然。復次，從穀子有芽等相續者，爲滅已相續，爲不滅相續？若穀子滅已相續者，則爲無因；若穀子不滅而相續者，從是穀子常生諸穀，若如是者，一穀子則生一切世間穀，是事不然。是故業果相報續則不然。〔註96〕

由此可知，青目論師（Vimalakṣa）這一種解釋方法，正好把業力與種子之間的實際關係劃成鴻溝，而使之成爲一「待決問題」（open question）；這也就是因明學上之所謂「似能立」。在這裡，我們必須更深入反省到一個問題：經量部這一種「種子相續說」，在解釋業果受報的可能關係上，雖比過往的學說來得更具獨創性，且對於後期唯識思想阿賴耶識的種子說，更具有其深刻意義。可是，有關業力本身與種子之間的實際等同關係，仍須作深入的研究和批判了，而這一部分的工作，也便成爲了日後唯識家所要進一步發展的方向！

（四）大眾部的「成就說」Samanvāgama-vāda

主張「二世無」觀念之大眾部（Mahāsaṃghika），對於業力的存在問題，則企圖從「種子熏習說」的思想當中，建立一套「成就說」（Samanvāgama-vāda），作爲業力存在不失的依據。如《順正理論》卷十二所云：

唯所依中，有諸種子，未拔未損，增長自在；於如是位，立成就名。

由斯不失，已得諸法。〔註97〕

因此，所謂「成就」Samanvāgama，其實正是指業力之存在作用，並不會因時間之過去而致消失，而其潛在之影響力量卻是依然存在，且更會在繼續不斷的完成和發展當中，直至感果爲止；大眾部於是便對這一種潛在之種子業力，稱爲「成就」。所以「成就」一詞，其意正是針對業力種子之「未拔未損，增長自在」而言，倘若這種潛在發展的力量或條件遭受破壞的話，則便稱爲「不成就」。如《順正理論》卷十二所云：

若所依中，種未被損，名爲成就；若所依中，種已被損，名不成就。

〔註98〕

所以，「成就」與「不成就」，在大眾部之立場而言，正好是一個矛盾概念，同時兩者之內涵則是互相違背，如《俱舍論》卷四所云：

若所依中，彼法已起，生彼功力，自在無損，說名成就；與此相違，

〔註96〕《中論》卷三，《大正藏》三十，第22頁中。
〔註97〕《順正理論》卷十二，《大正藏》二十九，第397頁中。
〔註98〕《順正理論》卷十二，《大正藏》二十九，第397頁中。

名不成就。〔註99〕

同時，「成就」一詞，與其他各部派中「隨界」、「熏習」、「功能」、「不失法」和「增長」等觀念，大致上都是相通，如《順正理論》卷十二所云：

> 復有諸師，於此種子，處處隨義，建立別名，或名隨界，或名熏習，或名功能，或名不失，或名增長。〔註100〕

所以，「成就」之觀念，與正量部之「不失法」，其共通之處，實在是可以肯定的；而且它的作用，在《顯識論》中更被稱爲「攝識」，如論中所云：

> 如六識起善惡，留在熏力於本識中，能得未來報，名爲種子；若小乘義，正量部名爲無失（不失），譬如券約。故佛說偈：諸業不失，無數劫中，至聚集時，與眾生報。摩訶僧祇柯部（大眾部），名爲攝識，即是不相應行。〔註101〕

由此可知，「成就」的作用，亦是在攝持一切業果，令其增長，而其本身則爲「心不相應行法」所攝。因此，大眾部之「成就說」，無疑是一種「種子說」之變型。可是，大眾部既是一個「二世無」之學派，只承認現在的實有性，而絕對不承認過、未有體。那麼，這裡又不禁產生一個疑問：過去既然是無，曾經做過的事又應存在於什麼地方呢？未來既然是無，未來諸法到底又是如何建立呢？有關這一點，在《大毗婆沙論》卷一百五十七即有辯難：

> 謂或有執，過未是無，而說現在是無爲法。爲遮彼執，顯過未有，現非無爲，故作斯論。所以者何？若無過去未來者，應無有情成就彼法及不成就。〔註102〕

然而，譬喻論師卻對這個問題作解釋說：「成就」的本身是實無有體，祇是依相分別假立而已。如《大毗婆沙論》卷一百五十七所云：

> 或復有執，成就非實有法。如譬喻者作如是論：諸有情類，不離彼法，說名成就，此無實體，但由觀待，分別假立。如五指合，名之爲拳，離即非拳，故非實有，如是有情，不離彼法，說名成就；離即不成就，故體非實有。〔註103〕

譬喻論師雖以「五指合而爲拳，離即非拳」爲喻，說明「成就」體之非實有

〔註99〕《俱舍論》卷四，《大正藏》二十九，第22頁上。
〔註100〕《順正理論》卷十二，《大正藏》二十九，第398頁中。
〔註101〕《顯識論》，《大正藏》三十一，第880頁下。
〔註102〕《大毗婆沙論》卷一百五十七，《大正藏》二十七，第796頁中。
〔註103〕《大毗婆沙論》卷一百五十七，《大正藏》二十七，第796頁中。

性。可是，對於業力作用如何保持，以致成就一切業果，其間的關係到底又該如何建立呢？對於這一個問題，在《中觀論疏》卷八即有交代云：

> 僧祇曇無德譬喻明：現在業謝過去，體是無；而有曾有義，是故得
> 果。〔註104〕

換句話說：業力轉入過去，雖說是無自體，但因曾經有過這件事情發生，所以其剩餘之影響力量，卻是依然存在；而當其他外在條件具足之時，便能成就果報。除此之外，大眾部同時更把業力在過去的影響力，以及未來所擁有的可能性，一併把它歸攝到現在，潛在於內心現行深處的一切，而暗流不息，如《中觀論疏》卷八所云：

> 業謝過去，成就來現在故。現在心中有成就業、有現起暮。〔註105〕

因此，大眾部之「成就」說，雖好像只有現在性，可是，當我們作再更深一層之研究和觀察時，便可發覺educ到它同時過去的曾有性，以及未來的可能性，而這些特性，並不會因過、未無體而不存在。由於有過去的曾有性，所以過去的業力，還有其影響作用存在；因爲有未來的可能性，所以未來的果報，還可繼續不斷地發展。故吉藏大師所引：在吾人現在此刻之心中，即具有過去的「成就業」，以及影響未來之「現起業」，其意正在於此。

由此可知，大眾部雖然是「二世無」的學派，但對於業力之相續關係，卻是依然可以建立，而且更不會因過、未無體，而流於斷滅虛無。同時，站在大眾部的立場而言，也唯有「二世無」，才能有眞正建立業力相續關係的可能。可是，這一種見解，據吉藏大師之意見認爲：此仍不離斷、常二見，如《中觀論疏》卷八即有提出辯難謂：

> 此亦具斷常：謝過去爲斷，有曾有義則常。〔註106〕

按吉藏大師的意見：當現在業在轉入過去，以至未得果之時，都是常在不滅，這便是常見；而當業果生起之時，前業便歸謝滅，那又何來感果呢？有關這一點，在論疏中接著更云：

> 彼云：現在業謝過去，未得果時常在，此同薩婆多（説一切有部）
> 常義；後果起此業復謝滅無，同僧祇（大眾部）斷義。〔註107〕

〔註104〕《中觀論疏》卷八，《大正藏》四十二，第118頁上。
〔註105〕《中觀論疏》卷八，《大正藏》四十二，第118頁上。
〔註106〕《中觀論疏》卷八，《大正藏》四十二，第118頁上。
〔註107〕《中觀論疏》卷八，《大正藏》四十二，第118頁上。

因此，大眾部在「二世無」的條件下所建立之「成就說」，正是與經量部之「思」種子；正量部之「不失法」，其意大致是相通的，而唯一的不同點，便是大眾部主張過、未無體「二世無」的「成就說」。若單從思想史的發展而言，大眾部這一種「成就說」，其重點是在過去的種子的「成就業」（曾有），以及未來的「現起業」（現行），而這兩種業都一併把它歸到「現在當下的一刹那」。如此一來，這「現在當下的一刹那」，又是由那一個主體去掌握呢？

這一個問題，便自然牽涉到大眾部所主張的「根本識」（mula-vijñāna）以及「一刹那心」（ekaksanika-citta）。誠如世親（Vasubandhu; A.D.400）《唯識三十論頌》所言：

依止根本識，五識隨緣現；或俱或不俱，如濤波依水。〔註108〕

由此看來，「根本識」是作爲現起一切法的主體，便相當明顯了。同時，在《異部宗輪論》中，也曾有提到：

一刹那心了一切法，一刹那心相應般若，知一切法。〔註109〕

如此一來，這「一刹那心」能了一切法，知一切法，就在這種情況下，作爲了知一切法的「一心」（eka-citta）；或作爲一切認識作用所依的「根本識」，其主體性作用便更加明顯了。倘若按照這一種思路再發展下來，「唯心」或「唯識」的傾向便越來越加明顯了。

（五）成實論的「無作業」Avijñāpti-karman

成實論幾乎是一個最晚起的部派，它的出現，比經量部（Sautrāntika）還要算晚一點，時間大概是在西元三、四世紀之間。由於成實論的出現最晚，因此，它既能繼承和整理前期部派思想的精髓；同時又能對不同部派的思想，都能展開不同程度的批判。所以，透過對《成實論》的研究，不但能掌握各部派思想的優缺點，而且更能建立一套較完整的部派思想觀念。

事實上，成實論就是首先從經量部流出，進而折衷大眾部（Mahāsaṃghika）及分別說部（Vibhajyavādin）的思想而成的。因此，對於有關說一切有部「無表業」問題的批判，它既能採取經量部的「思」cetanā種子說，以心、心的相續理論，來否定「無表業」的實體性。同時它又參照了犢子部和正量部的「業體暫住說」，主張「無表業」如同戒體一般，「如受一日戒，則住一日；如受盡形，則盡形住」。說明了「無表業」的業體，不

〔註108〕《唯識三十論頌》，《大正藏》三十一，第 60 頁下。
〔註109〕《異部宗輪論》，《大正藏》四十九，第 16 頁下。

—67—

一定是恒存不變的。由於彼此之間的屬性差異，因此，說一切有部的「無表業」，在《成實論》中，「無作業」，以示區別。

　　成實論對說一切有部所展開的批判，首先便是針對有關意業有否「無表」的問題。因爲在說一切有部的學者認爲：唯有身語二業，可以發爲「無表」；但絕對沒有唯依意業所生的「無表」存在，〔註110〕而成實論師訶黎跋摩（Harivarman; A.D.300～400）則不贊同此說，《成實論》卷七作出強烈的批判謂：

　　　　問曰：但身口有無作（無表），〔註111〕意無無作？答曰：不然。所
　　　　　　以者何？是中無有因緣，但身口業有無作，而意無無作。又
　　　　　　經中說二種業，若思、若思已。思即是意業；思已三種：從
　　　　　　思集業及身口業，是意業最重。

　　　　後當說：從重業所集名無作，常相續生，故知意業亦有無作。〔註112〕

所以，成實論師不但不贊成意業本身沒有「無表」，而且更從經中找出「思」（cetanā）與「思已」（cetayitvā）二業的記載作爲教證，證明意業本身亦有「無表」，且作業的成份最重，故能構成「無表業」（無作業）的存在可能。

　　其次，成實論師更認爲：「無表業」這個東西，不僅在欲色二界中存在，就是在無色界中，亦有「無表業」的存在。因此，也就是等於不承認「無表業」是屬於「色法」的一種，如《成實論》卷七所云：

　　　　無作是作起相故，色是惱壞相，非作起相。〔註113〕

因此，成實論師並不願意承認「無表業」是屬於色法，其主要原因是在於：色的本身是惱壞相，而非作起相，故不可能產生無表。而且在《成實論》卷七接著更說：

　　　　問曰：若無作是色相，有何咎？

　　　　答曰：色聲香味觸五法非罪福性，不以色性爲無作。

　　　　又佛說：色是惱壞相，是無作中，惱壞相不可得，故非色性。

〔註110〕《順正理論》卷三十三云：「復有何緣：唯身、語業，表、無表性，意業不然？以意業中，無彼相故。」《大正藏》二十九，第531頁下。

〔註111〕「無作」跟「無表」，其意相通，梵文亦相同，皆爲 avijñāpti-karman。但有部主張「無表」是屬於色法之一，而成實論則主張「無表」是非色性。爲了區別此兩者的差異，於是便以「無作」譯之，以示區分。

〔註112〕《成實論》卷七，《大正藏》三十二，第290頁上。

〔註113〕《成實論》卷七，《大正藏》三十二，第290頁中。

……又或但從意生無作，是無作云何名色性，又無色中亦有無作，

無色中何當有色耶？〔註114〕

成實論師一方面既不以色法為「無表業體」，而另一方面又承認意業本身有「無表」。那麼，到底這是否正表示要以「心」（citta）來作為「無表業體」呢？可是，事實上，成實論師更不承認這種說法。其原因是：無表的本身是時常相續不斷，而「心」卻不但是善惡不定，有無亦復不定，因此是不可能成為「無表業體」。在《成實論》卷七中更以律儀為例，闡明其中的關係云：

又意無戒律儀。所以者何？若人在不善、無記、若無心，亦名持戒，

故知爾時有無作。不善律儀亦如是。〔註115〕

在這裡同時不禁又產生另一個問題：「無表業」既不屬於「心」，也不屬於「色」。那麼，到底這「無表業」又是如何產生呢？有關這一點，在《成實論》卷七中有云：

問曰：何等作（表）能生無作（無表）？

答曰：從善、不善作業（表業），能生無作，非無記以力劣故。〔註116〕

從這一方面看來，成實論師對於「無表業」產生的問題，大致是與有部之某些觀念非常相似；他們都同樣贊成「無表業」是從善、不善「表業」所產生，可是，對於有部「以無記心勢力微劣，不能引發強業令生」這一點，卻不太同意，其原因是：有部將「無表業體」視為「色法」的一種，而成實論師根本就不承認此點，故此對於無記心的無表問題，自然也就成為了毫無意義之戲論，所以最後更以「非無記以力劣故」一語，作為反擊。同時，在《成實論》卷七，接著更就此一問題作更進一步的解釋：

問曰：幾時從作（表）生無作（無表）？

答曰：從第二心生。隨善、惡心強，則能久住：若心弱，則不久住。

如受一日戒，則住一日：如受盡形，則盡形住。〔註117〕

成實論師既不承認「色」，更不承認以「心」為無表業體，但這裡卻又跑出一個「第二心」來，謂無表業乃從「第二心」所生。那麼，到底這一個所謂「第二心」，實際上又是指那一種心呢？有關這一個問題，成實論師並沒有作任何

〔註114〕《成實論》卷七，《大正藏》三十二，第 290 頁中。
〔註115〕《成實論》卷七，《大正藏》三十二，第 290 頁中。
〔註116〕《成實論》卷七，《大正藏》三十二，第 290 頁中。
〔註117〕《成實論》卷七，《大正藏》三十二，第 290 頁中。

正面的交代，但當我們把它與前文之資料互相引證的話，便可獲得當中的體認。前文曾說：

> 又經中說二種業：若思、若思已。思即是意業。思已三種；從思集業及身口業，是意業最重。〔註118〕

因此，這裡的所謂「第二心」，實際上是指「思已業」（cetayitvā-karman）而言。〔註119〕所謂思已有三種，從思集業及身口業，其中是以意業爲最重，所以它能隨著善、惡心識的強弱轉化，而決定其存在的時間性。因此，在成實論師的心目中，根本就沒有像有部所說的「以無記心勢力微劣，不能引發強業令生」等問題存在。

無表業既然是從第二心（思已）所產生，那麼，到底它又是爲何所攝呢？對於這一個問題，成實論師卻老實不客氣地回答說：「是行陰所攝。」例如：

> 問曰：已知有無作法非心，今爲是色，爲是心不相應行？
>
> 答曰：是行陰所攝。所以者何？作起相名行。〔註120〕

換句話說，這「無表業」的本身，在五位中，〔註121〕是屬於「心不相應行」所攝，這是由於「行蘊」（samskāra-skandha）是作起相，能生無表。從這一點看來，便大致上與《成業論》所記載有關犢子部、正量部「業體暫住說」的「不失法」（Avipraṇaśa）、大眾部「成就說」（samanvāgama-vāda）的「增長」觀念，非常相近。如《成業論》中所云：

> 若爾應許由善、不善身語二業，蘊相續中引別法起，其體實有，心不相應行蘊所攝。有說此法名爲增長（大眾部），有說此法名不失壞（正量部）。由此法故，能引當來愛、非愛果。意業亦應許有此法。若不爾者，餘心斷滅，心相續中，若不引如是別法，云何能得當來世果？是故定應許有此法。〔註122〕

「不失」與「增長」的觀念，在《順正理論》中，雖然都把它看作是跟「種子說」是異名同實的東西。但依《成業論》看來，其發展方向很可能只局限

〔註118〕《成實論》卷七，《大正藏》三十二，第290頁上。

〔註119〕這只不過是作者暫作之假設而已，至於進一步的眞實性如何，則還有待各大德之指正。

〔註120〕《成實論》卷七，《大正藏》三十二，第290頁中。

〔註121〕五位，即：心王、心所、色、心不相應行、無爲法五種。請參閱世親菩薩之《百法明門論》。

〔註122〕《成實論》卷七，《大正藏》三十一，第783頁中。

於業力方面，這跟成實論師訶黎跋摩（Harivarman）的觀念一樣，跟經量部的「種子說」思想，應該還是有一段距離的。所以，成實論師雖然是依犢子、正量部「業體暫住說」的「不失法」，以及依大眾部「成就說」的「增長」觀念，去建立其潛在的業力說，但卻找不出它含有經量部「種子說」的痕跡。

三、「業感緣起說」的唯心發展

從以上各部派對「業感緣起說」的分析中，我們大致上都可以獲得以下的體認，這就是：部派佛教的「業感緣起說」，是從原先的「唯物化」傾向，慢慢地有往「唯心化」的方向發展。

例如，當初有部認為：只有身、語這兩種表業，才能發為「無表」，而意業則由於其根本沒有可表現的特性，不夠具體的緣故，因此是不可能從「表業」而轉化為「無表業」的。而且有部以「無表色」來定義「無表業」，已經隱含了把「無表業」視為色法的傾向，後來，有部更進一步說明：這一種「無表色」，是應該屬於「法處所攝色」（dharmāyatanagṇhya-rūpa）的範圍。如此一來，把「無表業」視作色法或「極微」（aṇu）的企圖，便更加明顯。同時，更加上有部的「三世實有，法體恒存」的理論提出以後，把「無表業」看作是實有色法的「物質實有論」觀點，已無容置疑了。

事實上，有部這一種「唯物」傾向，很可能是跟當時耆那教（Jaina）所主張的「心、物二元積聚說」（ārambhavāda）的內容有關。因為就在這一種理論系統中，耆那教把業（karma）看成是一種純物質性的東西，稱之為「業物質」（karma-pudgala），它會隨時沾染到我們身上，從而產生業果；而這一種依附沾染的過程，便稱為「漏入」（āsrava）；而解脫的可能，便是要設法去除這種「業物質」的依附沾染，終止一切的「漏入」現象，從而達到「無漏入」（anāsrava）的境地。因此，從這種相關的地緣環境加以思考，初期的說一切有部受到鄰近文化思想的影響和啓發，也是相當可能的事。〔註123〕

有部這一種「唯物」傾向的「業感緣起說」，的確使得後來的犢子部、正量部深受影響。可是，對於有部的「三世實有，法體恒存」理論，卻多少作出了部分修正；從而使得有部原來的「法體恒存論」，轉變而成為「色法暫住論」。如此一來，「無表業」已經不是恒存的「無表色」，而是有大期滅的「不

〔註123〕請參閱中村元編《自我と無我》，宇野惇〈ジャイナ教の我論〉一文，第229～235頁，平樂寺書店，1976年11月1日第八刷。

失法」了。由於「不失法」持業時間較長，因此，在相當長的一段時間內，便可以保證業果的不失。正量部這一種「業體暫住論」，的確比有部的「無表業」理論進步不少，可是卻依然沒有脫離「唯物」傾向的桎梏。

後來的經量部，對於這一種「唯物」傾向，多少都表現出一種不滿的反應。例如，經量部一開始即反對有部把「無表業」視作色法（無表色）的一種，同時，對於有部認為：只重視身、語兩種「表業」，才能發展為「無表業」；而不承認有唯依意所生的「無表業」存在等觀點，亦表示了相當程度的不滿。就在這種情況下，經量部對於有部的理論，施展了「哥白尼式的翻轉」（Copernicus-reverse）。把原來有部只重視身、語二業特性的「唯物」傾向，顛倒過來，從而使得意業的地位大大提高，這便是經量部有名的「思」種子理論了。

由於經量部對有部原有的理論，採取了革命性的翻轉，使得有部原先以色法（無表色）為主的「業感緣起」理論，開始遭受到各部派之間的嚴屬批判，以至一時難於自圓其說。「唯物」傾向既然是一條走不通的窮途末路，那麼，便只能往心（citta）、意（manas）、識（vijñāna）的「唯心」方向發展了，而這一個道路，便是唯識學派所必須完成的任務了。因此，從部派佛教的「業感緣起」到唯識學派的「賴耶緣起」，也可以說是一條從「唯物」到「唯心」的曲折辯證道路。而這些思想的蘊釀，對於後來的「真如緣起」和「法界緣起」理論的形成，都具有相當關鍵性的歷史意義！

第四節 從「賴耶緣起」到「法界緣起」的進路 ——「主體性」觀念的確立

一、原始佛教的「無我說」與「輪迴主體」的矛盾

「無我」的觀念，可說是整個佛教思想的核心教義，從印度思想史的比較上來說，「無我」也正可以作為嚴判佛教和印度其他宗教思想的標幟。而佛教與其它宗教教義的主要不同點，就是在於「三法印」的提出，所謂：一切行無常、一切行是苦和一切法無我等三大原則，﹝註124﹞其中尤以「一切法無

﹝註124﹞此處所用之三法印內容，主要是依據南傳《法句經》，南傳二十三，第60頁，及《長老偈》，南傳二十五，第240頁。因此，與北傳的資料略有不同。

我」的觀念，一直都成為被強調的重點。

事實上，「無常」和「苦」這兩個觀念，在整個印度思想史的開展中，也是相當普遍的觀念。換句話說，這兩個觀念，早在佛教出現以前，已經為耆那教和其它宗教家所採用，〔註125〕因此，也並不算是稀奇的事了；然而，「無我」的教義，確實是要到了佛教出現以後才有的，而且這一個觀念，在整個佛教的思想發展中，也是爭議最多，誤會最深，以及最易受人批評和攻擊的一環，同時，由此所引申出來的問題也是相當複雜和困擾。因此，「無我」的標幟，實足以代表整個佛教思想的最大特色；無怪乎後期的吠檀多學派著名的詮釋家商羯羅（Saṃkara），把佛教稱為「無我論」（nairātmyavāda），〔註126〕便是這個道理。

雖然，佛教思想一向是以「無我論」作為明顯的標幟；然而，對於有關「無我」這一個觀念，我們又該如何去作正確的理論，從而使得它原來的意義不致喪失或被歪曲，這的確是一個相當重要的問題。事實上，行為的本身必須首先預設行為的主體，這是一般常識的見解，同時也是相當合理的看法。

因此，倘若我們把自我理解為「行為的主體」，而把「無我」解釋為「對於這個行為主體的否定」的話（沒有我）。那麼，在這個自我遭受到否定後，我們又該如何去說明人類所擁有的一切記憶現象、行為現象、感情現象、道德責任和人格存在等各方面的問題呢？而且，佛教雖然是在標榜「無我」，然而，在另一方面卻又肯定輪迴、業報等現象的存在。假如佛教的「無我」是表示「否定主體」的話，那麼，到底是誰在輪迴，誰在受報呢？例如，後來部派佛教中的犢子部（Vatsīputriya），便斷然地提出對輪迴主體的質難：

> 若定無有補特伽羅（我），為說阿誰流轉生死？不應生死自流轉故。
> 〔註127〕

談到輪迴，便必須首先注意到作者和受者的統一性問題，換句話說，輪迴活

〔註125〕事實上，「無常」和「苦」的觀念，在奧義書的思想中是相當普遍；而耆那教的「漏」（āsrava）和「縛」（bandha），也是與「苦」的問題有關。及至佛教興起之時，就有所謂的「六師外道」六十二見，其中即有多家討論到世界是常，或無常的問題。雖然，印度各派對「苦」和「無常」的理解可能與佛教並不相同，然而，就這兩個觀念而言，大可證實並非佛教所獨有。

〔註126〕商羯羅（Saṅkāra）在註解《梵書》之時，即如此的稱呼佛教，詳情可參閱 Saṅkāra ad. Brahma-Sūtras, Anandasramn Sanskrit Series, Vol. 1, P.600,1,4，此項資料取自中村元《自我と無我》，第3頁，平樂寺書店，1976年11月1日第八刷。

〔註127〕請參閱《俱舍論‧破執我品》，《大正藏》二十九冊，第156頁下。

動的本身必須首先預設有一個輪迴的主體存在，這樣才能有效地完成輪迴的整個過程。事實上，不但是佛教內部提出這一種異議，甚至連數論、勝論、正理等派，也分別提出同樣的論難。〔註 128〕因此，「我」的觀念絕不能從主體意義去加以理解，這是相當明顯的。

根據上文的意見，「我」的觀念既不能從一般「主體」的意義去加以理解，那麼，現在的問題是：佛教所言的「我」，到底又有何所指呢？據《百法問答鈔》卷一的傳統解釋：「我」的意義就包含有「常、一、主、宰」的意思。這裡所謂的「常」，便是不變義；「一」則是絕對義；「主」是自在義；「宰」則是支配義。更清楚地說：佛教所指的「我」，其實就是指一個獨立自存，恒常不變的實自體。〔註 129〕所謂「一切法無我」，便是指一切世間存在的事物，其實是沒有這樣的一個實自體。如此一來，佛教所指稱的「我」，已經不是從主體我、人格我等觀念去理解，而是指一般存在於事物的實自體；用一句佛教的話來說：便是所謂「自性」（svabhāva）、「法體」（dharma-svabhāva）或「極微」（aṇu）。因此，在佛教傳統上所理解的「我」（ātman），並不是一個常識上的「主體」（subject）觀念，更不是一般心理學上，或倫理學上的「人格」（personality）觀念，而是一個形上學的「實體」（dravya）觀念。〔註 130〕

現在，我們不禁要問：佛教對於「我」的理解，爲何不採取常識上，或倫理學上的見解，而偏要採取形上學的「實體」觀念呢？據日人玉城康四郎

〔註 128〕數論、勝論、正理等派對佛教「無我」觀念的共同論難都是：「若我實無，爲何造業？爲我當受苦樂果故。」「若無我體，誰之我執？」「我體若無，誰有苦樂？」「若我實無，誰能作業？誰能受果？」他們所提出的問題，其實大多是圍繞著「主體」的問題，蓋他們都一致把「無我」理解成「自我主體的否定」，亦即取「沒有我」的意義。請參閱《俱舍論‧破執我品》，《大正藏》二十九冊，第 158 頁中。又中村元《自我と無我》，第 279 頁～311 頁，平樂寺書店 1976 年 11 月 1 日第八刷。其中尤以正理派的以歸謬論法來論證「我」的存在，最爲具體。

〔註 129〕請參閱《望月佛教辭典》第一冊，第 372 頁，世界聖典刊行協會，昭和四十九年五月十日版發行。

〔註 130〕其實，這一個觀點，在日本也有很多學者持同樣的看法，如早島鏡正在其〈無我思想的系譜〉一文中謂：「……無我是沒有『常住普遍的實體』的意思，以個人來說，是沒有『實體上的人格個體』的存在的意思，再明白說就是『無靈魂』。」因此，佛教把自我理解爲「實體」的做法，恐怕已經有一段相當長久的發展歷史。詳情請參閱玉城康四郎編，李世傑譯《佛教思想》（一），第92 頁，幼獅文化事業公司，民國 74 年 6 月版。

的意見認為：

> 在最初期的原始經典中，「無我」並不表示「我的否定」，而是指離
> 開「對於『我』的『執著』的意思」，故而極度主張「自己的主體性」
> （《法句經》）。到了新出的經典時，才建立了依於五蘊之無我說，即
> 我們的存在，係由色、受、想、行、識五個集聚而成立，認為任何
> 處都沒有「我」的「實體」。在部派佛教時代，這個見解也被承襲。
> 這個時代初期的珍貴文獻《彌蘭陀王問經》，很明顯地表示著這個見
> 解，尤其是把這個見解當做「希臘精神的自我」與「佛教無我」之
> 對照來看，是很有趣的。再從「有部」的立場看，存在的分析更加
> 精密，「我」的「實體」被否認，而認為有種種理法的存在；但大乘
> 佛教的先覺龍樹，將此分析的方法轉歸於綜合的立場，而其綜合性
> 才真正地可以說是「空」。〔註131〕

從這一段描述中，我們可以看出：佛教的「無我」觀念，確實是經過幾層轉
折。首先，在早期出現的原始經典中，如《法句經》、《長老偈》等，對於「無
我」的立場，都是採取「離欲」、「去我執」的宗教實踐態度，而理論的層次
反而較為脆弱。然而，到了新出的經典時，為了要對「無我」作理論上的說
明，因此，便只有通過五蘊來論證「無我」，而成為所謂「五蘊無我說」。這
種情形，在漢譯的《雜阿含經》中也是如此，如：

> 色無常；無常即苦；苦即非我；非我者亦非我所。如是觀者，名真
> 實正觀。如是受、想、行、識無常，無常即苦，苦即非我；非我者
> 亦非我所。如是觀者，名真實觀。〔註132〕

其實，這一種「五蘊非我」的論證，尚沒有正式牽涉到「我」是否為「實體」
的問題，到了部派佛教出現後，透過說一切有部（Sarvāstivādin）對五蘊、十
二處、十八界等範疇的分析，發覺到並沒有「我」的「實體」存在，由此而
論證「無我」。雖然，「我」的「實體」並不存在，但外在的「法體」（法我）
卻是有的，所謂「三世實有，法體恆存」。換言之，「法體」的恆存即可保證
一切事物的存在，這便是所謂「法我」的觀念；而前面所說的「我」的「實
體」觀念，便是「人我」。

〔註131〕請參閱玉城康四郎編，李世傑譯《佛教思想》（一）〈原序〉部分，第12頁，
幼獅文化事業公司，民國74年6月版。
〔註132〕《雜阿含經》卷一，《大正藏》二冊，第2頁上。

　　如此一來，說一切有部從「五蘊非我」來分析「人我」是不存在（人無我）的做法，卻使得原始佛教的「無我說」（nirātmyavāda）從原先「宗教實踐命題」（practical thesis），慢慢地落入到一個「存有論命題」（ontological thesis）。因此，一連串從否定自我而來的質難或問題，便隨即接踵而來。爲了迎接當時的教外的挑戰，佛教本身也必須發展出一套變相的「輪迴主體」理論，以爲回應，這便是部派佛教「補特伽羅論」（pudgala-vāda）產生的歷史背景。從「補特伽羅」理論的提出，佛教對「主體性」的探討，於是便進入到一個嶄新的思想里程，這種發展，實際也成爲了「賴耶緣起」的思想先河。

二、原始佛教經典中所使用的「阿賴耶」

　　「阿賴耶」的梵語是 ālaya，它是從動詞語根 ā-√ lī（ā-lī-ya），演變而來。事實上，√ lī 的動詞語根，即包含有執著、耽著、愛著等意味。〔註 133〕也可能是這個緣故，原始佛教在使用「阿賴耶」一詞時，通常都是從「執著」的角度著眼。而後來的唯識學派對「阿賴耶識」（ālaya-vijñāna）的「能藏」、「所藏」作用外，還賦予「執藏」的意義，這可能跟「阿賴耶」原先即含有「執著」的涵義有關。

　　例如，在最古層的原始佛教經典《經集》Sūtta-Nipāta 第一七七偈所說：

　　（世間）有名、見妙義、得智慧者，不執著於欲阿賴耶（kāmālaye asattam）

　　　彼了知一切，而成爲智者，步向於聖道，欲見大仙人。〔註134〕

在這裡，kāma 是「欲望」，ālaya 是「阿賴耶」。因此 kāmālaya 便可以翻譯成「欲阿賴耶」；而 kāmālaye 則是由 kāmālaya 加上 i 而成，是屬於位置格的變化。因此，kāmālaye 便可翻譯成「於欲阿賴耶」或「在欲阿賴耶上」。至於巴利文的 asattam，梵文應該是 asaktam（不執著）；而它的語根應該是√saj。在這裡，a 便是「否定」意；而√saj 則是「執著」意，因此，asattam 便是「不執著」的意思。〔註135〕由此看來，從原始佛教這一種試圖把「阿賴耶」ālaya 和「執

〔註133〕請參閱舟橋尚哉著《初期唯識思想の研究》，第 7 頁，國書刊行會，昭和五〇年五月三十日版。

〔註134〕《經集》Sūtta-Nipada 第一七七偈，原文是：
anomanāmamnipunatthadasimpaññādadamkāmālaye asattam, tam passatha sabbavidūm sumedham ariye pathe kamamānammahesim.
詳情可參閱舟橋尚哉著《初期唯識思想の研究》，第 7 頁，國書刊行會，昭和五〇年五月三十日版。

〔註135〕請參閱舟橋尚哉著《初期唯識思想の研究》，第 8 頁，國書刊行會，昭和五〇

著」sattam 連在一起使用的習慣中，我們便可進一步發現到：「阿賴耶」一詞，
在當時已經有「欲望」、「染污」、「執著」的意味。所以，把「阿賴耶」看成
是煩惱執著或生死輪迴的代名詞，也是相當自然的發展。

又例如在《相應部》Samyutta-Nikāya 經典中，更有把「阿賴耶」分成「樂
阿賴耶」、「欣阿賴耶」和「喜阿賴耶」三種。如：

> 復次，人們樂阿賴耶（ālaya-rāmā）；欣阿賴耶（ālaya-ratā）；喜阿賴
> 耶（ālaya-sammuditā）。彼樂阿賴耶者（ālaya-rāmāya）；欣阿賴耶者
> （ālaya-ratāya）；喜阿賴耶者（ālaya-sammuditā-ya），難依之見此理。
> 此理即依此緣，亦即緣起也。〔註136〕

由此看來，一些沉醉於「執著」，欣求「執著」，喜歡「執著」的人們，是很
難眞正體會到「緣起」的眞理。誠如上文所說，原始佛教的「緣起論」或「無
我論」，其實都是一個宗教實踐的命題，而不是一個「存有論命題」。因此，
倘若我們要親見「緣起法」，便必須要從「去我執，離我所」的方向實踐修行，
這樣才能達到終極的解脫目標。而一般沉醉於「執著」，欣求「執著」，喜歡
「執著」的人們，是很難跟「緣起」的眞理相應的。所以，「阿賴耶」在這裡
便成爲了執著、染污和欲望的代名詞。

從這裡，我們再次回應到「無我」與「輪迴主體」的問題時，我們便會
發現到：「阿賴耶」的觀念，從當初表「執著」、染污和欲望的代名詞中，也
可慢慢地被轉化爲一個「輪迴主體」的代名詞。然而，這種現象差不多要到
《攝大乘論》出現以後才比較明顯。至於早期部派佛教的思想，主要還是以
「補特伽羅說」、「蘊」的相續說爲主，最後，更透過《攝大乘論》的綜合整
理，再君以對經量部「思」種子說的相互吸收，唯識學派的「賴耶緣起」思
想，才正式的蘊醸成熟，從而成爲後來「眞如緣起」的濫觴；而「法界緣起」
的思想，就在這種情況，已經是呼之欲出了。現在，就讓我們首先探討一下
部派佛教的「補特伽羅說」，是如何開啓出日後的「賴耶緣起說」。

　　　　年五月三十日版。
〔註136〕《相應部》Samyutta-Nikāya.1, p.136, 1. 11，詳情可參閱南傳大藏經卷十二，
　　　　第 234 頁或舟橋尚哉著《初期唯識思想の研究》，第 11 頁，國書刊行會，
　　　　昭和五〇年五月三十日版。其原文爲：ālayarāmā kho panāyampajā ālayaratā
　　　　ālayasamuditā ∥ ālayarāmaya kho pana pajāya ālayarāmaya ∥ ālayasamuditāya
　　　　duddasamidam thānam ∥ yad idam idappaccayatā paticcasamuppādo ∥

三、部派佛教「賴耶緣起」的思想先河——補特伽羅說 pudgala-vāda

（一）犢子部的「非即蘊，非離蘊補特伽羅說」na-skandhāskandha-pudgala

「補特伽羅」一語，是梵語 Pudgala 的音譯，意譯爲「數取趣」、「人」或「眾數者」，意即不斷趨向諸趣輪迴的主體。〔註137〕其主要功能，跟印度其他各派中的「我」（ātman）、「神我」（purusa）或「命我」（jīva），幾乎沒有多大差別。換言之，「補特伽羅」其實正是這一個變相的「我」。

因此，「補特伽羅」的作用，主要是用作取代印度其他各派思想中有關「我」（ātman）的功能。由於原始佛教實踐意義的「無我論」，經過說一切有部的進一度理論分析後，「無我論」卻正式成爲了一個存有的命題。如此一來，在「我」遭受到正式否定後，「我」的存在與「輪迴主體」之間的問題，便產生了很大的矛盾。

部派佛教，爲了要堅持「無我論」的立場，然而，又不得不對輪迴的主題問題作出交代，因此，祇能在不違反佛教基本教義的情況下，成立一套與外教截然不同的輪迴理論，藉以應付外教徒的嚴重挑戰。犢子部（Vatsiputrīya）就在這種情況下，便首先提出以「補特伽羅」來作爲輪迴的主體。雖然，各部派在表面上都是對犢子部採取否定的態度，然而，暗地裡卻是慢慢地接受的；如說一切有部後來便在「五蘊和合」的作用關係上，承認有一般的「世俗補特伽羅」存在；接著，經量部、化地部和大眾部，都分別成立「勝義補特伽羅」；「窮生死蘊」和「根本識」等理論，這些不論從五蘊、六識以外所成立的輪迴主體，不都是「我」的異名嗎？

犢子部所成立的「非即蘊，非離蘊補特伽羅」（na-skandhāskandha-pudgala），主要是有以下的三項功能：

1.「補特伽羅」是從前生到後生的輪迴主體

在《俱舍論・破我執品》中，犢子部便首先針對說一切有部的「無我論」提出質難云：

> 若定無有補特伽羅，爲説阿誰流轉生死？生死不應生死自流轉故！
> 然薄伽梵於契經中説：諸有情無明所覆，貪愛所繫，馳流生死。故
> 應定有補特伽羅。此復如何流轉生死？由捨前蘊，取後蘊故。〔註138〕

〔註137〕請參閱《望月佛教大辭典》第五冊，第 4489 頁中。
〔註138〕《俱舍論・破我執品》，《大正藏》二十九冊，第 156 頁下。

因此，「補特伽羅」其實就是透過「捨前蘊、取後蘊」的相續不斷方式，輪迴於生死之間。所以，犢子部以「補特伽羅」來作為輪迴主體，其動機已是相當明顯了。此外，有關「補特伽羅」與「五蘊」的關係，在《異部宗輪論》中有云：

> 有犢子部本宗同義。謂：補特伽羅，非即蘊，離蘊，依蘊、處、界假施設名。諸行有暫住，亦有剎那滅。諸法若離補特伽羅，無從前世轉至後世；依補特伽羅，可說有移轉。〔註139〕

由此可知：犢子部的「補特伽羅」跟「五蘊」的關係，正是不一不異，如火依薪，非即非離。由於它跟「五蘊」之間，有如此的親密關係，因此才能扮演整個輪迴主體的角色。

2.「補特伽羅」是記憶的保持者

在《俱舍論》〈破我執品〉中，犢子部於是便就「無我」跟「記憶」作用的矛盾問題提出其一般的看法云：

> 若一切類，我體都無；剎那心滅，於曾所受，久相似境，何能憶知？……如何異心見後，異心能憶？非天授（Devadatta；亦即提婆達多）心曾所見境，後天授心，有憶念理。……我體既無，孰為能憶？……我體若無，是誰之念？〔註140〕

事實上，犢子部提出這些問題，不外乎是要把這一項記憶的任務，都一併交給「補特伽羅」來處理。換言之，「補特伽羅」就是這個記憶作用的主體。正如《大毗婆沙論》卷十一所說：

> 如犢子部，彼作是說：或許有我（補特伽羅），可能憶本所作事，先自領納，今自憶故！若無有我，何緣能憶本所作事？〔註141〕

因此，「補特伽羅」其實就是一個「先自領納，今自憶故」的記憶主體。它可以把過往的一切經驗加以領納接受，從而在現今可以追溯回憶。

3.「補特伽羅」是六識背後的統一性主體。

犢子部認為：在眼、耳、鼻、舌、身、意等六識作用的背後，必須要有一個「補特伽羅」存在，作為六識作用背後的統一性主體。如《俱舍論‧破我執品》所說：

〔註139〕《異部宗輪論》，《大正藏》四十九冊，第 17 頁中。
〔註140〕《俱舍論‧破我執品》，《大正藏》二十九冊，第 156 頁下。
〔註141〕《大毗婆沙論》卷十一，《大正藏》二十七冊，第 55 頁下。

> 又且應説：補特伽羅是六識中，何識所識？六識所識。所以者何？
> 若於一時，眼識識色，因茲知有補特伽羅。説此名爲眼識所識，而
> 不可説與色一異。乃至一時，意識識法，因茲知有補特伽羅。説此
> 名爲意識所識，而不可説與法一異。〔註142〕

由此看來，六識背後，倘若沒有一個統一性的主體──補特伽羅，則六識的認識作用便會雜亂無章，不能形成一個統一性的狀態，由此可知統一性的重要。誠如《大乘成業論》所説：

> 我體實有，以六識身爲依止。〔註143〕

倘若我們嘗試把犢子部的「補特伽羅説」，以圖表的具體方式表示，便會成爲以下的狀況：

「補特伽羅」的作用圖解

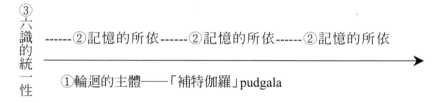

在圖解中，「------」是表示記憶的作用，必須要以「補特伽羅」作爲依止，才能夠有統一性的可能。因此，總括以上所説：「補特伽羅」其實正是這些輪迴現象、記憶作用，以及六識作用背後的眞正統一者。假如沒有「補特伽羅」的存在，則這些作用都會變成落空。因此，犢子部「補特伽羅説」的最大貢獻，便是在於它能試圖化解因佛教「無我説」提出以後，「主體性」即將被面臨瓦解的危機！然而，當「主體性」的問題透過「補特伽羅説」解決後，接下來的困難便是牽涉到業果如何相續的問題，而這一部分，便是由正量部「不失法」所代表的「業體暫住説」去進一步處理了。〔註144〕

（二）説一切有部的「世俗補特伽羅」Saṁvṛti-pudgala

說一切有部（Sarvāstivādin）對於犢子部的「補特伽羅説」，當初的態度

〔註142〕《俱舍論‧破我執品》，《大正藏》二十九冊，第153頁下。
〔註143〕《大乘成業論》，《大正藏》三十一冊，第785頁中。
〔註144〕請參閱本章第三節〈（二）犢子部‧正量部的「業體暫住説」──不失法 Avipraṇaśa〉部分。

是反對的，但後來卻漸漸地接受。〔註145〕然而卻不能接「補特伽羅」是實有，而只能就現象上的「假有」而予以承認，稱爲「世俗補特伽羅」（Saṃvṛti-pudgala）。如《異部宗輪論》所說：

> 有情但依現有執受，相續假立。說一切行皆刹那滅，定無有少法從
> 前世轉至世。但有世俗補特伽羅，說有移轉。〔註146〕

由此看來，說一切有部的「世俗補特伽羅」，只能依五蘊現象上的「相續假有」而予不以承認。換句話說：「世俗補特伽羅」並不可能如同犢子部所的實有。這是由於有情或眾生的種種「執受」作用，都只不過是一種五蘊現象上的假有，刹那生滅，轉眼即逝，假如不承認有一個「世俗補特伽羅」存在，則這些刹那跟刹那之間的相續移轉，便成爲不可能了。因此，透過「世俗補特伽羅」，輪迴現象方有成立的可能。

「世俗補特伽羅」的圖解

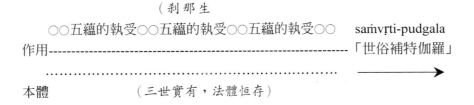

由此可見：說一切有部的「世俗補特伽羅」，其實只是作爲串連這些無數生滅作用的五蘊執受現象而已。由於在無數生滅的刹那點之間，正好缺乏一些連接點與點之間的統一性基礎。而「世俗補特伽羅」的提出，也正好彌補了說一切有部的思想空隙，而成爲了點與點之間相續作用的接連者。因此，我們也可以說：說一切有部事實上是站在一個「補救理論」的立場，來接受犢子部的「補特伽羅說」。

（三）經量部的「勝義補特伽羅」Paramārtha-pudgala

經量部的「勝義補特伽羅」Paramārtha-pudgala，其實正繼承了說一切有部的「現象生滅」而「法體恒存」的二分法理論。首先，它把「勝義補特伽

〔註145〕請參閱呂澂《印度佛學思想概論》，第 75 頁，天華出版社，民國 77 年 2 月 1 日三版。
〔註146〕《異部宗輪論》，《大正藏》四十九冊，第 16 頁下。

羅」分析成屬於現象界的「根邊蘊」，以及屬於本體界的「一味蘊」，這二蘊的總和合，便構成了「勝義補特伽羅」。如《異部宗輪論》所說：

> 其經量部本宗同義。謂說諸蘊有從前世轉至後世，立說轉名。非離聖道，有蘊永滅。有根邊蘊，有一味蘊。異生位中，亦有聖法。執有勝義補特伽羅。餘所執多同說一切有部。〔註147〕

在這裡，我們只發現有「一味蘊」（eka-rasa-skandha）、「根邊蘊」（mula-antika-skandha）以及「勝義補特伽羅」（paramārtha-pudgala），但對於他們彼此之間的關係，則不太清楚。然而，當印順法師在閱讀到《大毗婆沙論》卷十一時，卻發現了另一段相關記載，大可作爲前文的補充解釋。例如：

> 或復有執，蘊有二種：一、根本蘊；二、作用蘊。前蘊是常，後蘊非常。彼作是說：根本、作用二蘊雖別，而共和合成一有情，如是可能憶本所作。以作用蘊所作事，根本蘊能憶故。若不爾者，何緣能憶本所作事。〔註148〕

因此，這裡的所謂「根本蘊」（mula-skandha）和「作用蘊」（kṛti-skandha），也就是《異部宗輪論》所說的「一味蘊」和「根邊蘊」。換言之，「根本蘊」就是「一味蘊」；而「作用蘊」則是「根邊蘊」，兩者在性質上，也可說是完全相通的（根本蘊＝一味蘊；作用蘊＝根邊蘊）。由於這二蘊的「體用和合」，於是便形成了「勝義補特伽羅」（paramārtha-pudgala）。

所以，這一個「勝義補特伽羅」的合成公式，便可寫成：

「勝義補特伽羅」＝「一味蘊」（根本蘊）＋「根邊蘊」（作用蘊）

$$\qquad\qquad\qquad\quad 本\quad 體 \qquad\qquad 作\quad 用$$

倘若是以圖解的方式表示，便會成爲下列的情況：

「勝義補特伽羅」的圖解

$$（mula\text{-}antika\text{-}skandha）$$

勝義補特伽羅 Paramārtha-pudg

------ 根邊蘊 ------ 根邊蘊 ------ 根邊蘊（作用蘊）──→
—— 一味蘊 —— 一味蘊 —— 一味蘊（根本蘊）

$$（eka\text{-}rasa\text{-}skandha$$

由此看來，經量部的「勝義補特伽羅」，其實正糅合了說一切有部的「法

〔註147〕《異部宗輪論》，《大正藏》四十九冊，第17頁中。
〔註148〕《大毗婆沙論》卷十一，《大正藏》二十七冊，第55頁中。

體恒存」和「作用生滅」的二分法，來分別說明「一味蘊」（法體恒存）和「根本蘊」（作用生滅）的性質。然後再結合犢子部的「非即蘊，非離蘊」等「體用一如觀」，以「勝義補特伽羅」來統二蘊。因此，印順法師說：經量部是說一切有部和犢子部的調和折衷者，〔註149〕其原因正在於此。然而，值得注意的是：後期所出現的經量部，也就是所謂「說經部」（Sūtravādin; A.D.250），已經根本上放棄原有的「勝義補特伽羅」，並改從「思」種子說（Cetanā-bījavāda）的思想方向發展，這是必須值得注意的地方。〔註150〕

（四）化地部的「齊首補特伽羅」Saṁsasīsī-pudgala 或「窮生死蘊」Aparyāda-śkandha

化地部（Mahīsasāka）的輪迴主體，在《異部宗輪論》中，稱爲「齊首補特伽羅」（samasīsī-pudgala）；然而，在《攝大乘論本》中，則把它更名爲「窮生死蘊」（aparyāda-skandha）。〔註151〕例如：

> 化地部中，亦以異門密意，説此名窮生死蘊。〔註152〕

而且，在《攝大乘論》中，更進一步把這一個「窮生死蘊」，視之爲相當於阿賴耶識的「種子說」。由此看來：

> 從犢子部「非即蘊，非離蘊補特伽羅」所代表的「不失法」（正量部）；
> 說一切有部「世俗補特伽羅」所代表的「無表業」；以至經量部「勝義補特伽羅」所代表的「思」種子說爲止。

已經逐漸有往「細意識」方向發展的趨勢。誠如《攝大乘論》卷上所說：

> 彌沙塞僧（Mahīsasāka；化地部）中亦說言：乃至世間陰〔蘊〕不斷，如是異名，亦說彼識。或有時節中，色及心斷時。非阿梨耶識有斷義；彼是種子。〔註153〕

在這裡，《攝大乘論》企圖把「五蘊」之間的相續現象，視作「阿賴耶識」的「種子」。而且，在無性（Asvabhāva; A.D.450～530）的《攝大乘論釋》卷二中，更有「三蘊說」的記載，如：

> 化地部等者，於彼部中有三種蘊：一者、一念頃蘊，謂一刹那有生

〔註149〕請參閱印順《唯識學探源》，慧日講堂，民國67年11月重三版。
〔註150〕請參閱本章第三節〈經量部的「思」種子說Cetanābījavāda〉部分。
〔註151〕請參閱印順《唯識學探源》，第164頁，慧日講堂，民國67年11月重三版。
〔註152〕《攝大乘論本》卷上，《大正藏》三十一冊，第134頁上。
〔註153〕《攝大乘論》卷上，《大正藏》三十一冊，第98頁上。

滅法。二者、一期生蘊，謂乃至死，恒隨轉法。三者、窮生死蘊，

謂乃至金剛喻定，恒隨轉法。〔註154〕

可是，在這裡的後二蘊，既然都強調有「恒隨轉法」，而第一蘊的性質，則是剎那生滅法。那麼，這後二蘊的性質，到底是「恒」（常住），還是「隨轉」（生滅）呢？倘若都是剎那生滅的話，那就只有一種蘊；然而，假如不是剎那生滅的話，難道又是一期常住嗎？

對於這一個問題，印順法師也會歸納出以下兩點：

1. 化地部與犢子系的正量部相同，主張有長期的四相（即：生、老、住、無常）。也就是說：有一類法，在生起以後，到最後的滅盡，中間是沒有生滅的。

2. 雖然一切法都是剎那生滅的，但依「相似相續」的關係，建立後二蘊。

這裡的所謂「一期生蘊」，向來都被解釋爲一期不斷，由業力所感的總異熟果。窮生死蘊，《唯識義蘊》說是「謂第六識別有功能，窮生死際，恒不斷也」。《唯識學記》說是「至金剛（喻定）恒轉微細意識」。依《攝大乘論》的意思，是依種子說的。〔註155〕

同時，在《異部宗輪論》中，談到化地部的末宗異義時，亦有如此的記載云：

其末宗異義者。……隨眠自性，恒居現在。諸蘊、處、界，亦恒現

在。〔註156〕

在這裡，我們已經可以明顯看出：「隨眠」（anuśaya）本身，雖然都屬於「心不相應行法」（citta-visaṁprayukta-dharma）所攝，但卻能念念恒居現在；就是連五蘊，十二處，十八界的本身，亦是恒居現在。換句話說：就是在這生滅間斷的現象背後，應該有諸蘊等念念恒居現在，而這恒居現在的東西，據窺基的解釋，便是「種子」了。而且，在眞諦法師（Paramārtha; A.D.490～565）所譯出，世親（Vasubandhu; A.D.320～400）註釋的《攝大乘論釋》卷二中，更有明顯的「種子說」的記載云：

論曰：彌沙塞部亦以別名說此識，謂窮生死陰〔蘊〕。何以故？或

色及心，有時見相續斷，此心中彼種子，無有斷絕。釋曰：云何說

〔註154〕玄奘譯，無性釋《攝大乘論釋》卷二，《大正藏》三十一冊，第386頁上。

〔註155〕請參閱印順《唯識學探源》，第164頁，慧日講堂，民國67年11月重三版。

〔註156〕《異部宗輪論》，《大正藏》四十九冊，第17頁上。

此識為窮生死陰〔蘊〕？生死陰〔蘊〕不出色心：色有時有，諸定
中相續斷絕，如無色界。心亦有時有；諸定中相續斷絕，如無想天
等。於阿梨耶識中，色心種子無有斷絕。何以故？由此熏習種子，
於窮生死陰〔蘊〕恒在不盡故。後時色心，因此還生，於無餘涅槃
前，此陰〔蘊〕不盡故，名窮生死陰〔蘊〕。〔註157〕

這裡的「後時色心，因此還生」，已經是很明顯的「種子說」了。由於化地部
一方面是主張諸行剎那生滅；另一方面，又主張色根與心、心所都有轉變義。
這正如同《異部宗輪論》中所說的：

入胎為初，命終為後。色根大種，皆有轉變；心、心所法，亦有轉
變。〔註158〕

由此可知，化地部這一種觀念，與說一切有部所說的剎那生滅根本就不能前
後移轉，有前後移轉則絕對不可能同時有剎那生滅的矛盾論調，是截然不同
的。因此，我們也可以說：化地部的思想，實際上就是「移轉論」與「剎那
生滅論」兩者間的調和統一者。有關化地部「三蘊說」之內容，據印順法師
的意見認為：

「一念頃蘊」，是一切有生滅的現象界；後二蘊，都是不離生滅而相
續轉變潛在的功能。「一念頃蘊」，指一切法的剎那生滅說的；後二
蘊，指相續轉變說的。依現象界的念念生滅，也說它念念恒存，恒
住現在。它剎那轉變，與「一切行皆剎那滅」，並無矛盾。它的「一
期生蘊」，是業力所熏發的，能感一期自體果報的種子；直到一期生
命的終結，業力熏發的功能，也就滅盡。「窮生死蘊」，是能生一切
有漏色心的功能，直到金剛喻定，才滅盡無餘。〔註159〕

倘若我們把以上的觀點，以圖解的方式表達，便會產生以下的狀況：

「窮生死蘊」的圖解

〔註157〕真諦譯，世親釋《攝大乘論釋》卷二，《大正藏》三十一冊，第 160 頁中～下。
〔註158〕《異部宗輪論》，《大正藏》四十九冊，第 17 頁上。
〔註159〕印順《唯識學探源》，第 165～166 頁，慧日講堂，民國 67 年 11 月重三版。

　　從圖解的分析中，我們大概也可以獲得以下的一些共識，那就是：這裡的所謂「一期生蘊」，其實正是無數「一念頃蘊」的生滅作用的總相，是一生業力的保持者，直到死亡爲止。而「窮生死蘊」，則是負責溝通從死亡到再生之間的輪迴主體，窮盡生死，直至解脫之前的金剛喻定，才會消滅淨盡。

（五）大眾部的「根本識」Mula-vijñāna

　　在《攝大乘論》中，早已經把大眾部的「根本識」（mula-vijñāna）視作「阿賴耶識」（ālaya-vijñāna）的異名（mula-vijñāna＝ālaya-vijñāna）。如《攝大乘論》卷上所說：

> 復次，此識於聲聞乘，由別名如來曾顯。如增一阿含言：於世間喜樂阿黎耶，愛阿黎耶，習阿黎耶，著阿黎耶，爲滅阿黎耶。如來説正法，世間樂聽故。屬耳作意、欲、知，生起正勤，方得滅盡阿黎耶。……復次，摩訶僧祇部（大眾部）阿含中，由根本識別名，此識顯現，譬如樹依根。彌沙塞部（化地部）亦以別名，説此識，謂：窮生死陰。何以故？或色及心，有時見相續斷；此心中，彼種子無有斷絕。是應知：依止阿陀那（ādana）、阿黎耶（ālaya）、質多（citta）、根本識（mula-vijñāna）、窮生死陰（aparyāda-skandha）等。由此名小乘中，是阿黎耶識。〔註160〕

由此可知，站在《攝大乘論》的立場，不管是大眾部的「根本識」，或者是化地部的「窮生死蘊」，甚至是有關心、意、識的觀念，都一併把它歸到「阿黎耶識」的思想中。因此，我們也可以說：部派佛教這一系列專就「主體性」問題所展開的「補特伽羅說」，不論其表達形式差異爲何，都可把它視作後來唯識學派「阿賴耶識」思想的先驅。

　　在眞諦譯世親釋的《攝大乘論釋》卷二中，世親對於有關大眾部的「根本識」觀念，曾給予以下的解釋：

> 論曰：復次，摩訶僧祇部阿含中，由根本識別名，此識顯現。譬如樹依根。釋曰：此識爲一切識因故，是諸識根本。譬如樹根，芽、節、枝、葉等所依止，説名樹根。若離此根，芽等不成。此識爲餘識根本，亦爾。〔註161〕

因此，大眾部的「根本識」，也就是六識生起之所依。六識正如同芽、節、枝、

〔註160〕眞諦譯，無著造《攝大乘論》卷上，《大正藏》三十一冊，第114頁中。
〔註161〕眞諦譯，世親釋《攝大乘論釋》卷二，《大正藏》三十一冊，第160頁中。

葉，必須要依附於樹根；倘若離開了樹根，芽、節、枝、葉等便無法接續生長。這正如同《唯識三十頌》所說：

> 依止根本識，五蘊隨緣現；或俱或不俱，如濤波依水。〔註162〕

綜觀以上所述，大眾部的「根本識」，可說是已經受到了經量部「思」種子觀念的影響。這一種以「根本識」的「形式因」，再配以「思」種子爲內容的「質料因」做法，正好指出了一條唯識思想的發展脈絡。有關「根本識」與「五蘊」之間的關係，可以用以下的圖表來加以表示：

「根本識」的圖解

```
------五蘊的活動---五蘊的活動---五蘊的活動------五蘊的活動
_____→
                  根    本
```

在圖解中，直線的部分是代表「根本識」；而「---」部分則是代表了「五蘊」的生滅活動。事實上，兩者的關係，正如同犢子部的「非即蘊，非離蘊」一般，是「濤波依水」，不一不異，密不可分。由此可見，在大眾部的「根本識」思想中，已經隱含了經量部、犢子部和化地部的思想史痕跡。這一種趨勢，經過了唯識學派進一步的思想吸收以後，終於發展成爲阿賴耶識的種子說。

（六）南傳上座部的「有分識」Bhavaṅga

所謂「有分」，梵語是 bhavāṅga，巴利語是 bhavaṇga。實際上，此語乃由 bhava「存有」和 aṅga「部分」合併而成〔bhavaṅga＝bhāvāṅga〕，意思是「存有的部分」（part of being）。事實上，它也正是一切眾生的輪迴主體。

雖然，「有分」這一個觀念，在南傳佛教中，占有相當重要的地位。在南傳《七論》中，如：《法集》、《分別》、《人施設》、《論事》、《界說》、《雙論》、《發趣》等，竟然沒有提及，但卻又在註疏中出現，並視之爲理所當然，不加細究。由此看來，南傳七論在阿育王（Aśoka; B.C.273～232）時代，結集成書的過程中，雖然已經開始有這種觀念的形成，可是，尚沒有正式滲入到《七論》的思想系統中。一直到了覺音（Buddhaghoṣa; A.D.500）眞正爲《七論》作註疏時，由於當時「有分」的思想已經廣泛流行起來，於是便自然地滲入

〔註162〕《唯識三十頌》，《大正藏》三十一冊，第60頁下。

註疏中，視爲當然。〔註163〕

在玄奘譯無性釋的《攝大乘論釋》中，曾就有關「有分」的內容，作補充性的描述如下：

> 論曰：如是所知依說，阿賴耶識爲性，阿陀那識爲性，心爲性，阿賴耶爲性，根本識爲性，窮生死蘊爲性等。由此異門，阿賴耶識成大王路。釋曰：等謂聖上座部中，以「有分」聲，亦説此識，阿賴耶識是有因故。如説六識不生不滅；或由「有分」；或由「反緣」而死，由異熟意識界而生。如是等「能引發」者，唯是意識。故作是言：五識於法，無所了知；唯「所引發」意界亦爾。唯「等尋求」，見唯照囑。「等貫徹」者，得決定智「安立」，是能起語分別。六識唯能隨起威儀，不能受善、不善業道，不能入定，不能出定「勢用」。一切皆能起作，由「能引發」，從睡而覺；由勢用故，觀所夢事。如是等分別部，亦説此識名「有分識」。由是等諸部聖教，爲定量故，阿賴耶識如大王路。〔註164〕

事實上，在無著的《攝大乘論》中，根本就沒有提到有關「有分識」的記載。因此，有關上文的記載，顯然是無性（Asvabhāva; A.D.450～530）自己添加進去的。至於世親（Vasubandhu; A.D.310～390）所著《大乘成業論》，亦有提到有關「有分識」的記載，如：

> 《赤銅鍱部經》中，「有分識」名。大眾部經名根本識；化地部説名窮生死蘊。……餘部經中，唯説六識身爲有分識等，隨其所應，皆無違害。〔註165〕

此外，《大乘成業論》的另一個異譯本《業成就論》中，也有一段類似的記載云：

> 如彼大德銅色弟子說「有分識」；復有人言：是根本識。……此有身識，復有身識，如次第説，此義相應。〔註166〕

因此，這裡的所謂「赤銅鍱部」或「大德銅色弟子」，也就是指南傳上座部。由此推斷：「有分識」的觀念，可能是在無著（Asaṅga; A.D.310～390）寫作《攝

〔註163〕請參閱金克木著《印度文化論集》〈説「有分識」（Bhavanga）——古代印度人對「意識流」心理的探索〉一文，第65～84頁，中國社會科學出版社，1983年10月第一版。

〔註164〕玄奘譯，無性釋《攝大乘論釋》卷二，《大正藏》三十一冊，第386頁中。

〔註165〕《大乘成業論》，《大正藏》三十一冊，第785頁上。

〔註166〕《業成就論》，《大正藏》三十一冊，第780頁上。

大乘論》時，尚沒有正式提出，直到無性（Asvabhāva; A.D.450～530）註釋《攝大乘論》時，才正式出現。

同時，當世親在寫作《大乘成業論》的時候，已經聽聞有關「有分識」的傳聞。而且，當眞諦（Paramārtha; A.D.490～565）翻譯《顯識論》時，還是把它看成是「阿賴耶識」。例如：

> 如六識起善、惡，留在熏力於本識中，能得未來報，名爲種子。若小乘義：正量部名爲「無失」。……摩訶僧耆柯部（大眾部），名爲「攝識」（根本識）。……薩婆多部（說一切有部）名「同隨得」（無表業）。……若是他毗梨部（上座部）名「有分識」。
>
> 「有」者三有，即三界也。亦有七有：一、中有；二、生有；三、業有；四、死有。通前三者爲七有也。……此「有分識」，體是果報，法決定是自性無記也。〔註167〕

這裡的所謂七有，主要是包括：（1）欲界有；（2）色界有；（3）無色界有的「三界有」，然後再加上：（4）中有；（5）生有；（6）業有；（7）死有的「四種有」，合共而成所謂「七有」。事實上，這「七有」便是指這七種的存在方式。「三界有」主要是指欲界、色界、無色界的三種存在方式。而（4）「中有」，便是指一般的所謂「中陰身」；（5）「生有」是指有意識的開始到六歲之間的童蒙狀態；（6）「業有」便是指從七歲以後，善、惡分別開始活動，直至老死之間的過程；（7）「死有」便是指死亡的狀態。而這些種種的作用，都分別由「有分識」來攝持。接著，在《顯識論》中又說：

> 一期生中，常緣一境。若生人天，此識見樓、觀等事報。若起六識，用強，則不覺此識緣也。若欲界六識緣六界，凡夫不能覺，乃至無色界亦然。若無色，諸識滅，此「有分識」則顯，如梨耶及意識也。
>
> 〔註168〕

在這裡，所謂「一期生中，常緣一境。若生人天，此識見樓、觀等事報」。正好是「唯心所造、唯識所現」的原始說明。按眞諦的意見：「有分識」正相當於「阿賴耶識」，是唯心所造、唯識所現的輪迴主體，只不過是一般人不易察覺而已。因此，必須要等到眼、耳、鼻、舌、身、意等六識完全不起作用的時候，「有分識」的作用才會顯現出來。

〔註167〕《顯識論》，《大正藏》三十一冊，第880頁下～881頁上。
〔註168〕《顯識論》，《大正藏》三十一冊，第881頁中。

　　由此可知,「有分識」的成立,大致應該是後於《七論》,先於註疏。也就是大概在無性註釋《攝大乘論》的時代(Asvabhāva; A.D.450～530),這種思想才正式出現。因此,「有分識」的成立,大概是在三至五世紀之間,這點是應該可以肯定。

　　有關「有分識」與「九心輪」的關係,據窺基在《成唯識論述記》卷四中所記載的情況如下:

　　論:上座部經,至爲三有因。

　　述因:分別論者,舊名分別説部,今説假部。説有分識,體恒不斷,周遍三界,爲三有因。其餘六識,時間斷故,有不遍故,故非有分。世親《攝論》無文,唯無性釋有「九心輪」,此是阿賴耶識。九心者:一、有分;二、能引發;三、見;四、等尋求;五、等觀(貫)徹;六、安立;七、勢用;八、反(返)緣;九、有分心。餘如《樞要》說。〔註169〕

　　由此看來:從「有分識」到「九心輪」的成立,應該是在無性註釋《攝大乘論》的時代才見出現。事實上,這「九心輪」的流轉過程,實際上前後只有七個階段,然後周而復始,流轉不息。根據呂澂的解釋,這「九心輪」的作用,大致如下:

　　(1)有分(Bhavaṅga):這指意識尙未正式活動時的平靜狀態。

　　(2)能引發(Pañcadvārā-vajjana;五識引發):動念時生起驚覺,好像剛從睡夢醒來一般。

　　(3)見(Cakkhu-viññānādi-dṛṣṭa;眼識等見):隨著五根的眼、耳、鼻、舌、身,而有色、聲、香、味、觸的認知作用。

　　(4)等尋求(Sampatīcchana;受持心):有了見,於便有對色、聲、香、味、觸的苦、樂感受。

　　(5)等貫徹(Sanīran;分別心):由感受而有善、惡的分別作用。

　　(6)安立(Votthapana;令起心):執著於境界的相狀。

　　(7)勢用(Javana;速行心):決定作用的生起。

　　(8)返緣(Tadārammana;果報心):假如境界強盛,便會再次引發熏習或回憶作用。

〔註169〕《成唯識論述記》卷四,《大正藏》四十三冊,第354頁上。

（9）有分（Bhavaṅga）：又再次回復到本來的平靜狀態。〔註170〕

這便是「九心輪」的整個流轉過程。一般在唐代人的作品當中，如《成唯識論掌中樞要》，通常都是以「九心輪」的名字，來形容其周而復始，輪迴不息。這種現象，通常可體現在一般的事物身上；同時也可以體現在人生的整個過程當中，人從剛生下來的一刹那，謂之「結生心」，以後便是按照「九心輪」的公式發展下去，直至生命的結束爲止，謂之「死心」。因此，從「結生心」到「死心」之間，中間不曉得要經歷過多少次的「有分……→有分」的輪轉，所以，「九心輪」的理論，既可說明人的一生（一期生蘊）；也可說明當下的心理作用（一念頃蘊）；同時又可作爲生死輪迴的主體（窮生死蘊）。如此一來，化地部「三蘊說」所具備的功能，「有分識」都可分別辦到了。倘若我們以圖解的方式來表示：

「九心輪」的圖解

由此可知，南傳上座部的「有分識」的思想，的確有往細意識發展的唯心傾向。這一種情況，我們大概可以從經量部「思」種子的理論中看出其端倪。事實上，不論是初期說一切有部「世俗補特伽羅」所代表的「無表業」也好，抑或是犢子部、正量部「非即蘊、非離蘊補特伽羅」所代表的「不失法」也好，都顯然有極強烈的唯物論傾向。可是，自從經量部的「思」種子說提出以後，整個佛教思想，已經開始作出了「哥白尼式的翻轉」；從原先的只重視身、口業，開始轉向意業的方向發展。而南傳上座部「有分識」思想的提出，也可以說是唯心思想發展的細緻化，這一種細心說的流行，跟後來唯識思想「賴耶緣起」的互動關係，可以說是相當密切的！接下來，我們便開始把問題的焦點移向唯識思想的開展，看看到底前期的部派思想，是如何影響到後來的唯識發展。

〔註170〕請參閱呂澂《印度佛學思想概論》，第52頁，天華出版社，民國77年2月1日三版。

四、大乘佛教的「賴耶緣起」——從「唯心」到「唯識」

承接上文所說，從「業感緣起」的發展中，我們可以看出一個「唯心」方向的進路。事實上，早期部派的說一切有部、犢子部、正量部等，其思想方向都是富有極濃厚的「唯物」色彩。例如，說一切有部把「無表業」視爲色法，稱作「無表色」；而正量部便把「不失法」視爲如同山河大地的「大滅法」，便是一個最好的例證。然而，發展至經量部，由於受到了大眾部的「心性本淨說」的影響，思想方向開始有往細意識的「唯心」方向轉移，隨著「思」種子說的提出，佛教的思想方向，可說是經歷了一個大翻轉——從「唯物」到「唯心」。而「唯識」的提出，也可以說是把「唯心」的思考方向，再往前邁向一大步——從「唯心」到「唯識」。爲了理解上的方便，我們現在僅從「八識說」的形成說起。

（一）原始佛教的「六識說」

原始佛教對於心、意識的描述，通常只有「五蘊說」或「六識說」。「五蘊」一般是指：色（rūpa）、受（vedanā）、想（saṃjñā）、行（saṃskāra）、識（vijñāna）。「六識」一般是指：眼識（Cakṣu-vijñāna）、耳識（śrota-vijñāna）、鼻識（ghrana-vijñāna）、舌識（jihva-vijñāna）、身識（kāya-vijñāna）、意識（manās-vijñāna）六種。然而，不管是「五蘊」抑或是「六識」，皆是刹那生滅，是會隨著人們的死亡而消逝。如此一來，從人們的死亡到再生之間的輪迴過程，到底又該如何去加以說明呢？這一個問題，在部派時代，於是便引起了廣泛的討論，而犢子部的「補特伽羅說」，便是因應這一種情況而被提出的。

（二）部派佛教的「補特伽羅說」——「七識說」的萌芽

犢子部的「補特伽羅說」，也可以看作是一種「七識說」的萌芽。事實上，從犢子部把「補特伽羅」看作是「六識所識」，同時又是生起六識作用之所依看來，「補特伽羅」其實也正是這一個能意識到「前六識」的「超意識」。〔註171〕因此，我們也可以說：這一個「超意識」，其實已經相當於「第七識」了。然而，

〔註171〕例如，在《俱舍論・破我執品》中有云：「又且應說：補特伽羅是六識中何識所識？六識所識。所以者何？若於一時，眼識識色，因茲知有補特伽羅。說此名爲眼識所識，而不可說與色一異。乃至一時，意識識法，因茲知有補特伽羅。說此名爲意識所識，而不可說與法一異。」由此可知，「補特伽羅」正是這統一前六識的背後意識，因此，也可以把它看成是六識背後的「超意識」。

由於犢子部的思想方向，現實主義和「唯物」色彩的傾向較爲濃厚，所以，當討論到業力如何受報的問題時，從犢子部所流出的正量部，於是便站在「諸法暫住」〔註172〕的基礎上，提出了一個「不失法」的理論。並說這一個「不失法」，正如同債券一樣，在尚未感果受報之前，都是不會消失的，而必須受報之後，方會像債還券破一般，滅盡無餘。可是，正量部這一種把「業體」比喻成山河大地一般的暫住，依然是無法擺脫「唯物」思想的痕跡。

　　除了犢子部和正量部有「唯物」傾向外，說一切有部基本上也是含有濃厚的「唯物」傾向。所不同的是：犢子部的「唯物」，是現實主義的「唯物」。換言之，也就是一般「常識的實在論」。而說一切有部的「實在論」，則是一種「分析性的實在論」。換言之，也就是一種現象生滅，而法體永恆的「極微論」，〔註173〕由於「三世實有，法體恒存」，因此，「法體」的恒存即可保證一切法的存在。也正因爲這一個緣故，說一切有部於是便把它所主張的「無表業」看作是色法的一種，稱爲「無表色」，是屬於「法處所攝色」，並且以身、語二業爲主，排除「意」業有受報的可能性。如此一來，業力的保存，也就跟物質的保存一樣，根本沒有多大差別。至於輪迴主體方面，由於法體與法體之間都是個別獨立的單子，所以，倘若沒有一個「世俗補特伽羅」來串連法體與法體之間的單子，輪迴的移轉現象是很難成立的。因此，說一切有部接受「補特伽羅」的觀念，其實正是把它看成是連接法體與法體之間的「針線作用」。所以，這一種思考方式，依然是沒有脫離「唯物」思想的老套。

　　然而，當「業感緣起」思想發展到經量部，便開始從原先的「唯物」轉移到「唯心」的方向發展。事實上，經量部「思」種子說的提出，也可以說是對前期說一切有部、犢子部和正量部思想的一種批判和反動。它一方面反對說一切有部只承認有身、語二業的「無表」，而不承認「意業」也有「無表」的做法。而且，它更進一步把說一切有部的理論作出「哥白尼式的翻轉」，指出「意業」在整個受報過程的重要性，實在是超越乎身、語二業。如此一來：佛教思想的「唯心」傾向，就在這種情況下終於確定起來。隨後大眾部的「根本識」、化地部的「窮生死蘊」，都有往細意識發展的傾向。因此，我們也可以說，這一種六識背後的「細意識」，其實也正是「第七識」思想的表現。由

〔註172〕請參閱舟橋一哉《業の研究》第二章，第二項「正量部、犢子部の說」一文，
　　　　　第46～49頁，法藏館，昭和五十六年二月二十日第七刷。
〔註173〕請參閱印順《唯識學探源》，第67～68頁，慧日講堂，民國67年11月重三版。

於部派佛教的「細意識」，經過了《攝大乘論》的處理和吸收，都把它視作「阿賴耶識」的同實異名。因此，唯識學派的八識思想，在這裡更是呼之欲出了。

（三）唯識學派「八識說」的成立——識轉化 Vijñāna-pariṇāma 提出

有關「八識說」的提出，其中最具有代表性的文獻資料，便要算是世親所著的《唯識三十頌》了。在頌中，世親首先指出，世界的構成，基本上不出這兩種現象：人我、法我。然而，實際上，這兩種現象都並不是眞實的存在，它只不過是透過「識」的轉化作用所產生的，而這一個「識」，便是「阿賴耶識」。如《唯識三十頌》所說：

> 由假說我、法，有種種相轉；彼依識所變。此能變唯三，謂：異熟、思量，及了別境識。初阿賴耶識：異熟、一切種，不可知執受、處、了，常與觸、作意、受、想、思相應。唯捨受，是無覆無記；觸等亦如是。恒轉如暴流，阿羅漢位捨。次第二能變，是識名末那。依彼轉、緣彼，思量爲性相，四煩惱常俱，謂：我癡、我見，並我慢、我愛，及餘觸等俱。有覆無記攝，隨所生、所繫。阿羅漢、滅定、出世道無有。次第三能變，差別有六種。了境爲性相，善、不善俱非。此心所遍行、別境、善、煩惱、隨煩惱、不定，皆三受相應。
> 〔註174〕

在這裡，世親初步透過「識轉化」（vijñāna-pariṇāma）的觀念，分別說明了我們眼前所看到的種種現象，其實都是「識」的「轉化」結果。換句話說，外在世界的眞實性，在這裡已經被完全的消解了。這便是我們一般所聽聞到的所謂「識外無境」或「心外無法」的意義所在。

然而，用「識轉化」的觀念來解釋世界的構造，似乎跟前期的說一切有部把外界視爲「法體恒存」的實有性，觀點上有很大的差距。倘若是單從經驗的角度而言，外在的世界，是具有不同的具體性質，例如：顏色、冷、熱、形狀、大小等，這些不同性質的東西，如何能從同一個「識」中轉化出來呢？

唯識學派的回答是：這些外在世界不同的具體性質，只不過是處於一種「表」（vijñāpti）的狀態，由不同的「識」（vijñāna）所「轉化」出來的。因此，能「轉化」的「識」（能識）與被「轉化」出來的事物——「表」（所識），基本上是有差別的。〔註175〕事實上，這一種「識轉化」的觀念，很可能是淵

〔註174〕《唯識三十頌》，《大正藏》三十一冊，第60頁。
〔註175〕請參閱霍韜晦編著《佛學》教科書冊〈唯識三十頌（選）〉一文，第110頁，

源自當時經量部的「帶相說」（lakṣaṇavāda）。例如，呂澂曾說：

……第一，心法緣境的「帶相說」。

經量部認爲：心之緣境不是直接的；心緣之境，非境本身，而是以境爲依據，由心變現出來的形象（變相）。

心所知的，是心自身的變相。一般說：感覺是直接的，知覺才是在心裡依感覺而成的影像。所以，認識的過程是：先有感覺，這是直接的，而是可以通過它才了解境界本身的。比感覺更進一層的是知覺，感覺和知覺都是認識的低級階段，也是認識的基礎，所以，認識絕不能離開感覺；知覺的對象僅僅以「影像」爲認識的依據。

經部卻以爲：通過感覺、知覺，不能了解境界本身，只有通過自己重變出來的變相（或影像），才能認識。換言之，心法緣境都是間接以影像爲憑的。

這一觀點與它的「因果異時論」有關：第一刹那是根境；第二刹那，識生時，已沒有實物了，一定要依賴於「帶相」，否則即不能自圓其說。經部的「帶相說」，後來陳那將其導入瑜珈學說的體系內，並有所發展。〔註176〕

由此看來，我們眼前所看到的外境，事實上都只不過是心、意、識的一種呈現作用（vijñāpti：表）而已，而這呈現出來的東西，便是經量部所說的「帶相」。雖然，經量部是站在一個認識論的角度來談「帶相說」，而唯識學派更直接從存有論的角度來說明「識轉化」。因此，我們也可以說，唯識學派的「識轉化」觀念，正是一種從認識的基礎直接轉往存有論發展的思想進路。

在這裡，不同的「表」既然都由不同的「識」所「轉化」出來，那麼，對於有關「識」的進一步結構，便必須詳加說明，而不明泛泛地說「識轉化」了，因此，「八識說」的觀念，便應運而生。

所謂「八識」，一般是指：眼識、耳識、鼻識、舌識、身識、意識、末那識、阿賴耶識等八種的心、意、識。在早期的原始佛教中，一般都只談及六識，可是，以六識來說明「識轉化」，頂多只能解釋我們當下的感覺經驗（眼、耳、鼻、舌、身），以及知覺作用（意）所呈現的思維世界，可是，卻不能進

香港中文大學 1982 年 9 月初版。

〔註176〕請參閱呂澂《印度佛學思想概論》第四章〈小乘佛學〉部分，第 179 頁，天華出版社，民國 77 年 2 月 1 日三版。

一步交代輪迴現象，記憶現象和業力的轉移問題。因此，部派佛教的「補特伽羅說」，便是因應這種問題而被提出。然而，早期的「補特伽羅說」，如犢子部和說一切有部，其理論發展都有「唯物」的傾向，一直到了經量部正式提出「思」種子說以後，佛教的思想方向，便開始傾向於細心說的「唯心」方向發展。而這一種方向，經過了《攝大乘論》、《俱舍論》的轉化吸收以後，遂進一步奠定了以「八識說」來作為「識轉化」的理論基礎。

在《唯識三十頌》中，世親於是便以三種「轉化」的觀念，來進一步說明「識轉化」的具體過程。這三種「轉化」分別是：

（1）阿賴耶識「異熟轉化」（vipāka-pariṇāma）；

（2）末那識的「思量轉化」（manana-pariṇāma）；

（3）前六識的「了別轉化」（viśaya-vijñāpti-pariṇāma）。

因此，從這一種觀點而論：

原始佛教的「六識說」，頂多只能說明「了別轉化」；而部派佛教的「補特伽羅說」，也只能說明「思量轉化」。所以，只有第八的阿賴耶識，才能真正說明輪迴業報的「異熟轉化」。

由於阿賴耶識所「轉化」出來的是「人我」和「法我」的世界，因此，它必須要擁有一切法的種子，才能使諸法一一對應。而末那識的功能則是「轉化」出自我意識，因此它便跟我癡、我見、我慢、我愛等的四種煩惱相應。至於前六識的功能，主要是指個人複雜的情緒活動，分別由五十一種心所負責。由此看來，透過以上三種的「轉化」過程，「識轉化」的觀念便可以獲得理論上的充分說明，而「八識說」的理論系統，於是便在這種情況下宣告確立。

（四）從「八識說」到「九識說」的成立——真諦的「阿摩羅識」 amala-vijñāna 理論

誠如上文所說，「八識說」的成立，雖然是可以透過「識轉化」的觀念，來進一步說明世間種種作用的成立，可是它頂多只能夠有效地說明世間染污的流轉因果，至於有關出世間法的還滅因果，在這裡便無法得到圓滿的說明。例如，作為「異熟轉化」的阿賴耶識，當然是可以作為世間流轉輪迴的終極主體（輪迴主體）；然而，對於有關出世間法還滅解脫的終極主體（成佛主體），在這裡便無法獲得有效的解決。因此，在真諦（Paramārthā; A.D.490～565）的思想系統中認為：當阿賴耶識在入無餘依涅槃時，便會被完全斷盡，所謂「阿

羅漢位捨」，〔註177〕像這一種情況，便很容易使人聯想到「灰身滅智」的斷滅
見。所以，為了要使這一個「主體性」的存在，一直能延續到成佛以後的受
用，因此，作為「成佛主體」的「阿摩羅識」（amala-vijñāna）觀念，便是因
應這一種需要而被提出。如真諦所譯的《決定藏論》卷上所說：

> ……斷阿羅（賴）耶識，即轉凡夫性。捨凡夫法，阿羅耶識滅，此
> 識滅故，一切煩惱滅，阿羅耶識對治故，證阿摩羅識。阿羅耶識是
> 無常，是有漏法；阿摩羅識是常，是無漏法。得真如境道故，證阿
> 摩羅識。阿羅耶識為麤惡苦果之所追逐；阿摩羅識無有一切麤惡苦
> 果。阿羅耶識而是一切煩惱根本，不為聖道而作根本；阿摩羅識亦
> 復不為煩惱根本，但為聖道得道，得作根本。阿摩羅識作聖道依因，
> 不作生因；阿羅耶識於善、無記，不得自在。阿羅耶識滅時，有異
> 相貌。謂：來世煩惱、不善因滅，以因滅故，則於來世五盛陰苦，
> 不復得生，現在世中，一切煩惱惡因滅故。則凡夫陰滅，此身自在，
> 即便如此；捨離一切麤惡果報，得阿摩羅識之因緣故。〔註178〕

在《決定藏論》中，由於「阿賴耶識」是代表有漏法、一切麤惡苦果、一切
煩惱根本，因此，它無疑是一切染污種子的代名詞。所以，當一切煩惱都滅
盡以後，阿賴耶識也會隨即被消滅，就在這種情況下，假如沒有一個更超越
的第九識──「阿摩羅識」，則在成佛以後，受用那法身妙樂的主體便會落空。
由此可知，「阿摩羅識」實在是一個更超然，更背後，更清淨的「成佛主體」，
而它所證得的境界，便是真如的境界。換言之，「阿摩羅識」是那唯一能跟真
如境相應的絕對主體。

　　然而，在世親的《瑜伽師地論》卷五十一〈攝決擇分〉中，也有記載跟《決
定藏論》相當類似的說法，但在這裡，卻並沒有真諦所說的第九「阿摩羅識」，

〔註177〕《唯識三十頌》，《大正藏》三十一冊，第 60 頁有云：「初阿賴耶識：異熟、
　　　　一切種，不可知執受、處、了，常與觸、作意、受、想、思想應。唯捨受，
　　　　是無覆無記；觸等亦如是。恒轉如暴流，阿羅漢位捨。」換言之，阿賴耶
　　　　識是屬於「異熟轉化」，同時，更具有一切法的種子。它有兩種不可知的表
　　　　別作用，這就是：「執受表別」和「處表別」。而且，它又常與觸、作意、
　　　　受、想、思等五遍行心所，一起活動。在苦、樂、不苦不樂之間，它是屬
　　　　於不苦不樂的捨受；在性質上，它是屬於中性開放系統的無覆無記。而觸
　　　　等的五遍行心所，也是一樣。它像瀑流一般的奔騰起伏，到了阿羅漢的境
　　　　界，它就斷滅了。
〔註178〕《決定藏論》卷上，《大正藏》三十冊，第 1020 頁中。

而只有「轉依說」。換言之，當「阿賴耶識」的雜染種子斷盡的時候，透過「轉依」，即能證得離垢眞如。如《瑜伽師地論》卷五十一〈攝決擇分〉中所說：

> 復次，修觀行者，以阿賴耶識是一切戲論所攝諸行界故，略彼諸行，於阿賴耶識中，總爲一團、一積、一聚；爲一聚已，由緣眞如境智，修習多修習故，而得「轉依」。「轉依」無間，當言已斷阿賴耶識。由此斷故，當言已斷一切雜染。當知「轉依」由相違故，能永對治阿賴耶識。
>
> 又阿賴耶識體是無常，有取受性；「轉依」是常，無取受性。緣眞如境，聖道方能轉依故。
>
> 又阿賴耶識，恒爲一切麤重所隨；「轉依」究竟遠離一切所有麤重。
>
> 又阿賴耶識是煩惱轉因，聖道不轉因；「轉依」是煩惱不轉因，聖道轉因。應知但是建立因性，非生因性。〔註179〕

由此看來，《瑜伽師地論》所說的「轉依說」，跟眞諦所說的「阿摩羅識」，基本上是完全相同的。事實上，「轉依」是以「離垢眞如」爲所依止；而眞諦的「阿摩羅識」，亦是以「離垢眞如」爲依止。這裡唯一不同的是：「轉依說」並沒有另立識體，而眞諦的「阿摩羅識」，則是作爲唯一能親證「離垢眞如」所立的清淨識體。因此，從「賴耶緣起」到「眞如緣起」的形上學進路，在這裡可說是已經達到呼之欲出的境界！

第五節　從「眞如緣起」到「法界緣起」的進路
──「一心」觀念的確立

一、原始佛教「眞如緣起說」的端倪

（一）「緣起」與「眞如」

「眞如」一詞，梵詞是 tathātā，意思是「如是呈現的狀況」。〔註180〕本來，在梵語的表達中，tathātā 實際上只有「如」的意思，而「眞」字則是中文附加進去的形容詞，用以表示這「如是呈現的狀況」，是比任何的存在還要眞實得多。tathātā 除了可翻成「如」之外，也有人喜歡把它翻成「如如」

〔註179〕《瑜伽師地論》卷五十一〈攝決擇分〉，《大正藏》三十冊，第 581 頁下。
〔註180〕請參閱《望月佛教大辭典》三，第 2083 頁。

或「如性」；同時，在初期大乘佛教當中，中觀學派更把 tathātā 視同 śūnyatā（空性）。換言之，中觀學派的「緣起性空」，便成爲了另外一種存有論上的「眞如說」了。〔註181〕

事實上，「眞如」（tathātā）一詞，最初只是作爲對「緣起法」的「現象式描述」，這便是《雜阿含經》所說的「法不離如；法不異如」。換句話說，「緣起法」便是如是如是地呈現；而如是如是地呈現的本身，便是「緣起法」的狀況。由此可知：「緣起法」是離不開「如是如是地呈現」；而「如是如是地呈現」跟「緣起法」，是沒有多大的差別。因此，「緣起法」跟「如是如是地呈現」的關係，實際上是密不可分的。如《雜阿含經》卷十二第二九九經所說：

> 緣起法者，非我所作，亦非餘人作。然彼如來出世及未出世，法界常住。
>
> 彼如來自覺此法，成等正覺，爲諸眾生，分別演說，開發顯示。所謂此有故彼有，此起故彼起。謂：緣無明、行，乃至純大苦聚集；無明滅則行滅，乃至純大苦聚滅。〔註182〕

在《雜阿含經》中，「緣起法」被形容爲「非我所作，亦非餘人作」，不論佛陀有沒有出現於世，此法常在。而且，佛陀更是透過親證這「緣起法」，才能成就正覺。並爲眾生分別演說。由此看來，「緣起法」就好像是一種宛然客觀的存在定律，任何人都不能發明它，創造它；而只能發現它，親證它而已。因此，把「緣起法」視作一般外在客觀的存在法則來看，已經是相當明顯的事實。

另外，在第二九六經中，更有這樣的一段明顯的記載：

> 如是我聞，一時，佛住王舍城、迦蘭陀竹園。爾時，世尊告諸比丘：我今當說因緣去及緣生法。云何爲因緣法？謂此有故彼有；謂緣無明、行，緣行、識，乃至如是如是純大苦聚集。云何緣生法？謂無明、行。若佛出世，若未出世，此法常住，法住、法界……。此等諸法，法住、法空（定）、法如、法爾、法不離如，法不異如，審諦、

─────────────

〔註181〕由於「緣起法」並非佛陀所創造、也不是別人所能創造，因此，它宛然自有、超然本具的特性，已經是相當明顯的事實了。就在這一種情況下，中觀學派則認爲：這一種宛然立的存在特性，應該是一種「緣起故無自性，無自性故空」的如是存在狀態，而這一種存在狀態，便是中觀學派所說的「緣起性空」，事實上，這一種「緣起性空」的宛然存在狀態，也可以說是一種「空性眞如」。請參閱《中論》卷四〈觀四諦品〉，《大正藏》三十，第33頁中。

〔註182〕《雜阿含經》卷十二，《大正藏》二，第85頁中。

真實、不顛倒。如是隨順緣起，是名緣生法。〔註183〕

這一種把「緣生法」比擬為「法住、法界……法住、法空（定）、法如、法爾、法不離如，法不異如，審諦、真實、不顛倒」等態度，似乎是意謂著：在這「緣生法」的背後，還隱約有一個稱為「法界」或「法如」的東西存在，作為支撐整個「緣起」活動的一個更高層次的後設存有論基礎。所謂「法不異如，法不離」，如此一來，「緣起法」跟「（真）如」之間的關係，更是密不可分了。事實上，這一種觀念的引申發展，也可以作為日後「法界緣起」或「真如緣起」思想的濫觴！

（二）「真如」與「如實觀」

上文所說的部分，只是單就理論的層面來談「真如」與「緣起」；至於有關如何才能契入這「緣起」的「如」，便要進一步牽涉到修行上的「如實觀」問題。本來，原始佛教的所謂「如實觀」，只不過是在說明如何「如實」地去觀照五蘊的無常、苦、無我、無我所的真相，從而達到厭離解脫的目標。當中的所謂「如」或「如實」，只不過是指五蘊的無常、苦、無我、無我所等存在真相，是如是如是地存在著；而一般的修行者，只要「如實」地去觀照這五蘊的苦、空、無常，便可達到解脫的效果。如《雜阿含經》卷一第九經中，即有如下的記載：

> 如是我聞，一時，佛住舍衛國、祇樹給孤獨園。爾時，世尊告諸比丘：色無常，無常故苦，苦即非我；非我者亦非我所。如是觀者，名真實正觀。如是受、想、行、識無常，無常故苦，苦即非我。非我者，亦非我所。如是觀者，名真實觀。聖弟子，如是觀者，厭於色，厭受、想、行、識。厭故不樂，不樂故得解脫。解脫者，真實智生。我生已盡，梵行已立，所作已作，自知不受後有。時諸比丘聞佛所說，歡喜奉行。〔註184〕

在這裡，我們便可以發現到：透過這「如實觀」所呈現的「（真）如」（tathā；如是地、這樣子地），跟後期大乘佛教所說「恒存實有」的「真如性」（tathātā），是完全不同的。事實上，這裡所說的「如」，只不過是指五蘊「無常、苦、無我、無我所」真相的如是地呈現，而修行者只要透過這觀照的比靈，去如是地觀照這五蘊的無常真相，便是「如實觀」；而這五蘊無常真相的本身，便是

〔註183〕《雜阿含經》卷十二第二九六經，《大正藏》二，第 84 頁中。
〔註184〕《雜阿含經》卷一第九經，《大正藏》二，第 2 頁中。

所謂的「如」。因此，能觀照的心靈狀況是「如實觀」；而被觀照的對象本身，當也就成爲了「眞如境」。

由此可見，早期原始佛教所說「緣起」「如」或「如實觀」，都是泛指五蘊本身的無常眞相；修行者只要如是地去觀照，便可以從厭離當中獲得解脫。因此，我們也可以說：這裡的所謂「如」，只是作爲五蘊無常眞相的「現象描述」；而不是作爲存有論上的「本體描述」。然而，問題的癥結是，從什麼時候開始，這「如」的觀念，從原先的「現象描述」（如是地，這樣地）一轉而成爲了存有論的「本體描述」（眞如性）呢？對於這一個問題，恐怕必須要從部派的對「緣起」觀念的轉變開始探究，才能進一步獲解決問題的眞相。

二、部派佛教「緣起無爲說」的發展

承接上文所說：「如」的觀念，最初只是作爲描述「緣起法」如是地呈現的狀態，所謂「法不離如，法不異如」。因此，在原則上，它應該純粹是屬於「現象式描述」，而不是作爲存有論的「本體式描述」。然而，倘若我們嘗試從「十二支」的角度去觀察「緣起法」的話，我們便會同時發現到：「緣起」除了可作爲說明世間輪迴現象的流轉因果外（緣生──有爲法），同時更可作爲解釋出世間的還滅因果（緣滅──無爲法）。因此，把「緣起法」視作跨越「有爲法」和「無爲法」之間的兩重性格，便越來越受到重視了。

這一種趨勢，發展至部派時代，「緣起法」作爲出世間法、還滅因果的部分，便越來越受到重視。例如，在大眾部所成立的「九種無爲說」思想中，竟然將「緣起法」和「八正道」，都歸攝到出世間法的範疇，這便是大眾部「九種無爲說」中所說的「緣起支柱」和「聖道支性」。而屬於上座部系統的化地部，更進而直接將「緣起法」和「八正道」，視之爲「緣起眞如」和「道支眞如」。如此一來，把「緣起法」推向「無爲法」中的「眞如說」，更是達了呼之欲出的境地。

（一）大眾部的「九種無為說」

大眾部對於有關出世間法的範疇分類，大概可區分爲九種，這便是大眾部的所謂「九種無爲說」，如《異部宗輪論》所說：

無爲法（asaṃkṛta）有九種：

1. 擇滅（pratisaṃkhyā-nirodha）；

2. 非擇滅（apratisaṁkhyā-nirodha）；

3. 虛空（ākāśa）；

4. 空無邊處（ākāśānantyāyatana）；

5. 識無邊處（vijñānānantyāyatana）；

6. 無所有處（ākiñcanyāyatana）；

7. 非想非非想（naivasañjñā-anāsañjñāyatana）；

8. 緣起支性（pratītya-samutpāda-angatva）；

9. 聖道支性（arya-mārga-aṅgatva）。〔註 185〕

在這裡，大眾部把第八的「緣起支性」（緣起法）和第九的「聖道支性」（八正道），都視之爲出世間的「無爲法」。這一種傾向，很有可能跟它們特別側重「緣起法」還滅因果的超越性部分有關。事實上，站在原始佛教的立場而言；透過觀察「緣起法」和「八正道」，的確是可以成就出世間法的涅槃解脫。因此，把「緣起法」視作超然的客觀存在，也是相當自然的現象。

（二）化地部的「九種無為說」

而化地部所提倡的「九種無爲說」，雖然，在內容方面，有些部分是跟大眾部不盡相同，但依舊是把「緣起」看成是「無爲法」的一種，稱爲「緣起眞如」，其內容如下：

無爲法有九種：

1. 擇滅（pratisaṁkhyā-nirodha）

2. 非擇滅（apratisaṁkhyā-nirodha）

3. 虛空（ākāśa）

4. 不動（ānejya）

5. 善法眞如（kuśala-dharma-tathatā）

6. 不善法眞如（akuśala-dharma-tathatā）

7. 無記法眞如（avyākṛta-dharma-tathatā）

8. 道支眞如（mārga-aṅga-tathatā）

9. 緣起眞如（pratītya-samutpāda-tathatā）〔註 186〕

在這「九種無爲說」當中，大眾部把「緣起」稱之爲「緣起支性」（pratītya-samut-pāda-Aṅgatva），而化地部則把它稱爲「緣起眞如」

〔註 185〕《異部宗輪論》，《大正藏》四十九，第 15 頁下。

〔註 186〕《異部宗輪論》，《大正藏》四十九，第 17 頁下。

（pratītya-samutpāda-tathatā）。如此一來，「緣起法」於是便成爲了「無爲法」的一種。如《雜阿含經》卷十二第二九九經所云：

> 緣起法者，非我所作，亦非餘人作。然彼如來出世及未出世，法界常住。

〔註187〕

　　事實上，這一種試圖把「緣起法」看作是「非造作性」「法界常住」的存在，已經隱約地將「緣起法」視爲一種出世超然存在的傾向——無爲法。因此，就在這種情況下，從「緣起說」的思想進一步過渡到「眞如說」，實在也是相當自然的發展。事實上，化地部的「緣起眞如」觀念，對於後來的大乘經論，如《解深密經》、《大乘莊嚴論》、《佛地論》等的「眞如說」都具有相當深遠意義的影響。

三、大乘佛教的「眞如緣起說」

　　從「眞如緣起說」的立場來說，在大乘佛教的三大系統當中，皆有其自身獨自發展的「眞如緣起說」。例如：中觀學派的「緣起性空」思想，從某一些意義來說，也可以說成是一種性空系統的「眞如緣起說」。

　　而唯識學派從「依他起性」的角度，去說明阿賴耶識種子的染、淨轉依等關係的建立，也可以說是一種瑜伽系統的「眞如緣起說」。事實上，透過「染依他起」所開展的「偏計所執性」，也可以作爲「流轉眞如」或「染污眞如」的說明而透過「淨依他起」所開展的「圓成實性」，也可以作爲「清淨眞如」的說明。

　　同時，站在眞常系統的「如來藏緣起說」，則更是另外一種形式的「眞如緣起說」。如《大乘起信論》所強調的「一心開二門」，便是進一步把這「一心」（如來藏自性清淨心），視作能夠生起宇宙萬物的「眞如心」，而一切的世間的染、淨因果，皆以此「一心」作爲基礎！

　　爲了論述上的方便，我們僅將大乘三系的「眞如緣起說」，逐一加以分析說明如下：

（一）中觀學派的「眞如說」——緣起性空

　　中觀學派所主張的「緣起性空」思想，其實正是一種典型的「眞如說」。誠如《雜阿含經》卷十二第二九九經所云：

〔註187〕《雜阿含經》卷十二，《大正藏》二，第 85 頁中。

緣起法者，非我所作，亦非餘人作。然彼如來出世及未出世，法界常住。
〔註188〕

由於「緣起法」並非佛陀所創造，也不是別人所能創造，因此，它宛然自有，超然本具的特性，已經是相當明顯的事實了。就在這一種情況下，中觀學派則認爲：這一種宛然立的存在特性，應該是一種「緣起故無自性，無自性故空」的如是存在狀態，而這一種存在狀態，便是中觀學派所說的「緣起性空」，事實上，這一種「緣起性空」的宛然存在狀態，也可以說是一種「空性眞如」。如《中論》卷四〈觀四諦品〉所說：

眾因緣生法，我說即是無（空）；亦爲是假名；亦是中道義。未曾有

一法，不從因緣生。是故一切法，無不是空者。〔註189〕

由此看來，這一種「緣起」的宛然存在狀態，也就是「無自性空」的宛然存在狀態。而這一種「無自性空」的宛然存在狀態，也就是「假名有」的宛然存在狀態。事實上，這也正是中觀學派所說的「眞如觀」。因此，「無自性空」的眞實義，也正可作爲一切法得以成立的「存有論基礎」（ontological-basis）如《中論》所說：

以有空義故，一切法得成；若無空義者，一切則不成。〔註190〕

總括以上所說：中觀學派的「緣起性空」，其實也正好是一種「性空眞如」的存有論說明。而代表了早期華嚴開宗思想的杜順禪師，在他的有名著作《法界觀門》中，便是以「色即是空，空即是色」的無相教，來說明「空色無礙」的「法界緣起」思想。

（二）唯識學派的「真如說」——依他起性

唯識學派的所謂「眞如」，如《唯識三十頌》所說：

此諸法勝義，亦即是眞如；常如其性故，即唯識實性。

由此可見，「眞如」其實正是指一切法的最高存在方式，這便是唯識家所說的「諸法勝義」。事實上，由於是那一種的存在方式，都離不開「眞如」；換言之，不同的存在方式，說穿了，也只不過是「眞如」的不同呈方式而已。因此，不論事物的呈現方式爲何，最後，還是可以把它回歸到「眞如」本身，當然，這一個「眞如」的本身，在唯識家的立場來說，便是「依他起性」。有

〔註188〕《雜阿含經》卷十二第二九九經，《大正藏》二，第85頁中。
〔註189〕《中論》卷四〈觀四諦品〉，《大正藏》三十，第33頁中。
〔註190〕《中論》卷四〈觀四諦品〉，《大正藏》三十，第33頁上。

關唯識或瑜伽系統的「眞如說」，其中最具有代表性的，便要算是《解深密經》和世親的《攝大乘論釋》所說的「眞如十相」或「法界十相」。以下我們便開始逐一加以討論。

1. 《解深密經》的「七種眞如說」

《解深密經》的所謂「七種眞如」（sapta-vidha-tathatā），分別是指：

（1）流轉眞如（pravṛtti-tathatā）；

（2）相眞如（lakṣaṇa-tathatā）；

（3）了別眞如（vijñāpti-tathatā）；

（4）安立眞如（saṁniveśa-tathatā）；

（5）邪行眞如（mithyā-pratipatti-tathatā）；

（6）清淨眞如（śuddha-tathatā）；

（7）正行眞如（samyak-pratipatti-tathatā）。

誠如《解深密經》卷三所說：

> 如是一切「如所有性」者：謂即一切染、淨法中所有眞如，是名此中「如所有性」。此復七種：一者、流轉眞如，謂一切行，無先後性。二者、相眞如，謂一切法補特伽羅無我性（人無我性）及法無我性。三者、了別眞如，謂一切行，唯是識性。四者、安立眞如，謂我所說，諸苦聖諦。五者、邪行眞如，謂我所說，諸集聖諦。六者、清淨眞如，謂我所說，諸滅聖諦。七者、正行眞如，謂我所說，諸道聖諦。
>
> 當知此中，由流轉眞如、安立眞如、邪行眞如故，一切有情平等平等。由相眞如、了別眞如故，一切諸法平等平等。由清淨眞如故，一切聲聞菩提、獨覺菩提、阿耨多羅三藐三菩提平等平等。由正行眞如故，聽聞正法，緣總境界，勝奢摩他、毗缽舍那，所攝受慧，平等平等。〔註191〕

在這裡，《解深密經》試圖把「流轉眞如」（輪迴）、「安立眞如」（苦）和「邪行眞如」（集），視之爲一種輪迴現象的「染污」緣起。換言之，這一種以流轉輪迴現象來作爲染污性眞如的做法，正相當於化地部所說的「緣起眞如」，或大眾部所說的「緣起支性」。

至於「相眞如」和「了別眞如」，便是要闡明事物的存在性，就是透過「人

〔註191〕《解深密經》卷三，《大正藏》十六，第 701 頁下。

無我、法無我」所彰顯的「唯識性」（vijñāna-matratva）的存在。事實上，這一種對存在性的規定，也可以是整個唯識學派所共同主張的「存有論命題」（ontological thesis）。

而所謂的「清淨眞如」（滅），便是指三乘（聲聞、緣覺、佛）所共證的解脫境界，是平等一致的；這也正是一般佛教所指的「三乘同坐解脫床」的意義。

最後的所謂「正行眞如」（道），便是在說明「八正道」的實踐內容。這也正相當於化地部所說的「道支眞如」，或大眾部所說的「聖道支性」。

事實上，這裡所說的「眞如」，並非單純是指輪迴流轉現象的本身；而是在進一步指出：雖然萬物皆在流轉變化當中，然而其平等一味的「眞如性」，卻是永恒不變、永不消失。所謂「眞如即是諸法實性、無顛倒性」，〔註 192〕這便是諸法宛然本具，不生不滅的「如如性」或「眞如性」。這一種觀念，跟《大乘起信論》所說的「覺心」或「覺性」都非常類似。〔註 193〕

2. 《攝大乘論釋》中的「真如法界說」

在眞諦所譯，世親註釋的《攝大乘論釋》中，竟首次將「眞如」（tathatā）和「法界」（dharma-dhātu）一詞連用，而成為了所謂「眞如法界」（tathatā-dharma-dhātu）的新觀念。而且在世親的解釋中，更進一步說明了「眞如」才是這一個能彰顯「法界十相」的本體，這一種觀念，正相當於亞理斯多德在本體論中所說的「不動的動者」（unmovable mover），誠如論中所說：

> 論曰：何者能顯「法界十相」？
> 釋曰：此問欲顯「眞如」有十功德相。此十功德能生十正行，及十
> 不共果，以顯法界體。十功德是顯法界之本故。〔註 194〕

在這裡，世親已經把「眞如」看作是：唯一能呈現整個宇宙法界種種差別現象的最終本體。而這種種的差別現象，便可歸納為「十功德相」；而由這「十功德相」，便可更進一步產生「十正行」，以及十種不同的結果（十不共果），這便是宇宙法界的全體內容。

接著，我們所要探研的，便是有關「十功德相」的問題。這裡的所謂「十

〔註 192〕請參閱田養民著，楊白衣譯《大乘起信論·如來藏緣起說之研究》，第 69 頁，日本昭和四十六年元月初版；地平線出版社，民國 67 年 8 月初譯版。
〔註 193〕《大乘起信論》卷一，《大正藏》三十二，第 576 頁。
〔註 194〕《攝大乘論釋》卷十，《大正藏》三十一，第 222 頁上。

功德相」，分別指：

  （1）遍滿義（普遍性）：這是指由人無我、法無我所呈現的存在方式（真如），是普遍存在於「法界」的任何地方。

  （2）最勝義（絕對性）：除了人無我、法無我的存在方式外，沒有比這個更高的存在方式，因此，實際上，這兩種無我的存在方式，才是唯一、絕對、最高的存在方式。

  （3）勝流義（衍生性）：從絕對性的最高存在中所流出的法，佛是佛法。

  （4）無攝義（非執性）：這是指「真如」的不可執著性，透過「三輪體空」的體證而表現出來。

  （5）相續不異義（主體性）：這是指諸佛菩薩是以「真如」所顯的「法身」為體，隨緣示現，以「應、化身」救渡眾生。因此，其「主體性」是恒常不變，這也就是所謂的「法身一如」了。

  （6）無染、淨義（超然性）：這是指「真如」本身「不垢不淨」的超然性。

  （7）無別義（共同性）：佛教法門雖然有千萬別，但解脫目標的「共同性」，卻是始終如一的。

  （8）不增、減義（寂然性）：當八地菩薩成道時，便會見一切法，道成時不增，惑滅時不減。

  （9）定自在依止、土自在依止、智自在依止：這是指依菩薩的願力所成就的所有相、所有國土、四無礙智，皆悉圓滿展現。

  （10）業自在依止、陀羅尼門、三摩提門自在依止：這是「十地」的最高境界，能通達如來一切秘密法藏，利益眾生。

  事實上，這「十功德相」，是分別配合「十地」的層次而逐一展開的。

  例如，就有關第一相的「遍滿義」（普遍性）而言，它正是指「真如」的絕對普遍性，是無處不遍滿的，所謂「真如法界，於一切法中，遍滿無餘」。換句話說：「真如」是普遍於一切法中，無處不在。然而，如何才能親證到這一種「真如」的遍滿性呢？這便要進一步牽涉到「人無我、法無我」的證得問題。如釋中所說：

   先問十功德相。

   論曰：於初地，由一切遍滿義，應知法界。

> 釋曰：眞如法界，於一切法中，遍滿無餘。何以故？諸法中，無有
> 一法非無我故。人、法二執所起分別，覆藏法界，一切遍滿
> 義。由此障故，願行位人，不得入初地；若除此障，即見眞
> 如遍滿義，人、法二執，永得清淨。由觀此義，得入初地。
> 〔註195〕

由此可知，透過「人無我」的證入，便可以破除「煩惱障」；透過「法無我」
的證入，便可以破除「所知障」。因此，從「人、法二無我」的證入，便可以
破除煩惱、所知的二重障，得「人、法二無我」的如實觀，親證「法界遍滿
義」的眞如境，進入「初地」。誠如釋中所說：

> 若通達法界遍滿功德，得通達一切障空義，得一切障減果。〔註196〕

至於第二相的「最勝義」（絕對性），主要是在彰顯「人、法二無我」的存在
狀態，正是全體法界的眞正存在狀態（眞如）。而這一種存在狀態，也正是所
有存在狀態中，最透徹、最終極的存在表現，這便是「眞如法界」透過「人、
法二無我」所呈現的「最勝義」，是「存有論」中的最高表現形式。因此，我
們也可以說，人、法二無我的存在方式，也正是一切事物的最終極的存在表
現。如釋中所說：

> 論曰：於二地，由最勝義。
>
> 釋曰：人法二空攝一切法，盡是遍滿義；此義於一切法中最勝清
> 淨。由觀此義，得入二地。〔註197〕

因此，所謂的「最勝義」，也正是要彰顯「人、法二空（無我）」的最高存在
狀態，是具有普遍性和絕對性。因爲除了這兩種存在方式外，再也找不到更
高的存在方式。能夠如此觀察人、法二無我的「最勝義」，便可進入「二地」。
如釋中所說：

> 若通達法界最勝功德，得於一切眾生最勝、無等菩提果。〔註198〕

而且，倘若我們對人、法無我的「遍滿義」和「最勝義」能如實觀照，這樣
便可獲得「無分別智」；再由「無分別智」中衍生出「無分別後智」，生起「大
悲心」；從而開始創立佛教，救渡眾生，結集成藏十二部經典。事實上，這些

〔註195〕《攝大乘論釋》卷十，《大正藏》三十一，第 222 頁上。
〔註196〕《攝大乘論釋》卷十，《大正藏》三十一，第 223 頁上。
〔註197〕《攝大乘論釋》卷十，《大正藏》三十一，第 222 頁中。
〔註198〕《攝大乘論釋》卷十，《大正藏》三十一，第 223 頁上。

佛教經典，都是透過佛陀的「大悲心」所衍生流出。因此，菩薩為了要得到這些最勝之法，更不惜犧牲性命，如六度萬行，一切難行之行，都能任勞任怨，毫無怨言，這便是「勝流義」（衍生性）的真諦。事實上，這「勝流義」的證入，也正是整個「菩薩行」的實踐過程。如釋中所說：

> 論曰：於三地，由勝流義。
>
> 釋曰：真如於一切法中最勝。由緣真如起無分別智；無分別智是真如所流，此智於諸智中最勝。因此智流出無分別後智所生大悲，此大悲於一切定中最勝。因此大悲，如來欲安立正法，救濟眾生，說大乘十二部經。此法是大悲所流，此法於一切說中最勝。菩薩為得此法，一切難行能行，難忍能忍。由觀此法，得入三地。〔註199〕

由此可知，「勝流義」也正是指這「真如」所衍生出來的正法，其實都是「大悲心」的流露。因此，倘若能體會到這「勝流義」，便可進入「三地」。如釋中所說：

> 若通達法界勝流文句功德，得無邊法音，及能滿一切眾生意欲果。
>
> 何以故？此法音無邊無倒故。〔註200〕

從「人、法二無我」的證入，便可體會到真如的「遍滿義」、「最勝義」和「勝流義」，由此而萌生「大悲心」。然而，如何才能圓滿地實踐「菩薩行」，在渡化眾生的過程中，不為外在客塵所沾染，從而保持菩薩原來的清淨性，這便要進一步牽涉到「三輪體空」的問題。

因此，假如菩薩能親證「三輪體空」，體會到「自」（作者——主體）、「他」（受者——對象）、「法」（作業——行為本身）三者皆不可得的道理，這樣，便不會對外塵對象產生執著心，不生法執、法愛，從「三輪體空」中獲得解脫。如釋中所說：

> 論曰：於四地，由無攝義。
>
> 釋曰：於最勝真如，及真如所流法，菩薩於中，見無攝義。謂此法非我所攝、非他所攝。何以故？自、他及法三義，不可得故。譬如北鳩婁越（Uttara-kuruya；北拘盧洲）人，於外塵不生自、他攝想；菩薩於法界亦爾故，法愛不得生。由觀此義，

〔註199〕《攝大乘論釋》卷十，《大正藏》三十一，第 222 頁中。
〔註200〕《攝大乘論釋》卷十，《大正藏》三十一，第 223 頁上。

得入四地。〔註201〕

這裡的所謂「非我所攝、非他所攝」，正好是原始佛教「無我、無我所」的最佳說明，這也正是所謂「去我執，離我所」的實踐方法。所不同的是：原始佛教是以此來達到厭離輪迴的解脫目的，而大乘佛教則將之應用到「菩薩行」的實踐工夫，其目的是要達到「無人、我二相」的「無相解脫」。因此，這裡的所謂「自、他及法三義，不可得故」，便正好是「三輪體空」的最佳說明。事實上，這也正是「真如」、「無攝義」（非執性）的根本要旨，也唯有如此，才能成就一切利益眾生的事業。如釋中所說：

若通達法界無攝功德，得如所應一切眾生利益事果。〔註202〕

由於菩薩能透過「三輪體空」的證入，不沾染外在的法愛，因此，若單從表面上看，諸佛菩薩好像是跟眾生一同輪迴生死。如此一來，諸佛菩薩的輪迴跟眾生的輪迴之間，到底又有何種差別呢？

倘若要討論這一個問題，便必須要進一步從「主體性」的差別方面著眼。事實上，若是單從現象上觀察；眾生與佛，都是在六道中輪迴，但其「主體性」部分，則顯然是各有差別。因為眾生的輪迴，是受制於染污分別、業力所感的「輪迴主體」；而諸佛菩薩的輪迴，卻是真如清淨性、願力所顯的「成佛主體」。因此，嚴格地說：諸佛菩薩的輪迴，只有輪迴之相；而無輪迴之實。所以，應該稱作「示現」。誠如部派佛教時代的《異部宗輪論》所說：

一切菩薩入母胎中，皆不執受：羯剌藍（kalala；凝滑位）、頞部曇（arbuda；皰位）、閉尸（peśī；軟骨位）、鍵南（ghāna；堅肉位）為自體。一切菩薩入母胎時，作白象形；一切菩薩出母胎時，皆從右脅（生）。一切菩薩不起欲想、恚想、害想。菩薩為欲饒益有情，願生惡趣，隨意能往。〔註203〕

由此可知，眾生的輪迴，是業力所感的「業感緣起」；而菩薩的示現輪迴，則是「大悲心」所感召的隨緣示現。因此，眾生的「主體性」，是業力所感的「輪迴主體」；而菩薩的「主體性」，則是真如所顯（法身）、願力所召（報身）而又隨緣示現（化身）的「真如法身」。如釋中說：

論曰：於五地，由相續不異義。

〔註201〕《攝大乘論釋》卷十，《大正藏》三十一，第222頁中。
〔註202〕《攝大乘論釋》卷十，《大正藏》三十一，第223頁上。
〔註203〕《異部宗輪論》，《大正藏》四十九，第15頁下。

> 釋曰：此法雖復無攝，三世諸佛，於中相續不異不如；眼等諸根，
> 色等諸塵，及六道眾生，相續有異。何以故？如此等法，分
> 別所作故，相續有異；三世諸佛，眞如所顯故，相續不異。
> 若觀此義，得入五地。〔註204〕

因此，按釋中所說，眾生的「輪迴主體」，是分別作用所產生的「虛妄分別性」（偏計所執性）。同時，由於眾生的執受作用而造成的「隔陰之迷」，更使得眾生在每一次的輪迴過程中，都執著不同記憶的「自我意識」為自己的「輪迴主體」，這便是「相續有異」。而菩薩的示現六道，則是眞如體的彰顯（法身），隨緣示現（化身），所以，輪迴只不過是「化身」的隨緣作用；而「法身」卻是恒住不變，這便是「相續不異」。若能明白個中道理，便可證入「五地」，獲得「法身」，這便最高存在的「成佛主體」。如釋中所說：

> 若通達法身相續不異功德，得與三世諸佛無差別法身果。〔註205〕

由於「法身」是「眞如所顯」，所以並沒有過去、現在、未來的三世差別，故能恒存不滅，相續不異。同時，若針對未來的而言，它同樣也是不會退轉的，因為「眞如」本身就是恒常清淨的（不垢）；若針對過去、現在而言，也不能說它沒有清淨，因為它從來也不曾被染污過（不淨），這便是「眞如本體」的「不垢不淨」。唯有如此，才能進一步說明「眞如」本身的無染性和無淨性的超然意味。誠如釋中所說：

> 論曰：於六地，由無染、淨義。
> 釋曰：三世諸佛，於此法中，雖復相續不異，此法於未來佛無染，
> 以本性淨故；於過去、現在佛無淨，以本性無染故。由觀此
> 義，得入六地。〔註206〕

因此，倘若我們能證得這「不垢不淨」的眞如性，便可進一步清淨整個法界的一切眾生，證入「六地」。如釋中所說：

> 若通達十二緣生眞如無染、淨功德，得自相續清淨、及能清淨一切
> 眾生染濁果。〔註207〕

事實上，一切三藏十二部經典，雖然皆有八萬四千無量法門，談有說空，內

〔註204〕《攝大乘論釋》卷十，《大正藏》三十一，第222頁中。
〔註205〕《攝大乘論釋》卷十，《大正藏》三十一，第223頁上。
〔註206〕《攝大乘論釋》卷十，《大正藏》三十一，第222頁中。
〔註207〕《攝大乘論釋》卷十，《大正藏》三十一，第223頁上。

容各不相同；然而，其目的皆是指向同一目標，那就是「解脫」。因此，縱然法門無量有別，但解脫的目標卻始終是一致無別的。如釋中所說：

> 論曰：於七地，由種種法，無別義。
>
> 釋曰：十二部經，所顯法門，由種種義，成立有異。由一味修行、
> 一味通達、一味至得故，不見有異。由觀此義，得入七地。
>
> 〔註208〕

佛教經典，縱然是浩如煙海，但只要始終如一地去實踐、修行，最後定可通往涅槃解脫之道。如釋中所說：

> 若通達種種法無別功德，得一切相滅，恒住無相果。〔註209〕

因此，倘若能體察解脫涅槃的「無別義」，便可恒住於涅槃的無相果位，進入「七地」，並以種種威神之力，變化自在，這便是涅槃的「不增、減義」，也可以說是它的「寂然性」。如釋中所言：

> 論曰：於八地，由不增、減義。
>
> 釋曰：菩薩見一切法道，成時不增；或滅時無減。如此智，是相自
> 在及土自在依止。相自在者，如欲求相以自在故，即得現前。
> 土自在者，若菩薩起分別願，願此土皆成頗梨柯（puṇḍarī-ka；
> 即蓮花）等，以自在力故，如其願即成。初自在爲成熟佛法；
> 後自在爲成熟眾生。此二自在，由不增、減智得成，即以不
> 增、減智爲依止。由觀此義，得入八地。〔註210〕

在這裡，菩薩透過對涅槃的證得，便可親自一切法的「不增不減性」，所謂「成時不增，滅時不減」，這便是「涅槃智」或「不增、減智」證得。同時，透過這種「涅槃智」的證得，更可作爲生起「相自在」和「土自在」的必要性基礎（依止）。所謂「相自在」（Lakṣaṇa-iśvara），便是指菩薩所欲祈求的所有現象，皆可如願現前（化身）。至於「土自在」，其實就是指「國土自在」（bhūmi-iśvara），它是依菩薩所發的願力，如其所願而實現的國土（報身）。因此，「相自在」主要是爲了成就佛法，相當於華嚴經所說的「上迴向」；而「土自在」，則是爲了成就眾生，這正相當於華嚴經所說的「下迴向」。誠如釋中所說：

〔註208〕《攝大乘論釋》卷十，《大正藏》三十一，第222頁中。
〔註209〕《攝大乘論釋》卷十，《大正藏》三十一，第223頁上。
〔註210〕《攝大乘論釋》卷十，《大正藏》三十一，第222頁下。

　　　　若通達不增減功德，得共諸佛平等威德智慧業果。〔註211〕

事實上，這一種「相自在」和「土自在」的成就，正是「如來業」的實現，也就是「圓滿報身」或「應身」的具體展現，如此便可進入「八地」。

　　至於「九地」的境界，則是以「定自在」（相自在）、「土自在」、「智自在」作爲基礎。有關「定自在」和「土自在」的內容，前面已經提到，今不用多說了。現我們要說的是有關「智自在」的問題，所謂「智自在」，主要是顯現爲「四無礙智」，並且以「無分別智」作爲基礎。如釋中所云：

　　　　論曰：於九地，由定自在依止義；由土自在依止義；由智自在依止
　　　　　　　義。

　　　　釋曰：初二依止義，如前釋。智自在者，四無礙解所顯名智，此智
　　　　　　　以無分別後智爲體。何以故？遍一切法門，悉無倒故。由得
　　　　　　　此智故，成大法師，能令無窮大千世界眾生，此自在以無分
　　　　　　　別智爲依止。由得此自在故，入九地。

　　　　又釋：通達法界爲智自在依止故，得四無礙解。由觀此義，得入九
　　　　　　　地。〔註212〕

因此，倘若能通達前面所說的「相、土、智」等三種自在依止，便可得到「四無礙解」，從而證入「九地」；而且，倘若能證得「相、土、智、業」的四種自在，更可獲得法、報（應）化的三身。如釋中所說：

　　　　若通達四種自在依止功德，得三身果；若通達無分別依止，得法身
　　　　果；若通達土及智自在依止，得應身果。由此應身，於大集中，得
　　　　共眾生，受法樂果。若通達業依止，得化身果。因於此果，能作無
　　　　量眾生無邊利益果。〔註213〕

順著「九地」的修持，最後便可進入「十地」的「業自在依止」，以及「陀羅尼門、三摩提門自在依止義」，從而廣作利益眾生工作，成就一切如來秘密法藏。如釋所說：

　　　　論曰：於十地，由業自在依止義。由陀羅尼門、三摩提門自在依止
　　　　　　　義，應知法界。

　　　　釋曰：通達法界，爲作眾生利益事。若得諸佛三業，及陀羅尼門、

〔註211〕《攝大乘論釋》卷十，《大正藏》三十一，第223頁上。
〔註212〕《攝大乘論釋》卷十，《大正藏》三十一，第222頁下。
〔註213〕《攝大乘論釋》卷十，《大正藏》三十一，第223頁上。

三摩提門,則能通達如來一切祕密法藏,得入十地。

又釋:通達法界爲業自在依止;通達法界爲陀羅尼門、三摩提門自
在依止。由此通達爲化度十方眾生,得三身、三業故,名業
自在。由得陀羅尼門、三摩提門,如來一切祕密法藏,如意
通達故,名自在。此自在並以「眞如」爲依止。由觀此義,
得入十地。〔註214〕

總括而言,以上這「法界十相」,皆是以「眞如」本身作爲依止。換言之,「眞
如」的體性,雖然三世一如,恒住自性,但從這「眞如」的體性所彰顯的現
象,卻是千差萬別的。因此,從菩薩的初發心到成佛的階段,皆是不離「眞
如」或「法界」。就在這種情況下,「眞如緣起」或「法界緣起」的彰顯,正
可圓滿地說明每一位眾生的流轉輪迴,以及還滅解脫,也是不能離開這「眞
如緣起」或「法界緣起」。由此可知,「眞如」或「法界」的觀念,至此已經
可以作爲一切法、一切相的代名詞了。

3. 《大乘起信論》中的「眞如說」——一心開二門

《大乘起信論》在這裡所彰顯的「眞如說」,其實正是「一心眞如」的說
明。換言之,也就是以「一心開二門」的「眞如說」。事實上,這一個「一心」,
在眾生來說,就是「眾生心」;而在佛的立場來說,則是「眞如心」。然而,
不管「眾生心」也好,「眞如心」也好,其體是平等一味,無有差別,而只有
迷悟之不同屬性而已。如論所說:

摩訶衍者,總說有二種。云何有二?一者、「法」;二者、「義」。所
言「法」者;謂眾生心,是心則攝一切世間法、出世間法。依於此
心顯示摩訶衍義。何以故?是心眞如相,即示摩訶衍義體故;是心
生滅因緣相,能示摩訶衍自體相用故。所言「義」者,則有三種。
云何爲三?一者、體大,謂一切法眞如平等、不增不減故。二者、
相大,謂如來藏具足無量性功德故。三者、用大,能生一切世間、
出世間善因果故;一切佛本所乘故;一切菩薩皆乘此法,到如來地
故。〔註215〕

在《大乘起信論》中,已經正式提及有關「心眞如」和「心生滅」的兩個觀
念。因此,這裡是以「心眞如」爲本體;而以「心生滅」爲作用,事實上,

〔註214〕《攝大乘論釋》卷十,《大正藏》三十一,第222頁下。
〔註215〕《大乘起信論》卷一,《大正藏》三十二,第575頁下。

這一個「一心」，就是「如來藏心」。所以，倘若是從存在事物（法）上來分析的話，則可區分爲本體和作用；然而，若就義理（義）上來分析的話，則可區分爲體大、相大、用大。雖然，性質上縱使是千差萬別，但皆可說是這一心的不同顯現。如論中所說：

> 依一心法，有二種門。云何有二？一者、心眞如門；二者、心性滅門。是二種門，皆各總攝一切法。此義云何？以是二門，不相離故！心眞如者，即是一法界大總相法門體。
>
> 所謂心性不生不滅，一切諸法，唯依妄念而有差別；若離妄念，則無一切境界之相。是故一切法，從本以來，離言說相、離名字相、離心緣相，畢竟平等，無有變異，不可破壞，唯是一心，故名「眞如」。以一切言說，假名無實，但隨妄念，不可得故。
>
> 言眞如者，亦無有相；謂言說之極，因言遣言。此眞如體，無有可遣，以一切法悉皆眞實故；亦無可立，以一切法皆同如故。當知一切法，不可說、不可念故，名爲「眞如」。〔註216〕

在這裡，「一心開二門」的理論，於是便正式確立。所謂「一心開二門」，便是指依止這「一心」，而開展出「心眞如門」和「心生滅門」兩種，而這二門的關係，更是相即不離，如濤波依水一般，密不可分。

事實上，「心眞如門」就是指全體法界的大總相，也就是所謂的「一眞法界」所表現的宇宙全體現象。換言之，「眞如緣起」也可以說是另外一種形式的「法界緣起」。然而，「眞如緣起」始終是側重於「眞如」的衍生義，例如，「眞如」的用大，是「能生一切世間、出世間善因果故」，這些都是「眞如」的衍生義，或者是「一心開二門」的衍生開展。然而，倘未能有效說明事物與眞如理之間的無礙性（理事無礙），以及事物與事物之間的無礙性（事事無礙），仍至「一心相即」「一入一切、一切入一」的圓融無礙境界。有關這一部分的理論發聲，也正是整個「法界緣起」所要處理的具體內容。

因此，我們也可以說，「眞如緣起」其實正是「法界緣起」的理論泉源，而「法界緣起」卻又成爲了「眞如緣起」的理論完成。兩者的關係，實在是密不可分。

既然「眞如」又是如此的「既內在又超越」，它既可作爲全體法界的大總相（超越），同時又能衍生一切世間、出世間善因果（內在），像如此「既內

〔註216〕《大乘起信論》卷一，《大正藏》三十二，第 576 頁上。

在又超越」的「眞如」，那當然是不可言詮、離言語相、離文字相、離一切相了。然而，對於作爲凡夫眾生的我們來說，到底又該如何才能證入呢？

事實上，證入這「眞如」的方法無他，那就是以「離文字相、離一切相」的方式證入，這便是所謂的「隨順證入」。如論所說：

> 問曰：若如是義者，諸眾生等，云何隨順而能得入？
>
> 答曰：若知一切法，雖說無有能說可說；雖念亦無能念可念，是名隨順。若離爲念，名爲得入。〔註217〕

同時，若進一步就「眞如」的絕對義和衍生義來說，更可細分爲「如實空」和「如實不空」兩種。所謂「如實空」，主要是就「眞如」超越面的絕對義而說；而「如實不空」，則是就「眞如」內在面的衍生義而說。如論中所云：

> 復次，眞如者，依言說分別，有二種義。云何爲二？一者、如實空，以能究竟顯實故。二者、如實不空，以有自體，具足無漏性功德故。所言空者，從本已來，一切染法不相應故。謂離一切法差別之相，以無虛妄心念故。
>
> 當知眞如自性，非有相「-A」、非無相「-B」、非非有相「--A」、非非無相「--B」、非有無俱相「-（AB）」、非一相非異相「-P-Q」、非非一相非非異相「--P--Q」、非一異俱相「-（PQ）」，乃至總說。
>
> 依一切眾生，以有妄心念念分別，皆不相應故，說爲空；若離妄心，實無可空故。所言不空者，已顯法體空、無妄故，即是眞心，常恒不變，淨法滿足故，名不空。〔註218〕

因此，這裡所謂的「如實空」，正是指「眞如」的本來清淨狀態·世間任何的語言文字都無法加以描述，這正是就它絕對超越義的消極面而言；至於「如實不空」，則是就它內在衍生義的積極面而言，指出它能具足一切出世間法的無漏性功德。所以，我們也可以說：「如實空」，也是專就不生不滅的眞如體而言；而「如實不空」，則是專就生滅作用的眞如相而言。由此可見，這裡所說的「空」，已經跟中觀學派的使用定義，完全不同。

總括以上所說，《大乘起信論》的「一心開二門」思想，的確是「眞如緣起」理論的登峰造極。透過「眞如緣起」的理論架構，一切有關「緣起」、「法界」、「一心」的觀念，在這裡都可以獲得一個理論上的支撐點。同時，

〔註217〕《大乘起信論》卷一，《大正藏》三十二，第576頁上。
〔註218〕《大乘起信論》卷一，《大正藏》三十二，第576頁上～中。

它更可進一步匯通到《華嚴經》所說「三界虛妄、唯是一心作」的經證。由此可知，佛教思想中「真如說」，主要是起源於原始佛教「緣起說」中所說的：「若佛出世，若未出世，此法常住，法住、法界……。此等諸法，法住、法空（定）、法如、法爾、法不離如，法不異如。」等思想啓發，從而發展成部派時代，大眾部的「緣起支性」，或化地部的「緣起真如」理論。就在這種情況下，「緣起法」（法）跟「緣起的存在狀態」（法如），於是便被正式劃上等號（緣起＝如）。

到了大乘時代，由於中觀學派把「緣起的存在狀態」（法如），正式定義爲「性空」、「假名」、「中道」，〔註219〕如此一來，「緣起性空」的觀念，於是便成爲了另外一進形式的「真如說」（法如＝性空），這也就是本文所說的「性空真如說」。

接著，《解深密經》的「七種真如說」提出以後，「真如」於是便正式成爲了一切流轉輪迴，以及還滅解脫的成立基礎（所依止），這便是所謂「依他起性的真如說」。到了世親的《攝大乘論釋》，透過對「真如」十功德相的說明，於是「真如十相」、「法界十相」跟「菩薩十地」之間的關係，便幾乎相等了（真如＝法界；十相＝十地）。就在這種情況下，從菩薩的初發心，到成佛爲止的修行活動，也都離不開「真如」或「法界」了。這一個觀念，發展至《大乘起信論》，更以「一心」的來作爲「一法界的大總相」，如此一來：「一心」、「真如」、「法界」、「緣起」、「性空」、「依他起」、「十地」、「十相」等觀念，幾乎都是爲了「真如」的同義詞。所以，「真如緣起」也就可以變相地說成是「法界緣起」或「一心緣起」了。

（三）如來藏系統的「真如說」──如來藏緣起

在西元三世紀的中葉，一些宣說「眾生皆有如來藏」的大乘經典，終於在印度流行起來。它們企圖從眾生相續不斷的現象背後，點出有一個不滅的「如來藏」，由此而導引出一切眾生皆可成佛的結論。事實上，如來藏是梵語 tathāgata-garbha 的義譯，這是指在眾生本身，即恒存著本來清淨的如來胚胎，作爲未來成佛的基因。因此，「如來藏」也就是指如來在胎藏中；也可以說是眾生潛能地存在的如來。這一個「如來藏」，對每一位眾生來說，都是潛能地

〔註219〕請參閱《中論》卷四〈觀四諦品〉所說「眾因緣生法，我說即是無（空）；亦爲是假名；亦是中道義。未曾有一法，不從因緣生。是故一切法，無不是空者」一段。《大正藏》三十，第33頁中。

本來具足，只不過是現在尚未付諸實現而已。

　　這一種從「如來法身不滅」的思想，而理解出眾生本有的如來體性。代表這一時期的經典，主要是以《增一阿含經》、《央掘魔羅經》、《大方等如來藏經》、《大般涅槃經》、《勝鬘經》、《不增不減經》、《大法鼓經》、《大集經》、《無上依經》等爲代表。

　　首先，有關「如來藏」一語的最早起源，大概可直接追溯到原始佛教的經典《增一阿含經》卷二的序品所說：

　　　　若有比丘，正身正意，結跏趺坐，繫念在前，無有他想，專精念佛。
　　　　觀如來形，未曾離目；已不離目，便念如來功德。如來體者，金剛
　　　　所成，十力具足，四無所畏，在眾勇健。如來顏貌，端正無雙，視
　　　　之無厭，戒德成就，猶如金剛而不可毀。〔註220〕

這裡的所謂「如來形」、「如來體」，原先可能是用來指涉佛的法身功德，皆如金剛一般，永恒不滅。這一種從「法身」的不滅，進而演變成眾生皆有一個不滅的「如來藏」，也是相當可能的。例如，在《大方等如來藏經》中，便是從眾生本有「如來智」、「如來眼」和「如來身」的大前提下，進而肯定一切眾生皆有「如來藏」。如經上所說：

　　　　我以佛眼觀一切眾生，貪欲、恚癡諸煩惱中，有如來智、如來眼、
　　　　如來身，結跏趺坐，儼然不動。善男子，一切眾生雖在諸趣煩惱身
　　　　中，有如來藏常無染污，德相備足，如我無異。〔註221〕

這裡所說的「如來身」，跟《增一阿含經》所說的「如來形」、「如來體」，其意思都是相通的。同時，在這裡我們也可以明顯地看出：「如來藏」其實就是「我」的異名（如來藏＝我；tathāgata garbha＝ātman）。所謂「德相具足，如我無異」，正是「如來藏我」的最佳寫照、而且，在《大般涅槃經》卷七中，更把「如來藏」、「佛性」、「我」，看作是相同的概念，如：

　　　　我者，即是如來藏義；一切眾生悉有佛性，即是我義。〔註222〕

因此，「如來藏」除了等同於「我」之外，還等同於「佛性」（如來藏＝我＝佛性；tathāgata garbha＝ātman＝Buddhatva; Buddha gotra）。同時，在經中接著更以「常、樂、我、淨」的四種德性，來說明這一個「如來藏」，例如：

〔註220〕《增一阿含經》卷二，《大正藏》二，第 554 頁上。

〔註221〕《大方等如來藏經》，《大正藏》十六，第 457 頁中～下。

〔註222〕《大般涅槃經》卷七，《大正藏》十二，第 407 頁中。

　　「我」者即是佛義；「常」者是法身義；「樂」者是涅槃義；「淨」者
　　是法義。……我者名爲如來，……常者如來法身，……樂者即是涅
　　槃，……淨者，諸佛菩薩所有正法。〔註223〕

《大般涅槃經》所說的四德，主要是依如來（佛）、法身、涅槃、正法而安立。
如此一來，「如來藏」除了等同於「我」、「佛性」之外，它還等同於「法身」、
「涅槃」、「正法」。在《勝鬘經》中，更進一步把「如來藏」跟「法界」、「法
身」、「出世間法」、「自性清淨心」等觀念，統統劃成等號。例如：

　　如來藏者，是法界藏，法身藏、出世間上上藏、自性清淨藏。〔註224〕

而且，在《不增不減經》中，更把「眾生界」、「如來藏」、「法身」的觀念，
都把它歸到甚深義的第一義諦。例如：

　　其深義者，即是第一義諦；第一義諦者，即是眾生界；眾生界者，
　　即是如來藏；如來藏者，即是法身。〔註225〕

因此，就在這種情況下，「第一義諦」、「眾生界」、「如來藏」、「法身」這四個
概念，在這裡已經是把它看成是異名而同實的東西。經中接著更依「眾生界」
的觀點，來進一步說明如來藏的三種涵義，例如：

　　眾生界中，示三種法，皆眞實如，不異不差。何謂三法？一者、如
　　來藏本際相應體及清淨法（過去：不空）；二者、如來藏本際不相應
　　體及煩惱不清淨法（現在：空）；三者、如來藏未來際平等恒及有法
　　（未來：平等）。〔註226〕

在這裡，「眾生界」所說的三法，其實也正是「如來藏」跟「眞如」，在過去、
現在、未來所彰顯的三種狀態。由此看來，過去的「如來藏」，是跟「眞如」
相應的清淨法體，這也正是「如來藏」的不空義；而現在的「如來藏」，則是
跟「眞如」不相應的不清淨法體；而未來的「如來藏」，則是跟「眞如」染、
淨平等的恒存法體。

　　事實上，這三種「如來藏」的存在狀態，只不過是表示「眞如」染、淨
的三個面相而已。如經中所說：

　　如來藏本際相應體、及清淨法者。此法如實、不虛妄、不離不脫、

〔註223〕《大般涅槃經》卷七，《大正藏》十二，第 377 頁中。
〔註224〕《勝鬘師子吼一乘大方便方廣經》，《大正藏》十二，第 222 頁中。
〔註225〕《不增不減經》，《大正藏》十六，第 467 頁上。
〔註226〕《不增不減經》，《大正藏》十六，第 467 頁中。

> 智慧清淨、眞如法界、不思議法。無始本際來，有此清淨相應法體。
>
> 舍利弗！我依此清淨眞如法界，為眾生故，說為不可思議法自性情淨心。如來藏本際不相應體及煩惱纏不清淨法者。此本際來離脫、不相應煩惱所纏不清淨法，唯有如來菩提智之所能斷。
>
> 舍利弗！我依此煩惱所纏不相應、不思議法界，為眾生故，說為客塵、煩惱所染自性清淨心。不可思議法。如來藏未來際平等恒及有法者。即是一切諸法根本，備一切法、其一切法、於世法中，不離、不脫、眞實一切法，住持一切法、攝一切法。
>
> 舍利弗！我依此不生不滅、常恒清涼、不變歸依、不可思議清淨法界，說名眾生。所以者何？
>
> 言眾生者，即是不生不滅、常恒清涼、不變歸依、不可思議清淨法界等異名。以是義故，我依彼法，說名眾生。〔註227〕

按此而論，過去的「如來藏」，其實就是「自性清淨心」，它就是跟「眞如」相應的清淨法體。而現在的「如來藏」，則是跟「眞如」不相應，以及被煩惱所纏的不清淨法體。所謂「心性本淨，客塵所染，說為不淨」。〔註228〕

事實上，它正是指眾生當下輪迴現象的實際狀況。雖然，眾生是在客塵煩惱中流轉，然而心性依然還是本來清淨的，只要把外在的客塵除掉，即可返回本來面目，而佛菩薩的菩提智，便是在去除客塵，返回「本性清淨」。因此，現在的眾生雖然是陷溺於生死輪迴當中，然而眾生的「如來藏自性清淨心」，卻絲毫沒有改變其清淨的本質。所以，眾生的染著輪迴，其實都只是暫時的現象而已，只要把這些客塵的染污現象徹底解除即可。

綜合以上所說，未來的眾生必然是朝向徹底解脫的清淨法界，而一切的客塵染污，都必將回歸於清淨法界，從而更消融於清淨的「眞如法界」當中，這便是「如來藏」的染、淨清融，能、所雙泯的絕對境界。由此觀之，「如來藏緣起」在未來際所展開的清淨法界，也正好為「法界緣起」的世界觀開展，提供了一條直通式的思想樞紐。換句話說，「眞如緣起」思想的發展頂峰，正好成為了「法界緣起」形上學進入的眞正契機！

〔註227〕《不增不減經》，《大正藏》十六，第467頁下。
〔註228〕請參閱《異部宗輪論》，《大正藏》四十九，第15頁下。

第六節　從「法身、報身、化身」到「法界緣起」的進路

一、「法、報、化」三身說的原始型態

　　佛教的三身思想，跟「法界緣起」的思想淵源關係也是相當密切的。而「三身說」的原始型態，又以「法身」（dharma-kāya）的思想最為雛型。事實上，《華嚴經》所讚歎的清淨法身毗盧遮那佛、圓滿報身盧舍那佛、千百億化身釋迦牟尼佛，正構成了整個「法界緣起」核心骨幹。

（一）「法身」觀念的確立

1. 「法身」思想的最早根源

　　有關「法身」思想的最早根源，可追溯到佛陀滅度前所留下的最後教誨：

> 汝等比丘勿懷憂惱，若我住世一劫，會亦當滅。會而不離，終不可得，……自今以後，我諸弟子展轉行之，則是如來法身常在而不滅也。〔註229〕

在《增壹阿含經》卷一亦有說：

> 釋師出世壽極短，肉體雖逝法身在。當令法本不斷絕，阿難勿辭時說法。〔註230〕

這便是佛教史上有關「法身常在」或「法身不滅」的最早經證。事實上，在佛陀的最後教誨中，他只是在告誡弟子，不要以佛陀的去世而感到失所依怙，而應當「以法為師」、「以戒為師」，假如弟子們真的能繼續奉持教法、奉持戒律，這樣便跟佛陀有沒有去世，幾乎沒有多大差別，這便是「法身常在」或「法身不滅」的原始精神所在，尚沒有作為「法身佛」的位格意味存在。

2. 「法身」跟「色身」的矛盾

　　上文已經提到「法身」的觀念，最初也只不過是作為佛法在世間的流布本身而言。因此，所謂「法身不滅」或「法身常在」，只是在說明佛法在人間的流布，會因弟子之間的不斷修行、不斷傳誦，而不斷存在。這便是佛陀在涅槃前所說「自今以後，我諸弟子展轉行之，則是如來法身常在而不滅也」的深刻意義所在。所以，原始意義的「法身」觀念，實在並沒有作為「法身

〔註229〕《佛垂般涅略說教誡經》，《大正藏》十二，第1112頁中。
〔註230〕《增壹阿含經》卷一，《大正藏》二，第549頁。

佛」的位格意味。可是，問題的關鍵是：從什麼時候開始，原來樸素的「法身」觀念會演變成為「法身佛」的位格信仰呢？

要回答這一個問題，便首先必須從佛陀在歷史上的「色身」和理想中的「法身」之間的矛盾說起。事實上，佛陀的確是一位曾經出現於歷史的人物，他在歷史上的出生、成道，以至最後的入涅槃，都是一件活生生的歷史事實，似乎是不需要再作爭論。然而，現在的問題是：佛身觀的發展，透過部派時代的「本生」、「譬喻」、「因緣」的流轉，傳說中的理想佛陀，跟現實中的歷史佛陀，似乎越來越有差距。在這裡，有的是感到理論不合，有的是感到不能滿足信仰上的需要。

理論不合的是：因緣業報，是佛法的根本原理。佛陀在過去生中，有無量無數生中的修行功德，那應該是有圓滿的報身才對，可是人間的佛陀卻存在著很多的不圓滿；如佛陀久劫不殺生，應該壽命極長才對，為什麼只有八十歲呢？有關這一點，似乎早就受到注意，所以才會有所謂的「捨命說」。〔註231〕

不用拳足去傷害他人，理應得到無病報才對，怎麼佛陀反而會有頭痛、背痛呢？布施可以得到財富，佛陀在過去生中，布施一切眾生，怎麼反而沒有人布施，弄得空缽而回呢？又如佛陀在過去生中，一直都是關懷他人，與人無諍，並跟眾生結成無數善緣，怎麼成了佛以後，反而還會受到別人的毀謗呢？歸結過去生中如此的菩薩大行，理應不會遭受這一種不如意的報應。這一種不圓滿的事情，在經、律當中的討論相當之多，古人曾經把它歸結而成為所謂「九種報」之說。如《大智度論》卷九所說：

> 佛世修諸苦行，無量無數，頭目髓腦常施眾生，豈唯國財妻子而已。
>
> 一切種種戒、種種忍、種種精進、種種禪定，及無比清淨、不可壞、不可盡智慧，世世修行已具足滿，此果大故，得不可稱量殊特威神。
>
> 以是故言：因緣大故，果報亦大。
>
> 問曰：若佛神力無量，威德巍巍不可稱說。何以故受九罪報？
>
> 1. 梵志女孫陀利謗佛。
>
> 2. 旃遮婆羅門女，擊木盂作腹謗佛。
>
> 3. 提婆達多推山壓佛，傷足大指。
>
> 4. 迸木刺腳。
>
> 5. 毗樓璃王興兵殺諸釋子，佛時頭痛。

〔註231〕請參閱《長阿含經》卷二〈遊行經〉，《大正藏》一，第15頁下。

6. 受阿耆達多婆羅門請而食馬麥。

7. 冷風動故脊痛。

8. 六年苦行。

9. 入婆羅門聚落，乞食不得，空缽而還。

復有冬至，前後八夜，寒風破竹，索三衣禦寒；又復患熱，阿難在後扇佛。……何以故受諸罪報？〔註232〕

為了調和以上的矛盾，《大智度論》於是便特別提出了「二身說」的理論，藉以回應。所謂「二身說」，主要是指父母生身（色身）和法性生身（法身）兩種存在。在這裡，父母生身是有漏的，方便示現的「化身」；而法性生身則是無漏的、究竟真實的「法身」。因此，佛陀的空缽而回，及有病服藥，便被解釋為「是為方便，非實受罪」。〔註233〕所以，佛陀的服藥，只是為了未來的比丘著想，所以才方便示現。如《摩訶僧祇律》卷三十一所說：

耆舊童子往至佛所，頭面禮足，白佛言：聞世尊不和，可服下藥。世尊雖不須，為眾生故，願受此藥。使來世眾生開示法明，病者受藥，施者得福。〔註234〕

《摩訶僧祇律》是大眾部的律藏，對於佛陀的生病服藥，解釋而為一種方便示現，這跟《大智度論》的觀念，是完全一致的。因此，佛陀的有漏和不圓滿，都被說成是一種方便示現，這正表現了真實的佛陀並不如此。

（二）「報身」思想的確立

可是，佛陀的形象，透過部派佛教時代對佛陀的永恆懷念，以及大眾部佛身觀的思想發展，「法身不滅」的信仰，也在部派中慢慢流傳開來，而「法身佛」位格性意義的確立，也逐漸成為當時人們心目中的心靈慰藉。隨後，又加上「本生」、「譬喻」、「因緣」的流行，佛陀的過去生故事，他被演變成為「菩薩行」的英雄事跡，透過「菩薩行」的實踐，圓滿「報身」的觀念也因此被逐漸確立。

（三）「化身」觀念的提出

到了這個時候，歷史上的佛陀於是便被詮釋為一位示現的「化身佛」，當

〔註232〕《大智度論》卷九，《大正藏》二十五，第 121 頁下。

〔註233〕《大智度論》卷九，《大正藏》二十五，第 122 頁中。

〔註234〕《摩訶僧祇律》卷三十一，《大正藏》二十二，第 481 頁上。

他的化緣已盡的時候，便必然要示現涅槃。由於佛陀的悲心廣大，因此，佛陀的化身也是遍布三千大千世界，隨緣示現。這種浩瀚的佛身流溢，也使得當時的世界觀爲之改變。而《華嚴經》的「蓮花藏世界」和「香水海」，也便是順應著這種思潮而加以蓬勃開展，這便是「法界緣起觀」的殊勝境界。

二、《法華經・方便品》中的「佛身觀」

在《法華經》中，佛陀示現於世間的大事因緣，終於被進一步確立。事實上，《法華經》的思想，主要是繼承前期的「本生」、「譬喻」、「因緣」，以至《六度集經》的內容。因此，「佛世尊以一大事因緣故，出現於世。爲令眾生開迷啓悟，證入佛之知見故，出現於世……。」這一種把歷史上的佛陀，被視爲示現人間的「化身佛」，則更加明顯。所以，歷史上的佛陀，雖然已經滅度，可是並非眞的滅度，而只是示現涅槃而已。眞正的佛陀，其實早已在無量劫以前，已經成就佛道，常住不滅——法身佛。現今，只是爲了利益眾生的緣故，才倒駕慈航，迴入娑婆，如《法華經》卷五所說：

> 我實成佛以來，無量無邊百千萬億那由他劫。自從是來，我，我常
> 在此娑婆世界，說法教化，亦於餘處百千萬億那由他阿僧劫國，導
> 利眾生。……如是我成佛以來，甚大久遠，壽命無量阿僧祇劫，常
> 住不滅（按：指法身）。諸善男子！我本行菩薩道所成壽命，今猶未
> 盡，復倍上數（按：指報身）。〔註235〕

《華嚴經》與《法華經》，都是著重於佛德的。《華嚴經》以釋尊爲毗盧遮那佛（Vai-rocana-Buddha），說「始成正覺」，著重於佛與一切相的互相涉入，無盡無礙。《法華經》直說分身的眾多，壽命的久遠，表示在菩提伽耶（Boddhagayā）成道及入涅槃的佛陀，只是「化身佛」。因此，佛陀在歷史上的成道，便被詮釋爲「示現成道」，而佛陀的入涅槃也被詮釋爲「示現涅槃」。事實上，這些種種的示現，也只不過是一種應機的方便說而已；而眞正的佛陀——「法身佛」，則是壽量無邊，常住在靈鷲山，永恒不滅！如《法華經》卷五接著更說：

> 眾見我滅度，廣供養舍利，咸皆懷戀慕，而生渴望心。
> 眾生既信伏，質直意柔軟，一心欲見佛，不自惜身命。

〔註235〕《法華經》卷五，《大正藏》九，第 42 頁中。

　　時我及眾生，俱出靈鷲山。我時語眾生，常在此不滅。

　　以方便力故，現有滅不滅。餘國有眾生，恭敬信樂者。

　　我復於彼中，爲說無上法，汝等不聞此，但謂我滅度。

　　我見諸眾生，沒在於苦惱，故不爲現身，令其生渴仰。

　　因其心戀慕，乃出爲說法。神通力如是，於阿僧祇劫，

　　常住靈鷲山，及餘諸住處。〔註236〕

這一段經文的內容，其實正表現了「佛涅槃後，佛弟子對佛的永恒懷念」的渴望之情，因而更引發了「佛身常在，法身不滅，現在說法」的信仰。由於佛陀的「法身常在」，因此，弟子們就不用悲戀了，只要「一心欲見佛，不自惜身命」地去修行，是一定可以看到佛的。這一種如來不滅的信仰，對於後來《華嚴經・如來性起品》的思想啓發，實具有決定性的影響作用。

〔註236〕《法華經》卷五，《大正藏》九，第43頁中。

第三章　杜順「法界緣起觀」的形上學進路

　　本章是以杜順的「法界觀」作爲「法界緣起觀」形上學進入的方法論基礎。而研究重點，主要是以《五教門觀》和《法界觀門》，作爲探討杜順個人思想的重要根據。

第一節　杜順的生平略述

　　法順（西元 557～640 年），姓杜氏，故後人又稱之爲杜順。陳朝永定元年（西元 557 年）誕生於雍州萬年縣，即現今陝西省境內。他稟性柔和，十八歲時，投禮因聖寺的僧珍禪師出家，專攻《華嚴經》，並實踐華嚴的禪觀法門，以讀誦〈普賢行願品〉爲早晚課誦。晚年即棲身於河南省境內，終南山之東的驪山。唐朝貞觀十四年（西元 640 年），安逝於南郊的義善寺，享年八十四。〔註1〕

　　最著名的代表作有：《法界觀門》、《華嚴五教止觀》等。

第二節　《五教止觀》的內涵

　　有關《五教止觀》的內涵，據《五教止觀‧一乘十玄門合行敘》所說：《五教止觀》是初祖杜順（帝心尊者）所造；而《一乘十玄門》，則是二祖智儼（至相大師）所撰。因此，一般學者都喜歡把《一乘十玄門》歸到智儼的思想中來處理。當然，其中必然有受到初祖杜順的思想啓發，但眞正思想組織結構

〔註 1〕請參閱高峰了州著，慧岳譯《華嚴思想史》，第 107 頁，中華佛教文獻社，民國 68 年 12 月 8 日初版。

的完成，實應歸功於智儼較爲合理，所以本論文的處理方式，也是把「十玄門」的思想，一併放到智儼以後來作討論，藉以彰顯思想史發展的軌跡，這是必須注意的地方。

有關《五教止觀》的內容簡介，據《五教止觀·一乘十玄門合行敘》所說，主要如下：

> 夫《五教止觀》也者，華嚴初祖帝心尊者（杜順）所造；且《一乘十玄門》也者，第二祖至相大師（智儼）所撰也。偕釋于《大不思議經》（《華嚴經》）而始起五教，迺立十玄，是顯於無閡重重因陀羅珠網之寶冊，示乎圓融隱隱錠光頗黎鏡之玉章也。
>
> 或日書林井氏袖彼二小策子來謂云：頃日，雕刻入梓，因思欲及于遐邇，而卷軸至少，若別行者，恐煩披閱，是故合集以行焉。因乞措一辭於卷首，縣旒應索書而爲敘。
>
> 　　惟時
> 　　　　元祿第九丙子八月穀旦寓智積覺眼空　　敬識〔註2〕

由此看來，《五教止觀》和《一乘十玄門》的合行敘，主要是由於考慮到手上卷軸數量的有限，以及希望能大量推廣，因此，以合行敘的合併方式處理，的確是可以收到一併宣傳的效果！

事實上，《五教止觀》的內容，共分五門，這便是所謂的：

一、「法有我無門」──小乘教；

二、「生即無生門」──大乘始教；

三、「事理圓融門」──大乘終教；

四、「語觀雙絕門」──大乘頓教；

五、「華嚴三昧門」──一乘圓教等五種。

現在就讓我們首先分析一下有關《五教止觀》的內容。

一、「法有我無門」──小乘教

這是專門就小乘的說一切有部專爲破「我執」（法無我）所使用的「界分別觀」。〔註3〕並且以名、事、體、相、用、因等六重爲主觀。至於十八界，也以

〔註 2〕　《華嚴五教止觀》〈五教止觀·一乘十玄門合行敘〉，《大正藏》四十五，第 509
　　　　頁上。

〔註 3〕　所謂「界分別說」，主要是指對於「五蘊」、「十八界」的分析。例如：「五蘊」，

此六重觀，進而會通所謂「和合假」的「析空觀」形式，藉以顯明大乘的旨趣。

因此，所謂的「法有我無門」，正是跟論文的第一章，〈從「十二支緣起」到「法界緣起」的進路——「無實體」觀念的確立〉中所討論的內容有關。事實上，原始佛教的「十二支緣起」，最初只是作爲修行解脫的「宗教實踐命題」，而不是作爲討論假有、實有問題的「存有論命題」。所以，當時佛陀的「無我論」，其實只不過是表示一種「去我執，離我所」的態度，跟「存有論命題」有關這一個「我」（ātman），到底是否確實存在的問題，關係並不是那麼直接。如日人玉城康四郎所說：

> 在最初期的原始經典中，「無我」並不表示「我的否定」，而是指離開對於「我」的「執著」的意思，故而極度主張「自己的主體性」（《法句經》）。到了新出的經典時，才建立了依於五蘊之無我說；即我們的存在，係由色、受、想、行、識五個集聚而成立，認爲任何處都沒有「我」的「實體」。在部派佛教時代，這個見解也被承襲。這個時代初期的珍貴文獻《彌蘭陀王問經》，很明顯地表示著這個見解，尤其是替這個見解當做「希臘精神的自我」與「佛教無我」之對照來看，是很有趣的。再從「有部」的立場看，存在的分析更加精密，「我」的「實體」被否認，而認爲有種種理法的存在；但大乘佛教的先覺龍樹，將此分析的方法轉歸於綜合的立場，而其綜合性，才眞正地可以說是「空」。〔註4〕

從這一段描述中，我們可以看出：佛教的「無我」觀念，都是採取「離欲」、「去我執」的宗教實踐態度，而理論的層次反而較爲脆弱。因此，尚沒有正式牽涉到「我」是否爲「實體」的問題，到了部派佛教出現後，透過說一切

便是指：色（rūpa）、受（vedanā）、想（saṃjñā）、行（saṃskāra）、識（vijñāna）。「十二處」是「六根」和「六塵」，分別是：眼（cakṣu）、耳（śrotra）、鼻（ghrāna）、舌（jihva）、身（kāya）、意（manas）；和：色（rūpa）、聲（śabda）、香（gandha）、味（rasa）、觸（spraṣṭavaya）、法（dharma）。再加上：眼識（śaksu-vijñāna）、耳識（śrota-vijñāna）、鼻識（ghrana-vijñāna）、舌識（jihva-vijñāna）、身識（kāya-vijñāna）、意識（manas-vijñāna），便合共「十八界」。

〔註4〕其實，這一個觀點，在日本也有很多學者持同樣的看法，如早島鏡正在其〈無我思想的系譜〉一文中謂：「……無我是沒有『常住普遍的實體』的意思，以個人來說，是沒有『實體上的人格個體』的存在的意思，再明白說就是『無靈魂』。」因此，佛教把自我理解爲「實體」的做法，恐怕已經有一段相當長久的發展歷史。詳情請參閱玉城康四郎編，李世傑譯《佛教思想》（一）〈原序〉部分，第12頁，幼獅文化事業公司，民國74年6月版。

有部（Sarvāstivādin）對五蘊、十二處、十八界等範疇的分析，發覺到並沒有「我」的「實體」存在，由此而論證「無我」。雖然，「我」的「實體」並不存在，但外在的「法體」（法我）卻是有的，所謂「三世實有，法體恒存」。換言之，「法體」的恒存即可保證一切事物的存在，這便是所謂「法我」的觀念；而前面所說的「我」的「實體」觀念，便是「人我」。

如此一來，說一切有部從「五蘊非我」來分析「人我」是不存在（人無我）的做法，卻使得原始佛教的「無我說」（nirātmyavāda），從原先「宗教實踐命題」（pratical thesis），慢慢地落入到一個「存有論命題」（ontological thesis）。因此，一連串從否定自我而來的質難或問題，便隨即接踵而來。爲了迎接當時教外的挑戰，佛教本身也必須發展出一套變相的「輪迴主體」理論，以爲回應，這便是部派佛教「補特伽羅論」（pudgala-vāda）產生的歷史背景。從「補特伽羅」理論的提出，佛教對「主體性」的探討，於是便進入到一個嶄新的思想里程，這種發展，實際上也成爲了「賴耶緣起」的思想先河。

站在杜順的立場來說，說一切有部對「人無我」的論證，主要是爲了針對眾生執著我爲實有，由此才會以分析五蘊的方法，說明「我」只不過是五蘊的積聚，離開五蘊，根本就找不到「我」。而這一種分析的方法，便是「界分別說」。如杜順所說：

> 夫對病而裁方，病盡而方息；治執而施藥，執遣而藥已。爲病既多，與藥非一；隨機進修異，所以方便不同。今偏就五停心中，爲眾生著「我」者，說「界分別說」。眾生從無始已來，執身爲一，計我、我所。然計我有二種：一、即身執我；二、離身執我。言離身執我者，謂外道計身內別有神我者，是也。〔註5〕

因此，對於行者來說，修此觀者，應知眾生從無始以來，皆執著於色身，而分別「我」及「我所」，以及根、塵、識等十八界的差別。並認定如來藏藏識爲體性，而產生一○八種煩惱，爲了除去這些病，應有對治這些病的藥，故《楞伽經》卷一云：

> 藏識海常住，境界風所動，種種諸識浪，騰躍而轉生。……七識亦如是，心俱和合生，譬如海水變，種種波浪轉。七識亦如是，心俱和合生，謂彼藏識處，種種諸識轉。謂以彼意識，思惟諸相義。〔註6〕

〔註5〕《華嚴五教止觀》，《大正藏》四十五，第509頁中。
〔註6〕《楞伽阿跋多羅寶經》卷一，《大正藏》十六，第484頁中。

所以，這一種觀法，主要是把根、塵、識都看作是以如來藏藏識爲體性所現起的種種差別現象，並透過「和合假」的「析空觀」，從而達到「去我執，離我所」的解脫目標。正如《華嚴五教止觀》所說：

> 據此經文，是爲可證。若行者觀此十八界，斷前等煩惱，得離我、我所，此即解脫能觀之心，是智所觀之境。無人名得「人無我智」也，「人我」雖去，「法執」猶存，「法執」者，謂色心也。
>
> 問：此中「法執」色心，與前破「一我」色心，何別耶？
>
> 答：前則一身爲有人，故舉色心以破見，乃至如是展轉開一身爲十一色，開一心爲七心等。至此始知從眾緣和合生，故人見始亡。鑑理未明，猶執眾緣，以爲實有，有斯異也。此略出說小乘破我執，明界分別觀竟。〔註7〕

由此可知，說一切有部的最大理論破綻，便是它除了主張「和合假」的「人無我」之外，還認爲必須要肯定背後有一個「假依實」的「法我」，這一種把「法我」執爲實有的觀念，也正是有部理論的最大致命傷。

二、「生即無生門」──大乘始教

小乘教和大乘始教的最大差別，便是小乘教雖然是主張「人無我」，可是卻執「法體實有」。但大乘始教卻承《般若經》和《中論》的精神，除了承認「人無我」外，並兼破「法體」。換句話說，大乘始教除了接受小乘教的「人無我」外，並進一步強調「法無我」。

在修行的觀法上，倘若要得悉「法無我」，便必須要透過「無生觀」和「無相觀」兩種觀法。

1. 無生觀：主要是觀察諸法無自性，皆由相所生，此生並非實有，故應爲空。如《華嚴五教止觀》所說：

言無生觀者，法無自性，相由故生，生非實有，是則爲空。空無毫末，故曰無生。經云：因緣故有，無性故空。解云：無性即因緣，因緣即無性。又《中論》云：以有空義故，一切法得成。又經云，若一切法不空者，則無道、無果等。〔註8〕

在這裡，杜順已經把「眾緣性空，唯識現」的觀念，應用到「無即無生門」

〔註 7〕　《華嚴五教止觀》，《大正藏》四十五，第 510 頁上。
〔註 8〕　《華嚴五教止觀》，《大正藏》四十五，第 511 頁上。

的理解上來。事實上，這裡所要彰顯的，應該是一種在「緣起性空」底下所呈現的「眞如觀」，這便是「無生」的宛然狀態。所謂「以有空義故，一切法得成」。因此，此空本來就是無形無狀，本自不生，因此更可稱之爲「無生」。如《中論》偈頌所云：

> 諸法不自生，亦不從他生，不共不無因，是故知無生。〔註9〕

所以，行者若能善觀一切法無自性，深達「緣起」就是「不自生、不他生、不共生」的當下寂然狀態，這便是「無生觀」了。

2. 「無相觀」：則是觀從眾因緣所生的種種現象，皆是虛妄不實，沒有實體性。所以，若能善觀「諸相非相」，便能得悉諸法實相了。如《華嚴五教止觀》所說：

> 第二無相觀者，相即無相也。何以故？法離相故。經云：法離於相，無所緣故。又經云：一切法皆空，無有毫末相；空無有分別，由如虛空有。（十二）《門論》云：無性法亦無，一切皆空故。觀如是法離情執故，故名爲觀。
>
> 問：一切法皆空，云何成觀耶？
>
> 答：只以一切法皆空故，是故得成觀也！若不空者，即是顚倒。何成觀也？
>
> 問：作如是觀者，治何等病耶？
>
> 答：治上執法之病。何者？法實非有，妄見爲有，由妄見故，即謂眞如涅槃可得；生死有爲可捨。爲斯見故，是故成病。今知法空，如法無謬，故成於觀。故經云：如如與法界、菩提及實際，種種意生身，我說爲心量等。又經云：以無分別空故，云觀也。諸法皆空相，無不盡。略申綱紀，準以思之。前門則得人無我智；此始教菩薩則得人、法二空，亦名法無我智也。〔註10〕

由此看來，這裡的所謂「無生觀」和「無相觀」，主要是站在《中觀》以及《般若經》的立場，以「我空、法空」，作爲畢竟之空。換言之，這就是以「人無我、法無我」作爲勝義諦的「無我」，如此一來，這一種透視「法空」或「法無我」的「無我觀」，要比說一切有部的只有「人無我」而「法體有我」的「無

〔註 9〕 《中論》，《大正藏》三十，第 2 頁中。
〔註 10〕 《華嚴五教止觀》，《大正藏》四十五，第 511 頁上。

我觀」，其理論的層次和深度，則更勝一籌。

因此，透過「無生觀」和「無相觀」的兩種觀法，最後便可蕩除「法執」，直接進入「法無我」的境地。這便是大乘始教所得的「人無我、法無我」的人、法二空觀。

三、「事理圓融門」──大乘終教

這便是從《大乘起信論》而來的「一心開二門」的觀法，所謂「心真如門」和「心生滅門」。「心真如門」屬理，而「心生滅門」則屬事，理、事之間的關係，猶如空、有之圓融無礙一般，相互交輝而全賅透徹。如此，空是不礙於有的空，這樣才能即空而常有；而有也是不礙於空的有，如此雖是有而常空。正如《華嚴五教止觀法界觀門》所說：

> 夫事、理兩門，圓融一際者。復有二門：一者「心真如門」，二者「心生滅門」。「心真如門」者是「理」，「心生滅門」者是「事」。即謂空、有二見，自在圓融，隱、顯不同，竟無障礙。
>
> 言無二者，緣起之法，似有即空；空即不空，復還成有。有、空二無，一際圓融；二見斯亡，空有無礙。何以故？真妄交映全該徹故。何者？空是不礙有之空，即空而常有；有是不礙空之有，即有而常空故。有即不有，離有邊有；空即不空，離無邊空。空、有圓融，無一無二，故空、有不相礙，互形奪故，雙離兩邊。故經云：深入緣起，斷諸邪見；有、無二邊，無復餘習。又經云：因緣故法生；因緣故法滅。若能如是解，斯人疾成佛。又經云：甚深如來藏，恒與七識俱，二種攝受生，智者則遠離。又經云：染與不染，難可了知；不染而染，難可了知。〔註11〕

由此可知，這裡的所謂「事、理圓融觀」，其實就是一種「真如緣起」的染、淨圓融觀，或空、有圓融觀。事實上，這一種「真如」的圓融觀，已經跟「法界緣起觀」的思想相當接近。換句話說，透過事、理之間的無礙，空、有之間的圓融，我們大可發現到：這裡所說的「事、理圓融觀」，其實正是進入最高的「華融三昧觀」的一個重要樞紐關鍵。因此，從「真如緣起」到「法界緣起」之間，在這裡扮演了一個重要的主導角色。

〔註11〕 《華嚴五教止觀》，《大正藏》四十五，第 511 頁中。

四、「語觀雙絕門」——大乘頓教

此乃屬於大乘頓教的觀門，重點在「空、有圓融，語觀共絕」的證入，所謂「言語道斷，心行處滅」，便是指此。因此，維摩居士由默然之道而進入「入不二法門」，其實也正是在說明這個「不可說之法」，所謂：「寄無言之言，顯絕言之理。」其目的也正是要讓諸大菩薩獲得解脫，證入「無生法忍」。這正是一種「不說即說」，不可以凡情猜慮的不思議境界，唯有證得者方能知之。這便是大乘頓教的觀法。如《華嚴五教止觀》所說：

> 夫語、觀雙絕者，經云「言語道斷，心行處滅」者，是也。即於上來空、有兩門，離諸言論、心行之境，唯有眞如，及眞如智。何以故？圓融相奪，離諸相故。隨所動念，即皆如故。竟無能、所，爲彼此故。獨奪顯示，染不物故。經云：唯如如，及如如智獨存等。又經云：諸法寂滅相，不可以言宜。又經云：法離一切觀行。又經云：若解眞實者，無菩提。
>
> 問：若云空、有圓融，語觀雙絕者，即離觀行，云何證入耶？
>
> 答：非是默而不言，但以語即如故。不異於法，是以無言。觀行亦爾，反上可知。故經云：有三十二菩薩，各說二而不二、不二而二，名入不二法門。次至維摩默答，寂無言說名，名眞入不二法門。文殊歎曰：善哉！善哉！默然無言，是眞入不二法門。
>
> 解云：維摩雖默無言，即是說法。何以故？以諸菩薩皆得解故。何者？言說觀行，即是法也。〔註12〕

由此可知，「眞如」的最高境界，即是「言語道斷，心行處滅」，一切所行一切所默然，即是說法，這便是「入不二法門」的最高境界，而《維摩經》中所要闡明的要旨，也正在於此。而在般若系統的經典中，最高的境界也只是到此爲止而已，這也正是「大乘頓教」的最高法門。然而，站在杜順的立場而言，在這「眞如緣起」所彰顯的「理事圓融門」和「語觀雙絕門」「大乘頓教」法門之上，應該還有一個更高的法門，這便是屬於「一乘圓教」的「華嚴三昧門」。

五、「華嚴三昧門」——一乘圓教

這是華嚴別教所獨有的最高觀法，藉以闡明華嚴的「一乘圓教」所展現

〔註12〕《華嚴五教止觀》，《大正藏》四十五，第 511 頁下～512 頁上。

「法界緣起」的最終實相爲旨趣。換言之，這是以法界的圓融無礙、一入一切、一切即一的重重無盡境界爲其最終歸趣。如《華嚴五教止觀》所說：

> 但「法界緣起」，惑者難階。若先不濯垢心，無以登其正覺。故《大智（度）論》云：如人鼻下有糞臭，沉麝等香，亦爲臭也。故《維摩經》云：無以生滅心，行說實相法故。須先打計執，然後方入圓明。若有直見色等諸法從緣，即是「法界緣起」也。〔註13〕

由此可知，倘若要證入「法界緣起」，達到「華嚴三昧門」的「一乘圓教」境界，便應以「無分別智」的直心契入，方能證得「法界緣起」的眞諦。倘若有人要進一步問：爲什麼我們在看到現象界的一切事物，即可證入「法界緣起」呢？

對於這一個問題，從表面上看好像極之簡單，但仔細思考，當我們在觀察現象界一切事物之前，是必須要以非執著心、非生滅心去觀察，如此才能體證「法界緣起」的奧旨。誠如《華嚴五教止觀》所說：

> 問曰：云何見色等諸法，即得入大緣起法界耶？
>
> 答曰：以色等諸事，本眞實亡詮，即妄心不及也。故經云：言說別施行，眞實離文字。是故見眼、耳等事，即入「法界緣起」中也。何者？皆是無實體性也。即由無體，幻相方成；以從緣生，非自性有故，即由無性得成幻有。是故性相相渾融，全收一際。所以，見法即入大緣起法界中也。〔註14〕

由此可知，倘若我們是以妄心、分別知見去觀察現象界，即不能證入「法界緣起」。換句話說，若要證入「法界緣起」，便必須要去盡妄心、彰顯眞心，如此才能證入「法界緣起」。誠如《妄盡還源觀》所說：

> 法界圓明自在用，是華嚴三昧也。謂廣修萬行，稱理成德，普周法界，而證菩提。〔註15〕

因此，欲要進入此三昧，其方法步驟有三：

（一）徵令見盡

由於諸法但名，無實自性，然而人們欲對此作過分追求，致使迷失本性，無法達到亡言絕解的境界。如《華嚴五教止觀》所說：

> 問：既知如是，以何方便令得入耶？

〔註13〕《華嚴五教止觀》，《大正藏》四十五，第 512 頁中。
〔註14〕《華嚴五教止觀》，《大正藏》四十五，第 512 頁中。
〔註15〕《修華嚴奧旨妄盡還源觀》，《大正藏》四十五，第 637 頁下。

答：方便不同，略有三種。一者、徵令見盡。如指事問云：何者是
眼？如已前小乘中六種（名、事、體、相、用、因）簡之。若
入一切諸法，但名門中收；無有一法非名者。復須責其所以知
眼等是名。如是展轉，責其所以，令其亡言絕解。〔註16〕

由此看來，這裡的所謂「徵令見盡」，意思是說：在進入「法界緣起」之前，
必須首先從「十二支緣起」或說一切有部的「法有我無」的方式，作一系列
有關「六相」的分析，先證成「人無我」；然後，再以般若中觀的「緣起性空」
立場，兼破「法體」，從而得以證入「人無我、法無我」或「我空、法空」的
般若空慧，把一切「無我」的錯誤知見，連根拔除，如此即可進一步達到「令
其亡言絕解」的境地，這便是第一步的「徵令見盡」。

（二）示法令思

這裡又分別爲「剝顛倒心」和「示法斷執」兩種。

所謂「剝顛倒心」，是指剝除眾生對自性見的執著分別。事實上，諸法皆
因緣所生，實無自性，而眾生卻執有自性，妄起分別，這種對事物的態度，
便是「顛倒心」。現在以緣起法的正見，糾正這一種「顛倒心」，便是「剝顛
倒心」。如《華嚴五教止觀》所說：

二者、示法令思。此復有二門：一、剝顛倒心。既盡如指事，以色、
香、味、觸等奪其妄計，令知倒惑。所有執取不順於法，即是意識，
無始妄見熏習所成；無始急曳，續生三界，輪環不絕。若能覺知此
執，即是緣起，當處無生。〔註17〕

因此，這裡的所謂「剝顛倒心」，便是更進一步地把眾生的妄心、執取，統統
加以剝落。從而使眾生能在當下體證「緣起」本是「無生」之理。至於「示
法斷執」，則是指當眾生知道「緣起無自性」的道理以後，如何依法去實踐修
行，在修行中去斷除法執。如《華嚴五教止觀》所說：

二者、示法斷執。若先不識妄心示法，反成倒惑；若不示法令見，
迷心還著於空。所以先剝妄心，後乃示法令見。〔註18〕

由此可知，在「示法令思」的過程中，是可以細分爲兩個步驟，這便是「剝
顛倒心」的理入，以及「示法斷執」的證入。如此便可把「理論層次」和「實

〔註16〕《華嚴五教止觀》，《大正藏》四十五，第512頁中。
〔註17〕《華嚴五教止觀》，《大正藏》四十五，第512頁下。
〔註18〕《華嚴五教止觀》，《大正藏》四十五，第512頁下。

踐層次」，緊密地加以結合，從而使得知、行能得以合一。

（三）顯法離言絕解

最後便是「顯法離言絕解」。這裡分為「遮情」與「表德」二門。所謂「遮情」，便是否定四句緣起，如《華嚴五教止觀》所說：

> 三者、顯法離言絕解。就此門中，亦為二：一、遮情；二、表德。
>
> 言遮情者，
>
> 問：緣起是有耶？
>
> 答：不也。
>
> 即亦有亦無有耶？
>
> 答：不也。空、有圓融一，無二故。緣起之法，空、有一際，無二相故也。如金與莊嚴具，思之。
>
> 問：非有非無耶？
>
> 答：不也。不礙兩存故。以緣起之法，空、有互奪，同時成也。
>
> 問：定是無耶？
>
> 答：不也。空、有互融，兩不存故。緣起之法，空奪、有盡，唯空而非有；有奪、空盡，唯有而非空。相奪同時，兩相雙泯。〔註19〕

至於「表德」，則是肯定四句緣起。如《華嚴五教止觀》所說：

> 二、表德者，
>
> 問：緣起是有耶？
>
> 答：是也。幻有不無故。
>
> 問：是無耶？
>
> 答：是也。無性即空故也。
>
> 問：亦有亦無耶？
>
> 答：是也。不礙兩存故。
>
> 問：非有非無耶？
>
> 答：是也。互奪雙泯故。
>
> 又以緣起故是有，以緣起故是無，以緣起故是亦有亦無，以緣起故是非有非無，乃至一不一，亦一亦不一，非一非不一，多不多，亦多亦不多，非多非不多。如是，是多、是一，亦是多亦是一，非是

〔註19〕《華嚴五教止觀》，《大正藏》四十五，第 512 頁下。

> 一非是多。即不即四句，準之如是。遮、表圓融無礙，皆由緣起自
> 在故也。若能如是者，方得見緣起法也。何以故？圓融一際，稱法
> 見故。〔註20〕

由此可知，由於一切法均因緣所生，不是由自性而有，故雖有而實是幻有，所以性、相渾融而全收一際。

現在，由於緣起故有（A；表德）；又由緣起故無（-A；遮情）；以緣起故亦有亦無；（A，-A；表德）；亦由緣起故非有非無（-A--A；遮情）。乃至於一（A；表德），不一（-A；遮情），亦一亦不一（A，-A；表德），非一非不一（-A--A；遮情）。多（A；表德），不多（-A；遮情），亦多亦不多（A，-A；表德），非多非不多（-A；--A遮情）。如此是多、是一，也是多也是一，不是多不是一，均在於表現圓融無礙的境界，而如此的境界，也只有在緣起無自性的基礎上才能展現。也唯有通過如此的體認，方能眞正瞭解緣起法的眞意所在。如《華嚴五教止觀》所說：

> 於一法中解眾多法，眾多法中解了一法；如是相收，彼此即入，同
> 時頓現，無前無後，隨一圓融，即全收彼此也。〔註21〕

這一種「一多相即」的觀法，正是「華嚴三昧門」最高境界的表現，也就是「大乘圓教」中「法界緣起」的最高觀法。

總括以上所說，從杜順的《五教止觀》中，我們正可清楚地看到一條從「十二支緣起」、「業感緣起」、「賴耶緣起」、「眞如緣起」過渡到「法界緣起」的思想史線索。換言之，從小乘教的「法有我無門」中，我們即可整理出一條由「十二支緣起」、「業感緣起」到「賴耶緣起」的思路，而這一條思路，皆以析空觀的「無我論」作爲其思想的表現特色。至於從大乘始教到頓教之間的「生即無生門」、「事理圓融門」和「語觀雙絕門」所現的「眞如緣起」，則大部分以《般若經》、《維摩經》和《大乘起信論》爲主，然而，在思想的表現方面，仍是以偏重於「性空眞如」的部分，至於《大乘起信論》所表現的「性起眞如」，在這裡則發揮不多。倘若從思想史的角度而言，可能在杜順的時期，雖然《大乘起信論》已經出現，但仍是以般若系統的思想作爲主流。因此，以「般若性空」的「眞如緣起」過渡到「法界緣起」的思想進路，正成爲了杜順「法界緣起觀」最大的思想特色。

〔註20〕 《華嚴五教止觀》，《大正藏》四十五，第512頁下。
〔註21〕 請參閱《華嚴五教止觀》，《大正藏》四十五，第513頁上。

第三節　《法界觀門》的內涵

　　傳說爲杜順所著的《法界觀門》一卷，原書已經散佚，故無法得窺其原貌。現今我們所知的內容，主要是透過澄觀所著的《華嚴法界玄鏡》二卷而得知其大要。事實上，澄觀的《華嚴法界玄鏡》，其實就是《法界觀門》的註釋，因此，一般學者把澄觀的《華嚴法界玄鏡》視爲杜順《法界觀門》的註釋書，其原因正在於此。

　　杜順的《法界觀門》，除了有澄觀的《華嚴法界玄鏡》特爲作註外，此外，還有宗密的《註華嚴法界觀門》一卷，以及宋人本嵩述、琮湛註的《註華嚴經題法界觀門頌》二卷，可作參考。

　　由此可知，我們對於《法界觀門》的認知，主要是透過澄觀的《華嚴法界玄鏡》和宗密的《華嚴法界觀門》，這是我們所必須強調的地方。無怪乎方東美在其《華嚴宗哲學》一書中，曾針對這一種現象而發表其個人的感觸說：

　　……假若不是華嚴宗的第四代同第五代的宗師，對於這一篇文章加以
　　註解的話，也許這一篇大文章也由就給埋沒掉了。幸好澄觀大師有《華
　　嚴法界玄鏡》，宗密大師有《註華嚴法界觀門》，我們可以說藉著這兩
　　個註，才把原文保留下來，否則幾乎連原文也都喪失掉。〔註22〕

因此，我們今天還能一睹《法界觀門》的思想底蘊，實在應要感激這兩位爲法忘軀的華嚴一代宗師呢！倘若沒有他們的保存和發揮，恐怕這一篇文章，早已不爲人們所知了。事實上，據澄觀的《華嚴法界玄鏡》所說，杜順的「法界觀門」，共有三種觀法，這就是：一、「眞空觀」——無相教；二、「理事無礙觀」——法相教；三、「周遍含容觀」——觀行教等三種觀法。

　　就在這三種觀法中，都各有十門來作深入細觀。現在就讓我們來研究一下透過澄觀的《華嚴法界玄鏡》所彰顯的《法界觀門》內容。

一、「眞空觀」——無相教

　　這裡所謂「眞」，主要是以無妄念思慮爲眞；而所謂「空」，則是以無形質妨礙色相爲空。一般凡夫，每以所見之幻色爲實色，見空則誤以爲是斷滅空。因此，就在這種迷茫的遍計所執性中流轉生死，不能證得諸法實相，而

〔註22〕方東美《華嚴宗哲學》上冊，第 466 頁，黎明文化事業公司，民國 70 年 7 月初版。

「真空觀」，便是在揭顯《大般若經》的無相精神，使人們能進一步掌握到：
觀色非實色，而舉體是「真空」，卻並非斷空；舉體是幻色所顯，才能除卻一
切情執，而達到「空、色無礙」的境界。如《華嚴法界玄鏡》卷上所說：

> 言真空者，非斷滅空；非離色空，即有明空，亦無空相，故名「真
> 空」。〔註23〕

由此可知，這裡的所謂「真空」，其實就是在《大般若經》所說的「我空、法空、
畢竟空」的究竟空性，而這一種「空」的概念，跟傳統部派佛教所理解的「成、
住、壞、空」不同。例如，犢子部和化地部便把這一種現象，稱作有為法的「四
相」，也就是說，有一些東西，在生起以後，中間雖然會有暫住的階段，但畢竟
最後終於要歸於滅盡虛無，這便是所謂的「空」。〔註24〕因此，化地部的「窮生
死蘊」（Aparyāda-skandha），以及正量部的「不失法」（Avipraṇaśa），〔註25〕便
是一種「大期滅的業體」。因此，在進入「無餘涅槃」時，這一個「業體」，便
會滅盡無餘、消失淨盡。所以，在初期大乘時代，當傳統的部派佛教徒，一旦
聽聞「般若經典」所宣說「緣起性空」教義時，會以這種「大期滅」的觀念來
理解「般若經典」所說的「空」，實在是一種誤解。然而，從時代背景來加以觀
察，這樣的誤解，確實也是相當普遍和自然。所以，對於這兩種不同的空義來
加以區別和釐清，便成為了當時的大乘行者所義不容辭的時代任務了。

其次，「真空觀」的不同，除了表現在哲學理解的思維層次之外，同時，
更有其深厚的實踐基礎作為理論後盾的，這便牽涉到有關在觀法上的「四句
十門」問題。正如《華嚴法界玄鏡》卷上所說：

> 觀曰：第一「真空觀法」。於中略作「四句十門」。
>
> 釋曰：此標章也。前二各四，加第三、四，故為十門。
>
> 觀曰：（一）「會色歸空觀」；（二）「明空即色觀」；（三）「空、色無
> 礙觀」；（四）「泯絕無寄觀」。〔註26〕

因此，這裡的所謂「四句」。就是（一）「會色歸空觀」；（二）「明空即色觀」；
（三）「空、色無礙觀」；（四）「泯絕無寄觀」。而所謂的「十門」，便是指在

〔註23〕 《華嚴法界玄鏡》卷上，《大正藏》四十五，第 672 頁下。

〔註24〕 請參閱呂澂《印度佛學思想概論》，第 78 頁，天華出版社，民國 71 年 7 月 1 日
版。

〔註25〕 請參閱本論文第一章第三節從「業感緣起」到「法界緣起」的進路，有關正
量部「不失法」和化地部「窮生死蘊」的部分。

〔註26〕 《華嚴法界玄鏡》卷上，《大正藏》四十五，第 673 頁上。

（1）「會色歸空觀」中的四門〔+4〕；（2）「明空即色觀」中的四門〔+4〕；再加上（3）「空、色無礙觀」〔+1〕；以及（4）「泯絕無寄觀」〔+1〕，如此便成為「十門」了（4+4+1+1=10）。其內容如下：

（一）「會色歸空觀」──會歸一切法（色）於「緣起性空」（空）的基礎上。這裡又分為四門：

1. 「色非斷空門」

「幻色」並不等於「斷滅空」式的虛無，而應認是無實體性（空性）的存在。當諸法以無實體性（空性）的存在為真時，則它的存在性便遭肯定，而不可能是「斷滅空」式的虛無了。例如：

> 一、色不即空（斷滅空），以即空（空性）故。何以故？以色不即斷空故，不是空（斷滅空）也。以色舉體，是真空（空性）也。故云以即空（色即是空）故。良由即是真空（空性），故非斷空（斷滅）也。是故言由是空（空性）故，不是空（斷滅空）也。〔註27〕

換句話說，這裡所說的「空性」（緣起性空），跟小乘人所講的成、住、壞、「空」（斷滅空），基本上是有區別的。

2. 「色非真空門」

「實色」並不等於真正的「空性」。因為「空性」（無實體性的存在）和「實色」（有實體性的物質）這兩種的存在，基本上是矛盾的。例如：

> 二、色（實色）不即空（空性），以即空（空性）故。何以故？以青、黃之相，非是真空之理故，云不即空（空性）。然青、黃無體（無實體），莫不皆空（空性），故云即空（空性）。良以青、黃無體之空（空性），非即青、黃。故云不即空（空性）也。〔註28〕

因此，假如我們把一切物質看成是有「實體性」的存在的話，則它便跟「無實體性」或「無自性」的空義相違了。事實上，一切物皆是「無實體性」（空性）的存在，所以，「有實體性」的存在，根本是不可能的。

3. 「色空非空門」

色法的成、住、壞、「空」（斷滅空），並不等同於真正的「空性」（緣起性空）。因為「斷滅空」只不過是在描述「一切法」的變化現象，但並不等同

〔註27〕《華嚴法界玄鏡》卷上，《大正藏》四十五，第 673 頁上。
〔註28〕《華嚴法界玄鏡》卷上，《大正藏》四十五，第 673 頁中。

於存在原則。因此，一切法的變化現象（成、住、壞、空——斷滅空）和存在原則（緣起性空），應該進一步加以區分。例如：

> 三、色不即空（斷滅空），以即空（空性）故。何以故？以空（空性）中無色（實色）故，不即空（空性）。會色無體（無實體）故，是即空（空性）。良由會色歸空（空性），空中必無有色（實色）。是故由色空（空性）故，色非空（斷滅空）也。〔註29〕

在這裡，杜順認為：一切物質的存在，應該是以「緣起性空」作為它的存在原則，因此，一切有關物質實體性的觀念；如說一切有部的「三世實有，法體恒存」的主張，在此便應該遭受屏棄。

4.「色即是空門」

「色法」的存在，其實就是「空性」的存在。如此一來，這樣便與《般若經》和中觀學派所主張的「緣起性空」精神，完全呼應。正如同《般若心經》所說的：「色即是空、空即是色。」這便是「真空觀」的基本立場。例如：

> 四、色即是空。何以故？凡是色法，必不異真空，以諸色法，必無性（無自性）故。是故色即是故。如色、空既爾，一切法亦然。思之！〔註30〕

由此可知，一切物質的存在，皆不能離開「緣起性空」的存在原則，因此，我們便可以進一步說：物質是空性的存在（色即是空）。為什麼物質是空性的呢？這是因為物質是由眾多條件所合成（因緣所生），而這些條件都是「無實體」、「無自性」的，因此，我們便可以說它是空性的。事實上，只有空性才是物質存在性的唯一合法性基礎，除此之外，再也沒有別的存在性基礎。

（二）「明空即色觀」——揭示「緣起性空」乃一切法（色）的存在真相。這裡又各分四門：

1.「空非幻色門」

「斷滅空」（變化現象）並不能夠成就無實體性事物（幻色）的存在。因為，「斷滅空」只不過是變化現象，而並不是存在原則，故此是不可能保證「幻色」的存在。而只有「緣起性空」的存在原則，才能夠作為「幻色」的存在基礎。如：

〔註29〕《華嚴法界玄鏡》卷上，《大正藏》四十五，第 673 頁下。
〔註30〕《華嚴法界玄鏡》卷上，《大正藏》四十五，第 674 頁上。

一、（斷滅空）空不即色，以空（空性）即色故？何以故？斷空不即
是色，故云非色。眞空必不異色，故云即色。要由眞空即色，故令
斷空不即色也。〔註31〕

換言之，作爲變化現象的「斷滅空」，本身並不能成就物質的存在性，而只有
作爲存在原則的「緣起性空」，才能成就物質的存在性。

2.「空非實色門」

「緣起性空」（無實體性的存在）並不等於「實色」（有實體性的物質）
的存在性。因爲這兩種的存在性基本上是矛盾的。如：

二、空（空性）不即色（實色），以空（空性）即色（幻色）故。何
以故？以空理，非青、黃故，云：空不即色（實色）。然非青、黃之
眞空，必不異青、黃故。是故言空即色（幻色）。要由不異青、黃故：
不即青、黃故，言空即色（幻色），不即色（實色）也。〔註32〕

由此看來，「緣起性空」的存在性，跟「實體性物質」（實色）的存在性，基
本上是互不相容的。因此，我們可以說：「緣起性空」並不等於「實色」（空
不即色）；而「緣起性空」只能成就「無實體性」的幻色（以空即色故）。

3.「空非空色門」

「緣起性空」（存在原則）並不等於一切法（色法）的「斷滅空」（變化
現象）。如《華嚴法界玄鏡》卷上所說：

三、空（空性＝所依）不即色（實色＝能依），以空（空性＝所依）
即色（幻色＝能依）故。何以故？空（空性）是所依，非能依故，
不即色（實色）也；必與能依，作所依故，即是色（幻色）也。良
由是所依故，不即色；是所依故，即是色。是故言由不即色故，即
是色也。〔註33〕

根據以上「能依」和「所依」的命題，我們大可清楚地發現：只有「緣起性
空」的存在原則，才能跟「無實體性的物質」（幻色），形成一個「能依」和
「所依」的緊密關係，這樣才能「以空即色」。而「緣起性空」（無實體性）
和「實色」（實體性物質）之間，似乎是無從形成相對的「能依、所依」關係，
所以是「空不即色」。事實上，這一種論證，已經是使用了唯識學派的「依他

〔註31〕《華嚴法界玄鏡》卷上，《大正藏》四十五，第 674 頁中。
〔註32〕《華嚴法界玄鏡》卷上，《大正藏》四十五，第 674 頁中。
〔註33〕《華嚴法界玄鏡》卷上，《大正藏》四十五，第 674 頁中。

起性」的觀念，來處理「般若經典」的色、空關係了。

4.「空即是色門」

這是以「緣起性空」，作爲一切法（色法）唯一合理的存在性基礎，捨此之外，別無其他的合法性基礎。因此，在「緣起性空」的大前提下，不可能再有「實體性」的存在可能。例如：

> 四、空即是色。何以故？凡是眞空，必不異色。以是：法無我（法空）理，非斷滅故。是故空即是色，如空、色既爾，一切法皆然。思之！〔註34〕

從以上四點的論證中，我們不難發現：「緣起性空」所要破斥的對象，不但只是針對「人無我」（我空）而言；而且，更要進一步兼破「法體」，這也正是所謂「法無我」（法空）。因此，就在這種兼破「法體」的大前提下，「實色」的觀念，當然必須受到摒棄。所以，這裡所謂的「空即是色」，便只能放在「緣起性空」的架構下才有意義，也唯有在這一個架構下，一切事物的存在性，才能得到根本的彰顯！

（三）「空色無礙觀」——「緣起性空」與「幻色」之間的圓融無礙。

事實上，這也正是一種「理、事無礙觀」。是一種「理」（「緣起性空」；無實體性存在的理）和「事」（「幻色」：無實體性存在的一切法）無礙法界的具體說明。就在這種「色即是空、空即是色、色不異空、空不異色」的情況下，「空」與「色」之間的關係，便如同「理、事無礙」一般，渾然圓融爲一。正如《華嚴法界玄鏡》卷上所說：

> 第三、「色、空無礙觀」者，謂色舉體不異空，全是盡色之空故；即色不盡而空現，空舉體不異色，全是盡空之色故。即空、即色，而空不隱也。是故菩薩觀色，無不見空，觀空莫非見色。無障無礙，爲一味法。思之可見！〔註35〕

由此看來，這裡所謂的「空色無礙」，主要是在闡明《般若心經》所說的「色即是空，空即是色；色不異空，空不異色」的整體無礙觀法。因此，就在這種情況下，「幻色」（事）與「緣起性空」（理）的理、事之間關係，已如水乳交融，渾然爲一，這便是「色、空無礙觀」。

〔註34〕《華嚴法界玄鏡》卷上，《大正藏》四十五，第 674 頁下。
〔註35〕《華嚴法界玄鏡》卷上，《大正藏》四十五，第 674 頁下。

（四）「泯絕無寄觀」——空、有雙泯的不可說境界。

這正如同《維摩詰經》所說的「不入二法門」一般，在「言語道斷，心行處滅」的情況下，百非斯絕。從而達到泯空色空，離一切相、一切言說，無待無寄的最高境界。如《華嚴法界玄鏡》卷上所說：

> 第四、「泯絕無寄觀」者，謂此所觀眞空，不可言即色不即色，亦不可言即空不即空。一切法皆不可，不可亦不可，此語亦不受，迥絕無寄。非及所及，非解所到，是謂行境。何以故？以生心動念，即乖法體，失正念故。〔註36〕

因此，就在這種絕對的「無言無待」、「非言所及，非解所到」的行境當中，一切相對的言說、分別意識，皆顯得毫無意義。所謂「動念即乖」，也正是這種境界的最佳寫照。

二、「理事無礙觀」——法相教

「理事無礙觀」，亦即「理事無礙法界」。在方法上，最初是以理融於事，然後則以事融於理，從而使得理事之間的關係二而不二，不二而二，如此便可達到「理事無礙」的境界。換言之，以「緣起性空」存在法則（理），融入無實體性存在的色法（事），如此便可進一步達到「色即是空，空即是色」的絕對相融無礙的境界。

在修行的觀法上，共分為五對十門：

1.「理遍於事門」

「緣起性空」的存在法則（理），必然是普遍存在於所有無實體性的事物本身（現象界）（事）。換言之，存在法則必然是普遍於一切現象界。如《華嚴法界玄鏡》卷上所說：

> 一、「理遍於事門」。謂能遍之理性無分限，所遍之事，分位差別。
> 一一事中，理皆全遍，非是分遍。何以故？以彼眞理不可分故，是故一一纖塵皆攝無邊眞理，無不圓足。〔註37〕

由此可知，由於「理」是普遍性的最高存在法則，因此，它必然是普遍存在於眾多的「事」中。就在這種「理性無分限，所遍之事，分位差別」的情況下，「理」、「事」之間，才能圓融無礙。事實上，這一種「理遍於事」的觀念，

〔註36〕《華嚴法界玄鏡》卷上，《大正藏》四十五，第 675 頁上。
〔註37〕《華嚴法界玄鏡》卷上，《大正藏》四十五，第 676 頁中。

也正成爲了宋明理學家「理一分殊」思想的最早根源。

2.「事遍於理門」

　　所有「無實體性」的存在事物（現象界）——「事」，必然是普遍地包含了「緣起性空」的存在法則——「理」。換言之，現象界（事）的存在，必然是依「緣起性空」的「理」而得以存在。如《華嚴法界玄鏡》卷上所說：

> 二、「事遍於理門」。謂能遍之事是有分限，所遍之理要無分限。此有分限之事，於無分限之理，全同非分同。何以故？以事無體，還如理故。是故一塵不壞，而遍法界也。如一塵、一切亦然。思之！
> 〔註38〕

換句話說，由於「事」是有差別性（有分限），而「理」則是無差別性（無分限），因此，當那有差別性的「事」，去分受那無差別之「理」時，有差別性之「事」也會頓然分受到那「理」的無差別性，如此一來，「事」本身的差別性便會被「理」的無差別性所消解，從而一塵之「事」，亦能周遍根界，融入毗盧性海中。

3.「依理成事門」

　　「無實體性」的存在事物（現象界）——「事」，必須依據「緣起性空」的存在法則——「理」，才能得以合法性的存在。換言之，「緣起性空」存在法則是唯一使現象界的存在成爲可能的合法性基礎。如《華嚴法界玄鏡》卷下所說：

> 三、「依理成事門」。謂事無別體，要因眞理而得成立，以諸緣起，皆無自性故。由無性，理事方成故。如波攬水以成動，水望於波，能成立故。依如來藏，得有諸法，當知亦爾。思之！〔註39〕

因此，離開了「緣起性空」之理，現象界便無法以成立。而現象界跟「緣起性空」的存在關係，正是「如波攬水」一般，密不可分。

4.「事能顯理門」

　　唯有透過「無實體性」的存在事物（現象界）——「事」，才能彰顯出「緣起性空」的存在法則——「理」。換言之，唯有透過現象界本身（事）的存在活動，才能彰顯出存在法則（理）的存在。如《華嚴法界玄鏡》卷下所說：

〔註38〕《華嚴法界玄鏡》卷上，《大正藏》四十五，第 676 頁中。
〔註39〕《華嚴法界玄鏡》卷下，《大正藏》四十五，第 678 頁中。

四、「事能顯理門」。謂由事攬理故，則事虛而理實；以事虛故，全
事中之理，挺然露見。如由波相虛，令水體露現。當知此中道理亦
爾。思之！〔註40〕

這是以「事」之虛和「理」之實的觀念，來進一步說明：因「事」之虛，故
能顯「理」之實。這正如因水波的虛相，才能顯出水本身的實相。這裡的所
謂虛、實之喻，大概是從《唯識三十頌》的「濤波依水」比喻而來的。

5. 「以理奪事門」

由於現象界（事）是依存在法則（理）而成立，因此，抽離了存在法則
（理），現象界（事）的存在亦會隨即崩潰。換言之，世間的唯一眞理，是平
等顯現的，故「事」在「理」中，離開「理」，無「事相」可得。如《華嚴法
界玄鏡》卷下所說：

五、「以理奪事門」。謂事既攬理成，遂令事相皆盡，唯一眞理，平
等顯現。以離眞理外，無片事可得故。如水奪波，波無不盡，此則
水存已壞，波令盡。〔註41〕

由於「事」是「攬理而成」，故「事」虛而「理」實。因此，以實奪虛的情況，
便會產生。所以，當我們抽離了「理」時，「事」的存在性也會立即崩潰，由
此可見「理」對「事」的存在關係，是何等密切。在這裡，由於「事」是「攬
理而成」，因此，「理」的無分限（無差別性）的平等相，便會自然地滲透到
每一「事」中，從而使得事物的呈現（事相），也變得無差別性的一時頓現，
這便是「法界緣起」。

6. 「事能隱理門」

現象界雖然是依存在法則而得以成立（依理成事門），但「緣起性空」
的存在法則——「理」，和「無實體性」存在的現象界——「事」，卻又並不
能視作兩種的存在。換言之，「緣起性空」的存在法則，只不過是針對現象
界所作的描述語句，其本身並不必然有孤立的存在性；當「無實體性」存在
的現象界宛然存在之時，「緣起性空」的存在法則在作爲描述語言的情況下，
便會相對地顯得毫無意義，而要宣告退隱了。誠如《華嚴法界玄鏡》卷下所
說：

六、「事能隱理門」。謂眞理隨緣成諸事法。然此事法，既違於理，

〔註40〕《華嚴法界玄鏡》卷下，《大正藏》四十五，第 678 頁下。
〔註41〕《華嚴法界玄鏡》卷下，《大正藏》四十五，第 678 頁下。

> 遂令事顯，理不顯也。如水成波動顯靜隱。經云：法身流轉五道，
> 名曰眾生。故眾生現時，法身不現也。〔註42〕

同樣地，倘若站在流轉因果（染：事）和還滅因果（淨：理）來說，眾生本來就具足法身，可是卻又在輪迴生死當中。因此，當眾生在「事」上的輪迴現象顯現時，其法身所本具之「理」，即隱而不現了，這便是「事能隱理門」。換言之，這也正是「染能隱淨」的表現，然而，這些現象畢竟還是短暫性的；當眾生成佛解脫的時候，便是「染退淨顯」之時。

7. 「真理即事門」

存在法則和現象界的關係，可以是一種相依、相遍、相奪、相隱，同時又可以是一種相即、相顯的關係。《心經》所謂：「空即是色」，便是如此。換言之，「緣起性空」的存在法則——「理」，是相等於「無實體性」存在的現象界——「事」本身。「理」、「事」之間的關係，正如濤波依水一般，相即相顯，不一不二。如《華嚴法界玄鏡》卷下所說：

> 七、「真理即事門」。謂凡是真理，必非事外。以是「法無我」理故。
> 事必依理，理虛無體故。是故此理，舉體皆事，方爲真理。如水即
> 波無動，而非濕故，即水是波。思之！〔註43〕

由此可見，「事」與「理」之間，其實又是一種相即相是的關係，這正如同濤波依水一般，密不可分。

8. 「事法即理門」

「無實體性」存在的現象界——「事」，是相等於「緣起性空」的存在法則——「理」本身。這跟「真理即事門」，恰好是形成一個交互辯證的關係。如《華嚴法界玄鏡》卷下所說：

> 八、「事法即理門」。謂緣起事法必無自性。無自性故，舉體即真。故
> 說眾生即如，不待滅也。如波動相，舉體即水，故無異相也。〔註44〕

換言之，這正是就「事」與「法」，在如實呈現的當下全體總相，交互相融而又密不可分的相即關係下而說的。

9. 「真理非事門」

用以描述現象界的存在法則（理）——「緣起性空」，並不能視作現象界（事）

〔註42〕《華嚴法界玄鏡》卷下，《大正藏》四十五，第 678 頁下。
〔註43〕《華嚴法界玄鏡》卷下，《大正藏》四十五，第 679 頁上。
〔註44〕《華嚴法界玄鏡》卷下，《大正藏》四十五，第 679 頁上。

的存在。因爲凡是透過言詮的眞理──「緣起性空」，只能被視作描述語言，而不是現象界（事）的本身。因此，透過對「理」、「事」之間的相非關係，正好彰顯出彼此之間的差異性和超然性。如《華嚴法界玄鏡》卷下所說：

> 九、「眞理非事門」。謂即事之理，而非是事。以眞、妄異故，實非
>
> 虛故，所依非能依故。如即波之水非波，以動、濕異故。〔註45〕

因此，就在這一種「理」、「事」之間的差別相中，更能突顯出「理」本身的超然性地位。

10.「事法非理門」

現象界（事）並不等於存在法則（理）。由於現象界是千差萬別，而存法則只是全體的一。所謂「理一而分殊」，事法是分殊，而理則是純粹的一，差別性是依然存在。如《華嚴法界玄鏡》卷下所說：

> 十、「事法非理門」。謂全理之事，事恒非理，性相異故。能依非所
>
> 依故。是故舉體全理，而事相宛然。如全水之波，波恒非水。以動
>
> 義非濕故。〔註46〕

事實上，這也正是上列第九「眞理非事門」的反覆論法，其重點不外在闡明「事」與「理」之間的差別性而已。

以上的「五對十門」，主要是在彰顯「理」、「事」之間的相互遍容性、相依相顯性、相奪相隱性、相即性和相非性。

三、「周遍含容觀」──觀行教

「周遍含容觀」，亦稱「事事無礙觀」。所謂「周遍」，是指普遍於一切處；「含容」，即指包含萬法，無一法能超出此一範圍之外。因此，事事之間即可在互遍、互攝的情況下圓融無礙。本觀並開展十門來加以說明：

1.「理如事門」

眞理如同現象（事）一般的呈現。如現象的有限性、差別性、空間性和數量性等等，均爲全體眞理之展現。由於現象界具有千差萬別的別窮性，因此，眞理也同樣具有千差萬別的無窮性。所謂：「理隨事變，一多緣起之無邊。」如《華嚴法界玄鏡》卷下所說：

〔註45〕《華嚴法界玄鏡》卷下，《大正藏》四十五，第 679 頁中。
〔註46〕《華嚴法界玄鏡》卷下，《大正藏》四十五，第 679 頁中。

> 一、「理如事門」。謂事法既虛，相無不盡；理性眞實，體無不現。
> 是則事無別事，即全理爲事。是故菩薩雖復看事，即是觀理。然説
> 此事，爲不即理。〔註47〕

由於眞理是具有普遍性的分受作用，這便是「實」；而現象則只能被動地去接受這眞理的分受作用，這便是「虛」。當「虛」的現象被眞理的「實」所充滿時，現象也會變得如同眞理一般的具有普遍性。

2.「事如理門」

現象（事）亦如同眞理一般的呈現。所謂「事不異理」、「事遍於理」，正是指此。換言之，現象（事）最後亦必消融於眞理（理）當中，這樣即能使是一毛塵、一芥子，亦能普周於法界中，相涉相入而圓滿周遍，從而達到化理如事、化事如理的境界，如此乃至身、刹、塵、毛，均是事事無礙，所謂：「事得理融，千差涉入而無礙。」如《華嚴法界玄鏡》卷下所説：

> 二、「事如理門」。謂諸事法，與理非異故。事隨理而圓遍，遂令一
> 塵普遍法界；法界全體遍諸法時，此一微塵亦如理性，全在一切法
> 中，如一微塵。一切法亦爾。〔註48〕

雖然現象是有限性，然而當它跟無限性的眞理結合時，它便同樣具有眞理的普遍性，如此，一毛塵便可如眞理一般，遍一切處。

3.「事含理事門」

在個別的現象（事）中，包含有眞理的個別性（理事），這便是「事含理事門」。如《華嚴法界玄鏡》卷下所説：

> 三、「事含理事無礙門」。謂諸事法與理非一故。存本一事而能廣容。
> 如一微塵，其相不大，而能容攝無邊法界。由刹等諸法，既不離法
> 界。是故俱在一塵中，現如一塵。一切法亦爾。〔註49〕

其中就能含和所含的差別，又可歸納爲四種包含義：

（1）一中一：前「一」是能含的主題——事；後「一」是指眞理的絕對性（理非異）。在個別的現象中（事），即包含有眞理的絕對性。因此，所謂「一中一」，就是指在一事中有一理。

（2）一切中一：「一切」是指能含的主題——一切事；而「一」是指眞

〔註47〕《華嚴法界玄鏡》卷下，《大正藏》四十五，第680頁中。
〔註48〕《華嚴法界玄鏡》卷下，《大正藏》四十五，第680頁下。
〔註49〕《華嚴法界玄鏡》卷下，《大正藏》四十五，第680頁下。

理的絕對性（理非異）。換言中，在一切現象中，即包含有眞理的
絕對性。因此，所謂所謂「一切中一」，就是指在一切事中有一理。

（3）一中一切：「一」是指能含的主題——事；「一切」是指眞理的普遍
性（理不異）。換言之，在個別現象中，即包含有眞理的普遍性。
因此，所謂「一切中一」，就是指在一切事中有一切理。

（4）一切中一切：前面的「一切」是指能含的主體——事；後面的「一
切」是指眞理的普遍性（理非異）。換言之，在一切的現象中，即
包含有眞理的普遍性。因此，所謂「一切中一切」，就是指在一切
事中有一切理。

4.「通局無礙觀」

這裡所謂的「通」，是指眞理的普遍性，而「局」則是指現象（事）的局
部性。換言之，所謂「通局無礙」，就是「通不礙局、局不礙通」，意思指眞
理的普遍性和現象的局部性，是彼此不相妨礙，互攝互容，從而構成了一個
一多相即、重重無盡的圓融妙境。如《華嚴法界玄鏡》卷下所說：

> 四、「通局無礙門」。謂諸事法與理，非一即非異。故令此事法不離
> 一處，即全遍十方一切塵內。由非異即非一故，全遍十方而不動。
> 一位即遠即近，即遍即住，無障無礙。〔註50〕

因此，就在這種眞理普遍性的籠罩下，一切現象界本身的個別性（局限性），
都會完全消融於眞理的普遍性下。由此而事物與事物的局限性，便會在此消
失於無形。

5.「廣狹無礙門」

這裡的「廣」，是指「廣大」，而「狹」則是指「狹小」。換言之，現象界
的廣、狹、大、小，在這裡皆可消融無礙。例如，在一塵之狹中，皆可容刹
海之廣，這便是狹不礙廣。而且，當一塵廣容刹海之後，尚不會損毀一塵之
原形，這是廣不礙狹。由於狹不礙廣，廣不礙狹，如此即可達到廣、狹自在
無礙的妙境。如《華嚴法界玄鏡》卷下所說：

> 五、「廣狹無礙門」。謂諸事法與理，非一即非異故。不壞一塵，而
> 能廣容十方刹海。由非異即非一故，廣容十方法界。而微塵不大，
> 是則一塵之事，即廣、即狹、即大、即小，無障、無礙。〔註51〕

〔註50〕《華嚴法界玄鏡》卷下，《大正藏》四十五，第681頁上。
〔註51〕《華嚴法界玄鏡》卷下，《大正藏》四十五，第681頁上。

因此，就在這種「其大無外，其小無內」的情況下，從「理」之廣大以至「事」之狹小，皆可達到圓融無礙的境地。

6.「遍容無礙門」

「遍」是指眞理的「普遍性」，而「容」是指現象的「廣容性」或「包容性」。換言之，這裡是指「理」的「普遍性」和「事」的「廣容性」之間的互不妨礙。由此而形成了「普遍性」即「廣容性」，進而「普遍性」和「廣容性」不相捨離；如同一鏡遍照十鏡，還攝九鏡於一鏡內，「一攝於多」。進而彼此光光相網，一多相即、圓融無礙。如《華嚴法界玄鏡》卷下所說：

> 六、「遍容無礙門」。謂：此一塵望於一切，由普遍即是廣容故。遍在一切中時，即復還攝彼一切法，全住自一中。又由廣容即是普遍故。令此一塵，還即遍在，自內一切差別法中。是故，此一塵自遍他時，即他遍自，能容能入，同時遍攝無礙。思之！〔註52〕

因此，這裡所謂「遍容無礙門」，其實正是指「理事無礙觀」的另一種表現方式。

7.「攝入無礙門」

「攝」也就是指「包容性」，而「入」也是指「普遍性」。上文是從一觀多，本段則是從多觀一。換言之，現象界的「雜多性」，亦可在眞理的「包容性」（攝）和「普遍性」（入）下融攝爲一，這便是多不礙一。如同九鏡融攝於一鏡，還能將九鏡入於一鏡中，這便是「多攝於一」的境界。如《華嚴法界玄鏡》卷下所說：

> 七、「攝入無礙門」。謂彼一切望於一法，以入他即是攝他故。一切全入一中之時，即令彼一還復在自一切之內，同時無礙。又由攝他即是入他故。一法全在一切中時，還令一切恒在一內，同時無礙。思之！〔註53〕

因此，就在這種情況下，「能攝」的「理」，以及「所攝」（入）的「事」，皆可互攝入，從而形成一種能、所無礙，理、事圓融，一多相即的法界觀。

8.「交涉無礙門」

這是指一、多之間，俱爲能攝、能入。正如同《華嚴法界玄鏡》卷下所說：

〔註52〕《華嚴法界玄鏡》卷下，《大正藏》四十五，第681頁中。
〔註53〕《華嚴法界玄鏡》卷下，《大正藏》四十五，第681頁中。

　　　　八、「交涉無礙門」。謂一法望一切，有攝有入。〔註54〕
而彼此的關係，又分為四種：
　　　　（1）一攝一切，一入一切；譬如一鏡攝九鏡，一鏡入九鏡。
　　　　（2）一切攝一，一切入一；譬如九鏡攝一鏡，九鏡入一鏡。
　　　　（3）一攝一法，一入一法；譬如一鏡攝一鏡，一鏡入一鏡。
　　　　（4）一切攝一切，一切入一切；譬如十鏡各攝於九鏡，十鏡皆入於九鏡，
　　　　　　而所入、所攝僅說九鏡，留一鏡於攝入。
如此一與一切，互為能攝、所攝，交相無礙。便形成了所謂「交涉無礙門」。

9. 「相在無礙門」

　　　所謂「相在」，是指所攝與所入，彼此都共同存在，同時顯現，互不妨礙。
如《華嚴法界玄鏡》卷下所說：
　　　　九、「相在無礙門」。謂一切望一，亦有入有攝。〔註55〕
其內容亦分四種：
　　　　（1）攝一入一；譬如九鏡攝一鏡入一鏡中。
　　　　（2）攝一切入一切；譬如九鏡皆攝九鏡入一鏡。
　　　　（3）攝一入一切；譬如九鏡各攝一鏡入九鏡之中。
　　　　（4）攝一切入一切；譬如九鏡皆攝九鏡各入九鏡中。
如此一切皆在互入互攝的情況下，便可形成了重重無盡的因陀羅境界網。

10. 「普融無礙門」

　　　這裡的所謂「普融」，便是指普皆圓融。因此，「普融無礙」便是指所有
一切法之間的普皆達到圓融無礙的境界。如《華嚴法界玄鏡》卷下所說：
　　　　十、「普融無礙門」。謂一切及一，普皆同時，更互相望，一一具前。
　　　　兩重四句，普融無礙。準前思之！〔註56〕
事實上，這是將前兩門互相交攝而成，從而構成了「初重四句」和「二重四
句」。例如「初重四句」是指：
　　　　（1）一法攝一入一；
　　　　（2）一法攝一切入一切；
　　　　（3）一法攝一入一切；

〔註54〕《華嚴法界玄鏡》卷下，《大正藏》四十五，第 681 頁下。
〔註55〕《華嚴法界玄鏡》卷下，《大正藏》四十五，第 682 頁上。
〔註56〕《華嚴法界玄鏡》卷下，《大正藏》四十五，第 682 頁下。

　　　　（4）一法攝一切入一；

而「二重四句」是指：

　　　　（1）一切攝一入一；

　　　　（2）一切攝一切入一切；

　　　　（3）一切攝一入一切；

　　　　（4）一切攝一切入一。

如此一、多之間，互爲能攝、所攝，普融無礙。

　　總括以上的內容，我們正可清楚地發現到有關杜順在《五教止觀》和《法界觀門》所表現的思考方式，主要是承襲「般若經典」而來的「性空眞如」思想。而他在「眞空觀」中，透過對於「緣起性空」和「斷滅空」、「實色」等觀念的比較，更能進一步彰顯出「緣起性空」的根本意涵。

　　事實上，在這裡所指的「實色」觀念，其實正是指在部派當時的說一切有部所主張的「三世實有，法體恒存」而言；而所謂「斷滅空」，則是指犢子部、正量部和化地部所主張的「有爲四相」——生、老、住、無常，並指出：有一些東西，並不一定刹那生滅，而是有相當長時間的暫住狀態，稱爲「劫住」，如正量部的「不失法」（Avipranaśa），化地部的「窮生死蘊」（Aparyāda-skandha），便是一種會保留業力相當長時間的「暫住業體」，直至解脫之後，這一個「業體」才會完全消失崩潰。因此，大乘佛教於是便把這一種從暫住到大期滅的「空」，稱爲「斷滅空」，藉以區別彼此之間的差異。因此，把大乘的「緣起性空」和部派的「斷滅空」作適當的區分，是有其時代性和思想性的必要。

　　就在性空學興起以後，有部「三世實有，法體恒存」的極微論，便終於要面臨一場空前的批判和否定，在這種情況下，中觀學派所提出的「緣起故無自性，無自性故空」的「緣起」理念，似乎已經成爲了當時人們心目中的一個顚撲不破的眞理。由於「極微」的「實體性」遭受到性空學的空前洗禮後，原先所具備的「空間排他性」和「時間先後性」，便無形中要宣告瓦解了。如此，「一入一切；一切入一」、「一芥子中含九須彌；一一塵中見一切法」等「事事無礙」觀念的發展，正充分說明了當「極微論」的思想瓦解以後，事物與事物之間的時、空阻礙，便無形中被消解一空了。因此，杜順的「法界緣起」思想，其《般若經》的意味是相當濃厚的。基於這一點體認，本人認爲杜順的「法界觀」，主要是一種從「性空眞如」所轉出的「法界緣起觀」。

這種情況，跟法藏、澄觀根據《大乘起信論》的「性起真如」所轉化出來的如來藏「一心緣起觀」，的確是有相當大的思想差距。

第四章　智儼「法界緣起觀」的形上學進路

本章的討論重點，主要是以智儼的「十玄門」和「因門六義說」思想，作為研究主題。事實上，「十玄門」主要是源自於杜順《法界觀門》中「周遍含容觀」的啟發；而「因門六義說」，主要是源自於《攝大乘論》的「種子六義說」。

第一節　智儼的生平略述

智儼（西元 602～667 年）原姓趙，秦州人，即現今甘肅省天水鎮，申州錄事參軍趙景之子。十二歲時，即遇杜順，並預言他必成大器。十四歲時，即拜法常大師門下出家，學習《攝大乘論》，數年間即名震遐邇。受具足戒後，即專攻《四分律》、《阿毗曇心論》、《成實論》、《十地經論》、《涅槃經》等經論。最後終於在法琳的影響下醉心於《華嚴經》，及後又得智正的指導，盡得《華嚴》精髓。然而，就其思想傳承而言，主要是承接自杜順的「法界觀門」思想啟發，然後再經教理組織而成的「一乘十玄門」，還有他獨具創見的「六相說」思想。他生性清逸高寯，不求名利，終身從事著述和教育事業。唐高宗總章元年（西元 668 年）十月二十九日卒於清禪寺，享年六十七。〔註1〕

最著名的代表作有：《華嚴一乘十玄門》、《華嚴搜玄記》、《華嚴經孔目章》等。弟子中著名的有：薄塵、法藏、慧曉、懷濟、義湘、道成、惠招，還有樊玄智居士等。

〔註1〕請參閱高峰了州著，慧岳譯《華嚴思想史》，第113頁，中華佛教文獻社民國 68 年 12 月 8 日初版。

第二節　智儼的《一乘十玄門》思想

　　將《華嚴經》的內容，配置於修行觀法，進而加以組織體系的，便是杜順的《法界觀門》；而再將《法界觀門》中的「周遍含容觀」加以教理上的進一步組織的，即成爲《一乘十玄門》。所謂《一乘十玄門》，據說乃杜順親說，而智儼加以撰述；因此，其思想旨趣，實應根源自杜順的《法界觀門》中「周遍含容觀」的思想啓發。〔註2〕

　　關於《一乘十玄門》，乃是依《華嚴經》的根本思想，樹立於「法界緣起」的基礎上。而且，他更將緣起的本質，分析爲「因」、「果」兩門：「因」是屬方便緣修的普賢觀，是可說而明，方便隨緣的；「果」是屬於自體究竟的十佛境界，是絕說相而不可說的。如《華嚴一乘十玄門》所說：

> 明一乘緣起自體法界義者，不同大乘、二乘緣起，但能離執常、斷諸
> 過等，此宗不爾。一即一切，無過不離；無法不同也。今且就此《華
> 嚴》一部經宗，通明法界緣起，不過自體因之與果。所言因者，謂方
> 便緣修、體窮位滿。即普賢是也。所言果者，謂自體究竟寂滅圓果。
> 十佛境界、一即一切。謂十佛世界海及離世間品，明十佛義是也。
> 問：文殊亦是因人，何故但言普賢是其因人耶？
> 答：雖復始起，發於妙慧，圓滿在於稱周。是故隱於文殊，獨言普
> 　　賢也。亦可文殊、普賢據其始終，通明緣起也。今辨此因果二
> 　　門者，圓果絕於說相，所以不可以言說而辨；因即明其方便緣
> 　　修，是故略辨也。〔註3〕

在這裡，我們可以清楚地看出，所謂的「一乘」的「法界緣起」，就是有別於大乘的始、終、頓教，以及聲聞、緣覺的二乘教所討論的緣起。事實上，智儼這一種觀念，後來卻於澄觀所繼承，從而創立出所謂「業感緣起」、「賴耶緣起」、「眞如緣起」和「法界緣起」的四種法界觀。而且更以「法界緣起」作爲「一乘圓教」最終極的緣起觀，並超越乎前三種「緣起」的層次。

　　當然，站在終極「果」地的立場而言，「法界緣起」的終極境界，也就是十佛刹土的無盡顯現，當然是離言絕相的不可說了。然而，若就「因」地，方便緣修的普賢行願而言，由於它本身具有現象活動的可描述性，那就當然是可清

〔註2〕請參閱楊政河《華嚴經教與哲學研究》，第485頁，慧炬出版社，民國71年
　　　　10月再版。
〔註3〕《華嚴一乘十玄門》，《大正藏》四十五，第514頁上～中。

楚地說了。同時，若就「法界緣起」的體相而言，又可分為「譬說」和「法說」兩種，既取其「舉譬明法、持法通理」之意。正如《華嚴一乘十玄門》所說：

> 今約教，就自體相，辨緣起者，於中有二：一者、舉譬辨成於法（譬說）；二者、辨法會通於理（法說）。
>
> 所言舉譬辨者，如《夜摩天會菩薩雲集品》說云：譬如數十法增一至無量，皆悉是本數智慧故差別也。今舉此十數為譬者。復有二門：
>
> 一、異體門；二、同體門。〔註4〕

因此，這裡的所謂「譬說」，便是「舉譬辨成於法」，以譬喻的方式來說出真理。至於「法說」，便是「辨法會通於理」，這便牽到「十玄門」的系統說明了。現在，就讓我們首先研究一下「譬說」的部分如下：

一、「譬說」

這是以十進位數目字的觀念，來說明一、多無盡的道理。其中又可分為：「異體門」（差異性）和「同體門」（共同性）兩種。例如：

1.「異體門」（差異性）

（1）「就相而論」：這是就現象（相）中的差異性而言。也就是說，在「共同性中有差異性」（一中多），而在「差異性中有共同性」（多中一）。正如《華嚴一乘十玄門》所說：

> 一者、一中多，多中一。如經云：一中解無量，無量中解一。展轉生非實，智者無所畏。此約相（現象）說也。〔註5〕

換言之，這是以現象中的「差異性」（多）和「共同性」（一）的關係，去說明「共同性中有差異性」（一中多），以及「差異性中亦有共同性」（多中一）的道理。

（2）「就理而論」：這是就真理所呈現的「共同性」和「差異性」的相即相是、一味平等的關係而立論的。正如《華嚴一乘十玄門》所說：

> 二者、一即多，多即一。如第七住經云：一即是多，多即是一。義、味寂然平等，遠離一、異顛倒相，是名菩薩不退住。此即約理說也。
>
> 〔註6〕

〔註4〕《華嚴一乘十玄門》，《大正藏》四十五，第514頁中。
〔註5〕《華嚴一乘十玄門》，《大正藏》四十五，第514頁中。
〔註6〕《華嚴一乘十玄門》，《大正藏》四十五，第514頁中。

因此，就理論上來說，一、多之間的關係，應該是一種「相即相是」的渾然一味關係，所以「義、味寂然平等，遠離一、異顚倒相，是名菩薩不退住」，便是指出這一種一、多之間的「平等一味」關係。

（3）「就智即論」：一、多的本有不有。正如《華嚴一乘十玄門》所說：

問：此之一、多，旣是緣成，不同情謂者。爲是本來有此一、多？

爲是始有耶？

答：今本有不有者，爲欲就智辨本有。〔註7〕

由此可見，所謂一、多本的有，只不過是針對智辨的立場而言。就究竟的立場而言，一、多的關係應是離言絕相，心行處滅的。

（4）「就體而論」：一、多之體，畢竟要息離諸相，同於圓果的妙論。如《華嚴一乘十玄門》所說：

爲自就一、多體辨耶？若自就一、多體辨，不論智者。體即息諸論道，同於究竟圓果，離說相故。〔註8〕

因此，就體而言，應是離言絕相，滅諸戲論。這樣，便可進入「一乘圓教」的最高三昧境界。至於「同體門」的共同性關係，其推論形式跟「異體性」相似，故不另作論述，現僅簡述如下：

2.「同體門」——就相而論，亦即一中多，多中一。

就理而論，乃一即多，多即一。就智即論，一、多的本有不有。就體而論，一、多之體，畢竟要息離諸相，同於圓果的妙論。

二、「法說」——「十玄門」的開展

這是依「十玄門」的組織而開展「十義」，再以「十義」互相配合，從而開出「百門」。這裡的「十玄門」是指：

一者、同時具足相應門；二者、因陀羅網境界門；三者、祕密隱顯俱成門；四者、微細相容安立門；五者、十世隔法異成門；六者、諸藏純雜具德門；七者、一多相容不同門；八者、諸法相即自在門；九者、唯心迴轉善成門；十者、託事顯法生解門。〔註9〕

而「十義」分別是指：

〔註7〕《華嚴一乘十玄門》，《大正藏》四十五，第514頁下～515頁上。

〔註8〕《華嚴一乘十玄門》，《大正藏》四十五，第515頁上。

〔註9〕《華嚴一乘十玄門》，《大正藏》四十五，第515頁中。

一者、教義；二者、理事；三者、解行；四者、因果；五者、人法；

六者、分齊境位；七者、法智師弟；八者、主伴依正；九者、逆順

體用；十者、隨生根欲性。〔註10〕

如此以「十門」配「十義」，便能開展「百門」，即一與一切同時具足相應，

周遍法界的無盡緣起。有關「十玄門」的內容，現分析如下：

（一）「同時具足相應門」

這裡所謂的「同時具足相應門」，並非是指現象過程中的同時性，而是指

在結果頓然呈現的當下剎那去立論的。如「海印三昧」的呈現，便是當下的

頓然宛現，其時間性的先後次序幾乎是瞬間同時，不分先後，故稱之為「同

時具足相應門」。誠如《華嚴一乘十玄門》所說：

第一「同時具足相應門」者。即具明教義、理事等十門，同時也。

何以得如此耶？良由緣起、實德、法性、海印三昧力用故得然；非

是方便緣修所成故得同時。今且據因是同時者。〔註11〕

為了要進一步說明這一種頓然宛現的時間觀，智儼曾嘗試比較了小乘部所討

論「因果異時性」，以及華嚴宗的「因果同時性」觀念的差異。如《華嚴一乘

十玄門》所說：

若小乘說因果者，即轉因以成果，因滅始果成。若據大乘，因果亦

得同時，而不彰其無盡。如似舍緣以成舍，因果同時成，而不成餘

物。以因有親疏故，所以成有盡。若通宗明因果者，舉疏緣以入親，

是故如舍成時，一切法皆一時成。若有一法不成者，此舍亦不成。

如似初步若到，一切步皆到；若有一步非到者，一切步皆非到。故

經云：雖成等正覺，不捨初發心。又如《大品（般若）經》云：非

初不離初，非後不離後，而明菩提也。〔註12〕

這裡的所謂「小乘說因果者」，應該是泛指如說一切有部的因果法體（無表

色），是前前非後後，彼此之間，各住自性，幾乎不能溝通。而經量部的「思」

種子，雖然沒有實體性，但按照因果異熟的原理，其因果性也是異時能熟的。

如種子從發芽、抽葉、開花、結果，當然是需要不同的時間性。可是，智儼

在這裡所強調的重點，倒不是著眼在這一個現象過程的關鍵點上，而是著眼

〔註10〕《華嚴一乘十玄門》，《大正藏》四十五，第 515 頁下。

〔註11〕《華嚴一乘十玄門》，《大正藏》四十五，第 515 頁下。

〔註12〕《華嚴一乘十玄門》，《大正藏》四十五，第 516 頁上。

於當結果在最後一刻所呈現的「逆發性」或「同時性」。這也正如同佛陀在以往修行的過程中，也是歷盡艱辛，其經歷的時間過程的確是不容懷疑的，然而當佛陀在最後成正覺的一刹那間，其過去一切境界頓然宛現。事實上，這頓然宛現的一刹那，是不知結合了過去無數的時間才能成就的。因此，這一種「同時性」，不但沒有作爲否定時間因果的命運，同時更能由此而彰顯出結果在最後迸發的一刹那所呈現的美感。

（二）「因陀羅網境界門」

這是專以梵宮羅網或帝釋殿網中的光光相攝、重重互現的現象，來進一步說明「法界緣起」的同時頓現的境界，這便是「因陀羅網境界門」。事實上，「因陀羅網境界門」同時頓現境界，還是以前面的「同時具足相應門」作爲基礎。因此，「同時具足相應門」是指一刹那間頓現的狀態；而「因陀羅網境界門」，則是指這一種頓現的種種現象，是重重無盡、如帝網相照一般。如《華嚴一乘十玄門》所說：

> 第二、「因陀羅網境界門」者。此約譬以明，亦復具有教義等十門。
> 如《梵網經》，即取梵宮羅網爲喻。今言因陀羅網者，即以帝釋殿網
> 爲喻。帝釋殿網爲喻者，須先識此帝網之相，以何爲相？猶如眾鏡
> 相照，眾鏡之影；見一鏡中，如是影中，復現眾影；一一影中，復
> 現眾影。即重重現，影成其無盡，復無盡也。〔註13〕

由此可知，在這一種重重無盡、光光相攝的境界中，正可表現出一種互攝互入的效果。因此，在一鏡中含攝眾鏡之相；而自鏡之影，又皆在眾鏡之中出現。如此鏡中鏡，影中影，鏡中有影，影中有鏡。而鏡與影，俱爲能攝所攝，如此，主、客頓然消融，一時併現，重重無盡。所以，透過普賢行願所開展的「海印三昧」，亦復如是。如此的法界呈現，一中有多、多中有一。便構成了整個「法界緣起」的無盡意境。如《華嚴一乘十玄門》所說：

> 如第七地讚請經云：於一微塵中，各示那由他無量無邊佛於中而說
> 法。此即智正覺。
> 世間又云：於一微塵中，現無量佛國、須彌、金剛圍，世間不迫迮。
> 此即據器世間。
> 又云：於一微塵中，現有三惡道、天、人、阿修羅，各各受業報。

〔註13〕《華嚴一乘十玄門》，《大正藏》四十五，第516頁中。

此即據眾生世間。

又云：如一微塵所示現，一切微塵亦如是。故於微塵現國土，國土微塵復示現，所以成其無盡復無盡。此即是其「法界緣起」。如智、如理，實德如此，非即變化，對緣方便故。〔註14〕

可是，這裡又不禁使人產生一個疑問：既然光光相網、一多相即，如此主、客俱皆消融。那麼，在這種情形下，豈不會造成「主體性」瓦解的危機嗎？如《華嚴一乘十玄門》所說：

問：若此宗明相入不論神力，乃言自體常如此者。斯則渾無疆界，無始無終，何緣得辨因果教義等耶？

答：以隨智差別故，舉一為主，餘則為伴。猶如帝網，舉一珠為首，眾珠現中。如一珠即爾，一切珠現亦如是。是故前經舉一菩薩為主，一切菩薩圍繞，一一菩薩皆悉如是。又如諸方皆來證誠，同其名號。一切十方證誠皆亦如是，所以成其無盡復無盡，而不失因果先後次第，而體無增減故。經云：一切眾生盡成佛，佛界亦不增，眾生界亦不減。若無一眾生成佛，眾生界亦不增，佛界亦不減也。〔註15〕

針對「主體性」的瓦解危機，智儼卻反而認為：在一、多相即中，不但「主體性」的存在不會被消融，反而更會因此而形成「互為主體性」，所謂：「菩薩為主，一切菩薩圍繞，一一菩薩皆悉如是。」因此，就在這種互攝互入的情況下，法界依然是不增不減。所以，個人的「主體性」，不但不會消失，反而更會因此而普現十方，圓融無礙。

（三）「秘密隱顯俱成門」

這是指：當現象正在生起作用的時候，便稱為「顯」；而當作用尚未生起的時候，便稱為「隱」。因此，隱、顯之間，只不過是作用的交互替換作用而已，而當中的「互動性」更是互為因果，缺一不成。也由於這一種隱、顯的互動關係，現象界的相續作用才能得以成立。如《華嚴一乘十玄門》所說：

第三、「秘密隱顯俱成門」者。此約緣起說也，還具前教義十門。所言隱、顯者。如《涅槃經》半字及滿字。昔說半字故，半字即顯，

〔註14〕《華嚴一乘十玄門》，《大正藏》四十五，第516頁中。
〔註15〕《華嚴一乘十玄門》，《大正藏》四十五，第516頁下。

滿字即隱；今日說滿字，即滿字即顯，半字即隱。此即約緣而說隱、
顯。又如〈月喻品〉云：此方見半，而彼月性，實無虧盈。隨緣所
見，故有增減。〔註16〕

因此，透過現象界一隱一顯的存在活動，事物的生滅作用和相續作用才能得
以成立。這種情況，跟中國哲學所說的「一陰一陽之爲道」，相當類似。所以，
透過現象本身的一開一闔，生生不息之道，即可形成。然而，值得注意的是：
這一種隱、顯之間的辯證關係，只是在說明現象的生滅相續而已，至於眞如
法性的本身，則並沒有所謂的隱、顯問題存在。

（四）「微細相容安立門」

這裡所說的「微細相容安立門」，主要是在說明大、小，一、多的現象，
皆可同時相攝相入，而又同時相容的道理。因此，一切現象，大至須彌山，
小至一微塵，皆可同時相攝相入，圓融無礙。就在這大、小之間，彼此的相
攝、相入的過程中間，卻絲毫沒有影響到世界本身的結構。誠如〈普賢行願
品〉所說：「一切諸世界，入於一微塵中，世界不積聚，亦復不離散。」所以，
這裡所說的「微細相容」，其實正是在闡揚這種「一、多相即；大、小相即」
的道理。如《華嚴一乘十玄門》所說：

第四、「微細相容安立門」者。此就相說。如一微塵，此即是其小相；
無量佛國、須彌、金剛山等，即其大相。直以緣起實德，無礙自在，
致使相容；非是天人所作故安立。

如似一微塵中有穢國土，而即於此微塵中，具有不可說淨國在此微
塵中，而於彼穢國，不相妨礙；而此淨國之相，仍亦不失。乃至有
諸國土、尸羅盆幢形、三方及四維等國，在此一微塵中，常不相妨
礙。故〈普賢品〉云：一切諸世界入於一微塵中，世界不積聚，亦
復不離散。故知若與普相應，能於一微塵中，見不可說國土，而不
雜亂、不增不減。豈可須彌納芥子，將爲難事哉！理、事等十門安
立相容，亦如是。〔註17〕

由此可知，由於微塵與微塵的「實體性」，在「緣起故無自性，無自性故空」
的情況下，被「性空學」的理念所徹底的打破。如此一來，實體與實體之間
的「不可侵入性」和「不可並存性」，便無形中宣告瓦解。就在這種情況下，

〔註16〕《華嚴一乘十玄門》，《大正藏》四十五，第 516 頁下。
〔註17〕《華嚴一乘十玄門》，《大正藏》四十五，第 516 頁下～517 頁上。

事物與事物之間的相即相入，在「無實體」阻隔的大前提底下，於是更顯無所障礙，無所增、減。因此，即使是互攝互入，也不會絲毫改變結構體的結構，因爲結構體本身，就是一個「無實體性的結構」（性空而宛然存在）。因此，「微細相容安立門」，其實也正是在說明事物與事物之間，在空間的「互相可滲性」以及「互相並存性」。而這一種在空間的「互相可滲性」以及「互相並存性」，又必須要以前面的（三）「祕密隱顯俱成門」，以及（二）「因陀羅網境界門」作爲理論基礎。如《華嚴一乘十玄門》所說：

> 問：此「相容門」與前「因陀羅網門」，有何別耶？
>
> 答：諸門隱、映（顯），互相顯發，重重（復重重成其無）盡者。即是「因陀羅網門」中攝。若諸門一時俱顯，不相妨礙，即是「相容門」中攝。〔註18〕

因此，「因陀羅網境界門」，主要是在說明重重無盡的緣起，或稱「無盡緣起」；而「微細相容安立門」，則是在說明大、小、一、多之間的相容無礙，因此，我們也可以說這是一種「無礙緣起」。

（五）「十世隔法異成門」

上文所討論的各門，主要是針對空間的無礙性而言。而這一門正是就時間的無礙性而作闡明。如《華嚴一乘十玄門》所說：

> 第五、「十世隔法異成門」者。此約三世說。如〈離世間品〉說：十世者，過去說過去，過去說未來，過去說現在，現在說現在，現在說未來，現在說過去，未來說未來，未來說過去，未來說現在，三世爲一念。合前九爲十世也。如以五指爲拳不失指，十世雖同時而不失十世。故經云：過去劫入未來，現在劫入過去；現在劫入過去，未來劫入現在。〔註19〕

因此，這裡的所謂「十世」，主要是以過去、現在、未來都各具三世而說的，如此便成爲了「九世」，然後再加上「三世一念」的總相，便構成了「十世」。在這裡，不但要打破空間的「實體性」，就是連時間的「實體性」也要隨之打破，如此「十世隔阻」，都可頓成一念而「十世無礙」。這便是形成了「十世隔法異成門」。

〔註18〕《華嚴一乘十玄門》，《大正藏》四十五，第 517 頁上。
〔註19〕《華嚴一乘十玄門》，《大正藏》四十五，第 517 頁上。

（六）「諸藏純雜具德門」

這裡的所謂「純、雜具德」，其實就是指「染、淨一如」的「互不妨礙性」。事實上，在這裡就已經含有「一心開二門」的意味。但在早期的《大般若經》中，只僅就「一念中俱具純、雜」而說的，而這一種「一念中俱具純、雜」的說法，便是「具德」。如《華嚴一乘十玄門》所說：

> 第六、「諸藏純雜具德門」者。此約諸度門說。何者？如似就一施門說者，一切萬法，皆悉名施，所以名「純」；而此施門，即具諸度等行，故名爲「雜」。如是「純」之與「雜」，不相妨礙，故名「具德」。如《大品（般若）經・一念品》明：從始至終，不出一念，即名爲「純」；而此一念之中，具於萬行，即名爲「雜」。〔註20〕

因此，這一種「一念中俱具純、雜」的說法，跟天台宗的「一念三千」，以及《大乘起信論》的「一心開二門」，都頗爲類似。回應前面「十世隔法異成門」中所說的「三世爲一念」，我們便可進一步說：既過去時間上的「三世」皆可融爲「一念」，那麼，在內容上的純、雜、一、多，當然也可俱融於「一念」之間了。

（七）「一多相容不同門」

這裡的所謂「一、多相容不同門」，其實跟前面第四的「微細相容安立門」，內容都十分相似。然而這裡所不同的是「微細相容安立門」，只是就體積的大小而立論，但「一、多相容不同門」，則是就數量上的一、多去立論。因此，這其中的關係，只有體積與數量的不同而已，其它方面，皆非常相似。如《華嚴一乘十玄門》所說：

> 第七、「一多相容不同門」者。此約理說。以一入多，多入一，故名相容。即體無先後，而不失一多之相。故曰不同。此即緣起實德，非天人所修。故經云：以一佛土滿十方。十方入一亦無餘。世界本相亦不壞，自在願力故能爾！又如〈普賢品〉云：一切眾生身入一切眾生身，一眾生身入一眾生身。又云：一切諸世界，令入一塵中，世界不積聚，亦復不雜亂。須彌入芥子，此即不說也。〔註21〕

由此可見，這裡的「一多相容不同門」，只是就數量方面來說明一、多之間立的關係而已，至於其它部分，則跟「微細相容安立門」所說的內容，差不了多少。

〔註20〕《華嚴一乘十玄門》，《大正藏》四十五，第517頁上。
〔註21〕《華嚴一乘十玄門》，《大正藏》四十五，第517頁中。

（八）「諸法相即自在門」

　　這裡的所謂「諸法相即自在門」，其實正是「因陀羅網境界門」的二重化，或者是「因陀羅網境界門」和「微細相容安立門」的結合境界。正如同《華嚴一乘十玄門》所說：

　　　　第八、「諸法相即自在門」者。此約用説。還就約教義、理事等十門。
　　　　取其三種世間圓融無礙自在故，一即攝一切，成其無盡復無盡，以
　　　　其無盡故，相即復相入。此約用以説。〔註22〕

因此，在這裡的「諸法相即自在門」，其實正是取其三種境界門於一身的表現，由此而成其無盡復無盡的二重緣起。然而，有人會問：既然這一種境界是無盡又無盡，那麼，這又跟「因陀羅網境界門」，有何差別呢？例如：

　　　　問：此明其無盡復無盡，相即復相入，與前因陀羅網及微細相容門，
　　　　　　有何差別耶？

　　　　答：如譬説同體門中説者。若就隱、映相應，互相顯發，重重復重
　　　　　　重，成其無盡者，即是因陀羅網門攝。若諸門一時具顯，不相
　　　　　　妨礙者，是相容門攝。若就三世圓融，無礙自在，相即復相入，
　　　　　　成其無盡復無盡者，即是此門攝。〔註23〕

由此可見，「秘密隱顯俱成門」的二重化，就是「因陀羅網境界門」（「秘密隱顯俱成門」×「秘密隱顯俱成門」＝「因陀羅網境界門」）。而「微細相容安立門」，則是針對事物與事物之間的同時俱顯，不相妨礙而言。至於「諸法相即自在門」，則是把「因陀羅網境界門」的無盡境界，再作二度闡明，從而成爲了無盡復無盡的二重「因陀羅網境界門」（「諸法相即自在門」＝「因陀羅網境界門」×「因陀羅網境界門」）。

　　然而，這裡又不禁產生一個疑問：既然一切事物如此的多重相即，那麼，這其中的因果關係，到底又是如何建立呢？例如：

　　　　問：若如是相即復相入，成其無盡復無盡者。此乃渾無疆界，何始、
　　　　　　何終、何因、何果耶？

　　　　答：此據法界緣起體性，成其無盡復無盡故，先後因果不失；雖不
　　　　　　失先後，而先後相即復相入故，成其無盡。〔註24〕

〔註22〕《華嚴一乘十玄門》，《大正藏》四十五，第517頁中。
〔註23〕《華嚴一乘十玄門》，《大正藏》四十五，第517頁中。
〔註24〕《華嚴一乘十玄門》，《大正藏》四十五，第517頁下。

由此看來，事物的多重相即相入，其實正是「法界緣起」的本體呈現。因此，緣起的現象縱然紛雜，然而，卻並不會因此而干擾到現象的整體性，所以，因果律在這裡依然有效。更進一步說，也正因為這是「法界緣起」的本體呈現，反而果成就了因果律。所以，就在這種整體和諧、重重無盡的情況下，現象界的秩序反而更加歷歷分明。

（九）「唯心迴轉善成門」

這正是《大乘起信論》中，「一心開二門」的如來藏緣起說明。由於如來藏的「一心」開啟，因此才會有生死和涅槃的呈現。事實上，這種生死與涅槃，皆是「一心」的開啟顯現，是由「如來藏自性清淨心」所建立。如《華嚴一乘十玄門》所說：

> 第九、「唯心迴轉善成門」者。此約心說。所言唯心迴轉者。前諸義
> 教門等，並是如來藏性清淨真心之所建立。若善若惡，隨心所轉，
> 故云「迴轉善成」；心外無別境，故言「唯心」；若順轉即名「涅槃」。
> 故經云：心造諸如來，若逆轉即是生死。故云三界虛妄，唯一心作。
> 生死涅槃，皆不出心。是故不得定說性是淨及與不淨。故《涅槃》
> 云：佛性非淨亦非不淨，淨與不淨皆唯心。故離心更無別法。故《楞
> 伽經》云：心外無境界，無塵、虛妄見。〔註25〕

在這裡，智儼除了以《大乘起信論》的「一心」與「如來藏自性清淨心」的結合，來說明「唯心迴轉善成門」外，同時更使用了護法的「唯心無境說」，來進一步說明「三界虛妄，唯一心作」的華嚴經教。可是，有人卻對此提出疑問：假如是「心外無物」的話，那麼，當一個人看到前面有東西時，別人卻把這個東西拿掉。在這種情況下，心中可否能現出那個東西呢？例如：

> 問：若心外更無別境，有無皆由心成者。如人先見障外有物，別有
> 　　人去物時，心由謂有。爾時，物實無何名，由心成耶？
> 答：若隨虛妄心中轉者，此障外物，亦隨心之有無，此亦心隨去，
> 　　物不去物而轉。若論如來藏性真實淨心說者，此物不動本處，
> 　　體應十方；性恒常轉，縱移到他方，而常不動本處。〔註26〕

然而，智儼對於這一個問題的回答是：當我們心中想起這個東西時，這東西便隨著心中的想起而「有」；當不想起時，這東便在心中而「無」，所謂「心

〔註25〕 《華嚴一乘十玄門》，《大正藏》四十五，第518頁中。
〔註26〕 《華嚴一乘十玄門》，《大正藏》四十五，第518頁下。

生法有，心寂法無」。然而，倘若從「如來藏自性清淨心」來說，這東西的真如性卻是常恒不變，不動本處，而卻能呈現於所有地方。這便是智儼對「唯心迴轉善成門」的「如來藏」式說明。

（十）「託事顯法生解門」

這正是一種「事如理門」或「理如事門」的另一種說明方式。因此，當我們看到現象界的呈現時，便知道理法本身，亦復如是。如《華嚴一乘十玄門》所說：

> 第十、「託事顯法生解門」者。此約智說。言託事者，如經舉金色世界之事，即顯始起於實際之法。一切幢、一切蓋等事，是行體也。又如〈法界品〉云：開樓觀門相，見彌勒菩薩所行因事，至菩提道場。以樓觀則菩提相，所以言「顯法主解」也。若大乘宗中所明，亦「託事以顯法」，即以異事顯於異理法。〔註27〕

由此可見，這裡的「託事顯法生解門」，其實也正是一種依現象來顯現本體的表現。例如，當我們看到彌勒內院時，便如同目睹彌勒菩薩的修行過程一樣。因此，若將以上「十玄門」，再配以智儼的「十義」，便可開展而成為「百門」了。同時，因為智儼所傳的「十玄門」，和後來法藏所傳的「十玄門」，在標題上所造成的差異性，因此，通常都習慣地以「舊十玄」和「新十玄」，去區分這兩者之間的不同。

第三節　智儼的「因門六義說」

一、「因門六義說」

智儼對於「緣起」的詮釋，主要是建立在其「因門六義說」的基礎上。換句話說：「因」在這裡被看作是決定的作用，而「緣」則是發果的能力。所以，必須要「因」、「緣」兩者的相互配合，才能成就「六義」。而這「六義」便是：（1）念念滅是「空・有力・不待緣」；（2）性決定是「有・有力・不待緣」；（3）引顯自果是「有・有力・待緣」；（4）觀因緣是「空・無力・待緣」；（5）隨逐至治際是「有・無力・待緣」；（6）俱有是「空・有力・待緣」。如《華嚴五十要問答》卷下所說：

〔註27〕《華嚴一乘十玄門》，《大正藏》四十五，第 518 頁下。

又一切因，有六種義：

一、空・有力・不待緣，念念滅故。

二、有・有力・不待緣，決定故。

三、有・有力・待緣，如引顯自果故。

四、無（空）・無力・待緣，觀因緣故。

五、有・無力・待緣，隨逐至治際故。

六、無（空）・有力・待緣，俱有力故。〔註28〕

在這裡，智儼是以作用力的勝、劣（有力、無力），來分別說明「因門六義」的內容。然而，有關這空、有；有力、無力；待緣、不待緣的問題，智儼卻沒有作進一步的說明，所以，無從得知這其中之間的關係。然而，在《搜玄記》卷三中，則有較詳細的補充。例如：

> 因緣生理，因有決定用；緣有發果能，方得法生。若但因力無緣發果能者，其因六義不現在前。何者為六義？
>
> 一、念念滅：此滅是空、有力、不待外緣。所以有力、不待緣，為因體未對緣事，自邊動故。
>
> 二、俱有：是空、有力、待緣。所以者，為得外緣，唯顯體空，俱成力用也。
>
> 三、隨逐至治際：是有、無力、待緣。所以知為隨他故，不可無，不能違緣，故無力也。
>
> 四、決定：是有、有力、不待緣。所以知外緣未至性，不改自成故。
>
> 五、觀因緣：是空、無力、待緣。所以知者，為待外緣，唯顯親因，非有無力，能生果也。
>
> 六、如引顯自果：是有、有力、待緣。所以知得外緣時，唯顯自因。
>
> 〔註29〕

倘若我們根據上述的理解，便可歸納出以下的幾點說明：

（1）念念滅——「空・有力・不待緣」

這是指念頭與念頭之間的剎那生滅，其本體是空的（空），是靠本身的力量（有力），而且不須依靠外來的條件（不待緣）。

〔註28〕《華嚴五十要問答》卷下，《大正藏》四十五，第531頁中。

〔註29〕《大方廣佛華嚴經搜玄分齊通智方軌》卷三下，《大正藏》三十五，第66頁上。

（2）俱有──「空・有力・待緣」

這是在說明一種「依他起性」的相互力量對待關係。由於有相互力量的存在（俱有力・待緣），所以證明它的本體是無自性的（空）。

（3）隨逐至治際──「有・無力・待緣」

由於是「依他起性」關係，所以，條件不可能是無（有）。而且不可以違反條件（待緣），對於條件本身，更不可抗拒（無力）。

（4）決定──「有・有力・不待緣」

這是指出因果的必然性（決定）：是存在的（有），是強而有力的（有力），而且，更不須依靠別的條件（不待緣）。

（5）觀因緣──「空・無力・待緣」

這是指「緣起」本身就是無自性，無自性就是空（空），又由於是無自性，所以其自身不可能成就自己（無力），而必須要依靠別的條件（待緣）。

（6）引顯自果──「有・有力・待緣」

結果的呈現是必須依靠其它的條件（待緣）。雖然是依靠條件，但其呈現的狀態是宛然存在的（有），因此，不能說爲無。而且當其呈現的時候，雖待眾緣，然其呈現的力量，卻是強而有力的（有力）。

總合以上所說，智儼的「因門六義說」，其論述方式，並不如「十玄門」來得詳盡，而只有綱要式的敘述而已。因此，倘若要瞭解智儼的「因門六義說」，還必須先透過對《攝大乘論》的「種子六義」和《瑜伽師地論》「七相說」的比較，才能得到較充分的掌握。

二、「因門六義說」與「種子六義」、「因七相」的比較

雖然智儼的對於他的「因門六義說」，只是作綱目式的論述，而並沒有進一步的詳細討論。然而我們大可從《攝大乘論》的「種子六義」，以及《瑜伽師地論》的「因七相」的觀念中，去瞭解智儼「因門六義說」的涵義。例如，在《攝大乘論・所知依分》中，便有下一段敘述：

> 外內不明了，於二唯世俗。勝義諸種子，當知有六種：剎那滅、俱
> 有、恒隨轉應知、決定、待眾緣、唯能引自果。〔註30〕

在這裡，《攝大乘論》所要彰顯的是「種子六義」。換言之，那就是指：剎那

〔註30〕《攝大乘論・所知依分》，《大正藏》三十一，第135頁上。

滅、俱有、恒隨轉、決定、待眾緣、能引自果等六種內容。這些內容，跟智儼的「因門六義說」，都相當接近。

例如，「剎那滅」是指阿賴耶識種子的剎那生滅；「俱有」是指種子產生結果以後，與果並存，並繼續發展；「恒隨轉」是指種子永遠跟阿賴耶識共同運作，相隨不離；「決定」是指種子的善、惡、無記三性，永遠不變；「待眾緣」是指種子的產生結果，必須其它條件的配合；「引自果」是指種子只能產生同類的果，不可能種瓜得豆。以上幾點，都跟智儼的「因門六義說」，非常類似，這是相當值得注意的地方。

另一方面，《瑜伽師地論》卷五的「因七相」觀念，也跟智儼的「因門六義說」，有相當密切的關係。例如：

> 又建立因有七種相：謂無常法是因。無有常法，能爲法因；或爲生因；或爲得因；或爲成立因；或爲成辦因；或爲作用因。
>
> 又雖無常法爲無常法因，然與他性爲因，亦與後自性爲因。非即此剎那，又雖與他性爲因，及與後自性爲因。然已生未滅，方能爲因，非未生已滅。
>
> 又雖已生未滅能爲因，然得餘緣，方能爲因，非不得。又雖得餘緣，然成變異，方能爲因，非未變異。又雖成變異，必與功能相應，方能爲因，非失功能。又雖與功能相應，然必相稱相順，方能爲因，非不相稱相順。

由如是七種相，隨其所應，諸因建立。〔註31〕

我們倘若以如此的「因七相」，配合智儼的「因門六義」和《瑜伽師地論》的「因七相」，便會形成以下的圖表：

智儼的 「因門六義」	《攝大乘論》的 「種子六義」	《瑜伽師地論》的 「因七相」
1.空・有力・不待緣	1.念念滅 ———	1.無常法是因
2.空・有力・待緣	2.俱有 ———	2.然以他性爲因，亦與後自性爲因
3.有・無力・待緣	3.隨逐至治際 ——	3.然已生未滅，方能爲因
4.有・有力・不待緣	4.性決定	6.必爲功能相應，方能爲因
5.空・無力・待緣	5.觀因緣	4.然得餘緣，方能爲因
		5.然成變異，方能爲因

〔註31〕《瑜伽師地論》卷五，《大正藏》三十，第302頁中。

6.有‧有力‧待緣　　6.引顯自果　　6.然必相稱相順，方能爲因〔註32〕

　　智儼對於《攝大乘論》的阿賴耶識「種子」六義，認爲是具足成立一切法之「因」的普遍性。其所論之內容，非單就因果關係的「因緣論」而談，而是作爲「法界緣起」的全體性存有論基礎，倘若沒有這個存有論基礎，則「緣起」的六義亦即將無法成立。事實上，這不但是就「種子」的性質、作用而談，而是針對有關「因」和「緣」的存有性關係而論。而智儼這一種的思想，還有可能是承接自世親（Vasubandhu; A.D.400）的四句深觀而來，例如：

1. 非他作，自因生故。即成自因，具有勝力，離無因計。
2. 非自作，緣生故。即具疏緣，具有勝力，即離單因生果不藉緣失……。
3. 非二作，但隨順生，此則去前見。因緣相隨順生者，有無不可取爲隨順故。不可無，隨順有故。非自有復隨順有，非定從因緣生故。離有無不可取也。
4. 非無因作，隨順有故。即離意地，謂無分別。〔註33〕

倘若將以上四點，作簡單的歸類，其重點如下：

（1）自因生，故因有力；

（2）緣生，故緣有力；

（3）非二作，故因緣相順；

（4）非無因作，故離意的無分別。

　　就在這種情況下，智儼於是便由此推論出：有力待緣、無力待緣、有力不待緣的三義爲其理論特色。

〔註32〕高峰了州著，慧岳譯《華嚴思想史》，第 131 頁，中華佛教文獻社民國 68 年 12 月 8 日初版。

〔註33〕《大方廣佛華嚴經搜玄分齊通智方軌》卷三下，《大正藏》三十五，第 68 頁上。

第五章　法藏「法界緣起觀」的形上學進路

本章全文共分五節，分別就法藏的「法界緣起」思想內容，展開探討。

第一節　法藏的生平略述

法藏（西元 643～712 年），字賢首，貞觀十七年十一月初二生，其祖先乃康居國（新疆北部）的書香世家，歷任宰相，至祖父始遷移長安定居。十六時（西元 656 年），曾於岐州（陝西・鳳翔縣）法門寺阿育王舍利塔前燃指供佛。十七歲時，入太白山，於數年間，恭讀《方等經》，二十歲後，至雲華寺，恭聽智儼講《華嚴經》，遂投歸其門下。二十八歲出家，住太元寺。後於雲華寺講《六十華嚴》，在延載元年（西元 694 元），講至〈十地品〉時，遂感祥兆！又聖曆二年（西元 699 年）十月八日於佛授記寺，講《八十華嚴》時，更現堂宇震吼之奇瑞！

唐武后證聖元年（西元 695 年），奉詔協助實叉難陀（śikṣānanda; A.D.652～710）譯出《八十華嚴》。此外，他更於中宗神龍二年（A.D.706）協助菩提流志（Bodhiruci）譯出《大寶積經》。

有關法藏親近智儼的說法，乃智儼臨終前五、六年的事情，由此可知兩人在年齡上差距甚遠。又依贊寧所記（大正五十，第 732 頁）：最初，法藏最參加過玄奘的譯場，後因意見不合而退出；後又與勝莊、大儀等參加過義淨的譯場。然玄奘的寂滅是西元 664 年，那時，玄奘才十二歲而已，尚未出家。因此，贊寧的有關記載，其可信度便頗值得爭議。〔註1〕

〔註 1〕請參閱高峰了州著，慧岳譯《華嚴思想史》，第 113 頁，中華佛教文獻社，民

有關法藏的門下，據崔致遠所舉的有：宏觀、文超、東都洛陽華嚴寺智光、荷澤寺宗一、靜法寺慧苑、經行寺慧英六人最為傑出。

第二節　法藏的「法界緣起說」

法藏在其《華嚴經探玄記》卷十三中，曾規定「法界緣起」的建立，必須具備以下三項條件，即：（1）染法緣起；（2）淨法緣起；（3）染淨合說。事實上，這些觀念，皆是依照智儼在《華嚴經搜玄記》的觀念加以整理發展而成。因此，在資料的引用上，還是以智儼的思路為主，這是必須注意的地方！

一、染法緣起

（一）緣集一心門

這裡的「緣集一心門」，正相當於智儼在《華嚴經搜玄記》所說「緣集一心門」中的「真妄緣集門」。例如：

> 言緣集者，總相論十二因緣，一本識〔阿賴耶識〕作，無真妄別。如論說：依一心法，有二種門，以此二門不相離故。又此經云：唯心轉故。又如論說：真、妄和合，名阿賴耶；唯真不生，單妄不成，真、妄和合，方有所為。如夢中事，知與睡合，方得集起。此是真、妄和合之門。〔註2〕

法藏認為：在阿賴耶識（一心）尚未區分為真妄之前，十二因緣是由他所造作，故稱之為「緣集一心」。這裡的「如論說」，便是指《大乘起信論》的「一心開二門」，所謂「心真如」和「心生滅」二門。因此，不論染、淨或真、妄二法，皆是這「一心」所作。

（二）攝本從末門

所謂「攝本」，就是以真如為體，或者說是：攝「真如」以為本體，由此而有出世間還滅因果；而「從末」便是指：依從生滅妄法之末而有世間流轉因果。《華嚴經搜玄記》卷三下所說：

> 二、攝本從末者，唯妄心作故。（《攝大乘》）論云：名種子識，及果報識，對治道時，本識都盡。法身流轉五道，名為眾生；隨其流處，

國 68 年 12 月 8 日初版。
〔註2〕《大方廣佛華嚴經搜玄分齊通智方軌》卷三下，《大正藏》三十五，第 63 頁中。

為其別味，法種眾苦，如此非一。故知攝從其末也。〔註3〕

既然真、妄皆是阿賴耶識的「一心」所作，那麼，阿賴耶識到底如何從原先的「一心」，突然開出真、妄的二心來呢？這個問題，便必須要回到《大乘起信論》的所謂「覺」和「不覺」的問題。例如：

> 所謂不生不滅，與生滅和合、非一非異，名為阿梨〔賴〕耶識。此識有二種義，能攝一切法、生一切法。云何為二？一者、「覺」義；二者、「不覺」義。所言「覺」義者，謂心體離念。離念相者，等虛空界，無所不遍。法界一相，即是如來平等法身，依此法身，說明「本覺」。何以故？「本覺」義者，對「始覺」義說；以「始覺」者，即同「本覺」。「始覺」義者，依「本覺」故而有「不覺」，依「不覺」故說有「始覺」。又依「覺」心源，故名「究竟覺」；「不覺」心源，故「非究竟覺」。此義云何？如凡夫覺知前念起惡故，能止後念，令其不起。雖復名「覺」，即是「不覺」故。〔註4〕

這裡所謂的「覺」，便是指心體離一切妄想雜念，由此而顯現的真如本性。它是遍虛空界，無所不在。由於阿賴耶識是依于生不滅的真如才能顯現，故本質上即具有「覺」義；然而，它同時又會顯現生滅的妄法，稱為「不覺」。隨著妄念的起伏，因而顯現出世間的生死輪迴。至於流轉過程，到底是染法、還是淨法問題。智儼接著又說：

> 問：當隨染時為，即染也。為由是淨？
>
> 答：體是淨，本復是淨，不可名隨。故知染時，不可為淨。若爾者，不應說言：依如來藏，有生滅心。應但是單生滅，今言相依。如此說者，是有智人，染、淨雙證，故作是說，非局染門。〔註5〕

因此，所謂「攝本」，就是以真如為體，或者說是：攝「真如」以為本體，由此而有出世間還滅因果。而「從末」便是指：依從生滅妄法之末而有世間流轉因果。事實上，所謂「攝本從末」，便是指以真如為體的「一心開二門」。

（三）攝末從本門

上文的重點，主要是在說明妄心的流轉生滅。而「攝末從本門」，其重點

〔註3〕　《大方廣佛華嚴經搜玄分齊通智方軌》卷三下，《大正藏》三十五，第63頁中。
〔註4〕　《大乘起信論》卷一，《大正藏》三十二，第五七六頁中。
〔註5〕　《大方廣佛華嚴經搜玄分齊通智方軌》卷三下，《大正藏》三十五，第63頁中。

則是側重在真如心之上。換言之，一切的生滅現象，皆以回歸於此一真如心。正如同《華嚴經・十地品》所說的：「三界虛妄，但是一心作；十二緣分，是皆依心。」而這裡的所謂「一心」，便是此一真如心，或稱「如來藏」，或稱「阿賴耶識」。例如：

> 三、攝末從本者，十二因緣唯真心作。如波水作；亦如夢事，唯報心作，以真性故。（大涅槃）經云：五陰、十二因緣、無明等法，悉是佛性。又此（華嚴）經云：三界虛妄，唯一心作。論釋云：第一義諦故。〔註6〕

在這裡，智儼還引用了《大涅槃經》所說的五蘊〔陰〕、十二因緣、及無明等法，認為這些都一一具有佛性。而三界的虛妄生起，也是緣自此真如心。

然而，在這裡又似乎產生另一個疑問：既然三界虛妄，皆是此真心所作，那麼，從真心所開展出來的世界，應該是純「淨」無「染」才對，而不應該會有染污的虛妄世間。如《華嚴經搜玄記》中，也有提及如此的質詢云：

> 問：攝末從本應是淨品，云何乃在染門分別？
>
> 答：此攝末從本理在淨品緣生，今為對染顯染如幻，故在染門。
>
> 問：義若如此，一切淨法並對染顯妄，云何獨辨攝末從本，在染緣生？
>
> 答：凡論淨品緣生，有其二種：一、為對染以顯妄法故。經云：不如實知諸諦第一義故也。
>
> 二、但顯淨品緣起，即是顯理之門。即如〈普賢性起品〉等是也，餘義准此可解。此攝末從本，即是不空如來之藏，此中亦有空義，為自體空，後當分別。〔註7〕

在這裡，智儼企圖以「淨品緣生」的兩種作用，來處理這一個問題。事實上，這也正是《大乘起信論》中「一心開二門」的另一種表現方式。換言之，所謂：（1）為對染以顯妄法故，便是「生滅門」；而（2）但顯淨品緣起，即是顯理之門，便是「真如門」。

這正如同法藏在《華嚴五教章》中所說：

> 猶如明鏡現對染、淨，雖現染、淨，而不失鏡之明淨；只由不失鏡之明淨故，方能現染、淨之相。以現染、淨，知鏡明淨；以鏡明淨，

〔註6〕 《大方廣佛華嚴經搜玄分齊通智方軌》卷三下，《大正藏》三十五，第63頁中。
〔註7〕 《大方廣佛華嚴經搜玄分齊通智方軌》卷三下，《大正藏》三十五，第63頁中。

> 知現染、淨。是故二義，唯是一性：雖現淨法，不增鏡明；雖現染
> 法，不污鏡淨。非直不污，亦乃由此反顯鏡之明淨，當知眞如道理
> 亦爾。非直不動，性淨成對染、淨；以乃由成染、淨，方顯性淨。
> 是故二義，全體相收，一性無二。〔註8〕

由此看來，從「性淨成對染、淨」的觀念的提出，這裡所謂的「性淨」，似乎又有超越於相對性的染、淨。因此，這一個「性淨」，也可以說是一個「絕對淨」。而這一個「絕對淨」的主要特性，是「非直不污」、「非直不動」，是唯一使相對性染、淨成爲可能的背後超越存在者。所以，染、淨的出現，不但不能否定它的「絕對淨」，反而更使能顯示出「絕對淨」的超越存在性，這便是以「攝末從本門」來透顯眞如心「絕對淨」的深刻意義所在。

（四）本末依持門

這裡的「本末依持門」，正相當於《搜玄記》所說的「依持一心門」。其重點是認爲：第六識和第七識，皆依阿賴耶識而成立。如《搜玄記》卷三下所說：

> 依持一心門者，六、七等識，依梨耶成。故論云：十二緣生，依梨
> 耶識，以梨耶識爲通因故。
> 問：與上緣起一心，示何取別？
> 答：正緣起一心，染、淨即體，不分別異。此依持門，能所不同，
> 　　故分爲二也。〔註9〕

由此看來，阿賴耶識在這裡正相當於「如來藏」或「眞如心」，是一切世間萬法的存在總根源。而前六識和第七識，皆是依之而得以成立。然而，在這裡又似乎出現另一個疑問：既然萬法皆源自一心，理應沒有「本」「末」才對，如何反有所謂「本末依持」之理？而智儼的解釋是：正由於萬法皆源自一心，故染、淨即體，不可區分。然而，就彼此間的相依相待關係而言，譬如由第八識所變現的第七識，由於能、所的主客關係不同，自然可區分二。

二、淨法緣起

這裡所說的「淨法緣起」，主要是從果位的立場，進而換討以「一心」爲主的緣起說。這其中的思想來源，主要是以智儼的《華嚴經搜玄記》，以及《華

〔註8〕《華嚴一乘教義分齊章》卷四，《大正藏》四十五，第499頁中。
〔註9〕《大方廣佛華嚴經搜玄分齊通智方軌》卷三下，《大正藏》三十五，第63頁下。

嚴經》的〈如來性起品〉和〈佛不思議品〉爲主。其內容可分爲：本有、修生、本有修生、修生本有等四門，藉以彰顯成佛的功德妙相。

（一）本　有

所謂「本有」，就是指緣起之性的宛然本具。若佛出世，若不出世；法住法爾，法不離如，眞實無妄不顚倒；這也就是所謂「眞如本性」或「性起」。如智儼的《華嚴經搜玄記》卷三下所說：

> 言本有者，緣起本實，體離謂情；法界顯然，三世不動故。〈（如來）性起（品）〉云：眾生心中，有微塵經卷，有大菩提樹，眾聖共證、人證前後不同；其樹不分別異，故知本有。又此緣生文，十二因緣即第一義。〔註10〕

由此看來，所謂「本有」，原本是用來指稱緣起之性的宛然本具；但透過〈如來性起品〉的引申後，便可進一步推演到眾生的本具佛性。因此，「本有」在法性而言，是指「法性的本有」；在眾生而言，則是指「佛性的本有」。正如法藏在《華嚴經探玄記》卷十五（大正三十五，第392頁）所說：「唯本有，謂眞如恒沙性功德故。」這正是把「法性的本有」和「佛性的本有」看作是「眞如性」的具體表現。

（二）修　生

雖然眾生的佛性「本有」，但要激發這佛性的諸善根，便非「本有」，而是必須靠聞、思、修而成，這便是「修生」。因此，所謂「修生」，便是透過後天的修學而生，而不是先天的本具佛性。如《華嚴經搜玄記》卷三下所說：

> 修生者，信等善根，先未現前；今對淨教，賴緣始發，故說新生。
> 故《起信論》云：彼無無分別智故。〔註11〕

由此看來，「修生」正是後天努力的表現，而非佛性的先天本自具足。正如法藏在《華嚴經探玄記》卷十五（大正三十五，第392頁）所說：「唯修生，謂信等善根，本無今有故。」因此，具足諸善根，還是要以善財童子五十三參的精神，精進不已，才可達致。

（三）本有修生

這裡的所謂「本有修生」，就是指：先天本具的佛性，也必須靠後天的聞、

〔註10〕 《大方廣佛華嚴經搜玄分齊通智方軌》卷三下，《大正藏》三十五，第63頁上。
〔註11〕 《大方廣佛華嚴經搜玄分齊通智方軌》卷三下，《大正藏》三十五，第63頁上。

思、修而成。換言之，佛性本有，待修生以爲激發。《華嚴經搜玄記》卷三下所說：

> 言本有有修生者。然諸淨品，本無性異；今約諸緣，發生新善。據
> 彼諸緣，乃是妄法所發眞智，乃合普賢。性體本無分別，修智亦無
> 分別，故智順理，不順諸緣，故知「修生」即從「本有」，同性而發。
> 故〈(如來) 性 (起) 品〉云：名菩提心，爲性起故。
> 問：本有修生，既是新發義，非是舊，云何乃說從其本性？
> 答：此品爲是新生之義，説是修生；與本義親，故從性起。〔註12〕

由此看來，眾生所本具的佛性，雖然是本無任何差別，然而若要回歸本有之佛性（本有），也必須有賴種種外緣的引發，啓迪眞智（修生）。如此，即能符合因位的普賢境界。正如法藏在《華嚴經探玄記》卷十五（大正三十五，第 392 頁）所說：「本有修生，謂如來藏待彼了因，本隱今顯故。」在這裡，佛性本有，然而必須待緣引發的觀點，則更加明顯。

（四）修生本有

所謂「修生本有」，意思是說：如來藏被無明所覆隱，致使一般凡夫迷而不覺。在這種情況下，凡夫雖本具如來藏，然而，實際上是有等於無；可是，當他們一旦證得無分別智以後，本具的如來藏即可馬上顯現出來，不增不減。正如智儼在《華嚴經搜玄記》卷三下所說的：

> 修生本有者，其如來藏性隱在諸纏，凡夫即迷處而不覺；若對迷時，
> 不名爲有故。《無相論》云：若有應見。又依《攝論》云：有得不得，
> 見不見等故也。今得無分別智，始顯法身在纏在淨。先無有力，同
> 彼無法；今得成用，異本先無，故不可說名爲：本有，說爲修淨。
> 問：若說始顯爲修起者，名曰修生，云何說顯？
> 答：只爲是顯修生門中，義成本有，先在迷心，不說體用。今時始
> 　　說有彼法身，故知與彼新生是親，先有義疏。〔註13〕

因此，「修生本有」是指如來藏性，雖經久覆，其性不失，一旦證得無分別智，此性即如實彰顯。正如法藏在《華嚴經探玄記》卷十五所說：「修生本有，謂無分別智等，內契眞如，冥然一相故。」〔註14〕

〔註12〕《大方廣佛華嚴經搜玄分齊通智方軌》卷三下，《大正藏》三十五，第 63 頁上。
〔註13〕《大方廣佛華嚴經搜玄分齊通智方軌》卷三下，《大正藏》三十五，第 63 頁上。
〔註14〕《華嚴經探玄記》卷十五，《大正藏》三十五，第 392 頁上。

而且，法藏在此更以金和金器來作比喻，說明其中的關係。例如他說：

> 猶如金莊嚴具，若稱取斤兩，「本有」如金；若嚴具相狀，工匠「修生」；若由成嚴具，方顯金德，則「修生」之「本有」；若嚴具攬金成，無別自體，則「本有」之「修生」。是知唯金而不礙嚴具故；唯一法身不礙報、化也。唯嚴具而不礙金故；單報、化亦具法身也。

〔註15〕

由此看來，以上四門，雖有四義，而無四事。「本有」好比是金（金）；「修生」好比工匠把金鑄成金器（金器）；「本有修生」好比只把金鑄成金器，別無其它相狀（金←→金器）；而「修生本有」，則是把金鑄成金器，以顯金的屬性（金←→金器）。

綜合這染、淨兩種緣起來說，我們大可發現，其實「染法緣起」，就是指真如流轉於現象界的說明；而「淨法緣起」則是從現象界的流轉回歸於真如的過程。因此，不管是「染法緣起」也好，「淨法緣起」也好，皆是真如法性的兩面觀。在這種情況下，真如即可含有相對染、淨的兩面，而真如的「淨」，則應該屬對更高層次的「絕對淨」。因此，真如本身的「絕對淨」，已經能容攝相對的染、淨在其中，不管相對的染、淨如何變遷流轉，也絲毫沒有影響真如本身超然的「絕對淨」。正由於這樣，我們更可以進一步說：真如從本體上所顯現的是「絕對淨」，而在作用上所顯現的則是相對「染」、「淨」。而「絕對淨」和相對「染」、「淨」之間，更是不一不異，體用相即。依據這一個原理，法藏於是更創立了「染、淨合說」，以彰顯真如的本義所在。

三、染淨合說

法藏所立的「染、淨合說」，共包含了四門。即所謂：（1）翻染顯淨門；（2）以淨應染門；（3）會染即淨門；（4）染盡淨泯門。可惜有關這四門的內容，在《華嚴經搜玄記》中並沒有詳細說明。現在，我們只能根據《大乘起信論》中〈智淨相〉和〈不思議業相〉，來推敲他的原義。

（一）翻染顯淨門

所謂「翻染顯淨」，就是藉著現象界生滅——「染法緣起」的止息，便可回歸於清淨的「淨法緣起」。所謂「諸行無常，是生滅法；生滅滅已，寂滅為

樂」，這裡的「生滅滅已」，即相當於「翻染顯淨」，這相當於《大乘起信論》中所說的「智淨相」。如：

> 智淨相者，謂依法力熏習，如實修行，滿足方便故。破和合識相，滅相續心相，顯現法身，智淳淨故。〔註16〕

（二）以染應淨門

所謂「以淨應染」，就是以眞如爲體的清淨法身，去隨緣起示現報、化等身的功德妙用。這便是《大乘起信論》所說的「不思議業相」，例如：

> 不思議業相者，以依智淨，能作一切勝妙境界。所謂無量功德之相，常無間斷絕；隨眾生根，自然相應，種種而見，得利益故。〔註17〕

（三）會染即淨門

所謂「會染即淨」，就是在說明：無明的染污性，和清淨的覺性，實際上是相即不離。換言之，無明不離覺性；覺性不離無明。如水與波，不可能孤立而起，無明與覺性，亦復如是。如《大乘起信論》卷一所說：

> 以一切心識之相，皆是無明，無明之相，不離覺性，非可壞非不可壞。如大海水，因風波動，水相、風相，不相捨離。而水非動性，若風止滅，動相則滅，濕性不壞故。如是眾生自性清淨心，因無明風動，心與無明，俱無形相，不相捨離。而心非動性，若無明滅，相續則滅，智性不壞故。〔註18〕

（四）染盡淨泯門

這是以眞如的「絕對淨」來泯滅現象相對的「染」、「淨」。這一個觀念，正相當於《大乘起信論》所說的以「究竟覺」來泯滅現象界的「覺」與「不覺」，而這「究竟覺」，也就是「本覺」。如《大乘起信論》卷一所說：

> 心生滅者，依如來藏故，有生滅心。所謂不生不滅，與生滅和合，
> 非一非異，名爲阿賴耶識。此識有二種義，能攝一切法，生一切法。
> 云何爲二？一者、覺義；二者、不覺義。
> 所言覺義者：謂心體離念。離念相者，等虛空界，無所不遍；法界
> 一相，即是如來平等法身。依此法身，說名本覺。何以故？本覺義
> 者，對始覺義說。以始覺者，即同本覺。始覺義者，依本覺故，而

〔註16〕《大乘起信論》卷一，《大正藏》三十二，第576頁下。
〔註17〕《大乘起信論》卷一，《大正藏》三十二，第576頁下。
〔註18〕《大乘起信論》卷一，《大正藏》三十二，第576頁下。

> 有不覺。依不覺故，說有始覺。又以覺心源，故名究竟覺；不覺心
> 源，故非究竟覺。
> ……如菩薩地盡，滿足方便，一念相應。覺心初起，心無初相，以
> 遠離微細念故，得見心性，心即常住，名究竟覺。〔註19〕

因此，當透過對眞如本身「絕對淨」的「究竟覺」，便可進一步泯除對現象界，由「非究竟覺」或「不覺」而產生的相對「染」、「淨」，這便是見性成佛的終極境界。

由此看來，以上的「翻染顯淨門」和「以淨應染門」，也可以說是從對染法「攝末從本門」所持的觀點；而「會染即淨門」和「染盡爭泯門」，也可以說是「本有」的立場來加以立論。前者可配置於《華嚴經》的〈十地品〉，而後者則可配於〈性起品〉。因此，我們可以大致上說：「緣起」是用作描述現象界的重重無盡的因果關係，而「性起」則是作爲「緣起」之所以成爲可能的後設基礎。所以「緣起」是作爲現象界的因果定律，而「性起」則是作爲本體界的後設定律。換言之，「緣起」是用，「性起」是體。「性起」是使「緣起」成爲可能的理論根據，而「緣起」則可以說是「性起」的發揮相。這跟《華嚴經‧十地品》的「緣起說」和〈性起品〉的「性起說」，可以說是一脈相通，這也正是「法界緣起」思想的根本旨趣。

第三節　法藏的「六相圓融說」

法藏的「六相圓融說」主要是把事物的總、別、同、異、成、壞等六種面相，進一步加以圓融統一，從而使之成爲「法界圓融觀」的理論性基礎。事實上，有關「六相」的圓融觀念，在智儼的《華嚴五十要問答》卷下裡，很早已經有所提及，然而，由於其理論面過於簡略。因此，無法詳細得悉其理論內容。例如，他說：

> 所謂總：總成因果也。二、別：義別成總故。三、同：自同成總故。
> 四、異：諸義自異顯同故。五、成：因果理事成故。六、壞：諸義
> 各住自法，不移本性故。〔註20〕

由於智儼的描述過於簡略，因此，無從據此而爲他構成一個系統。所以，對

〔註19〕《大乘起信論》卷一，《大正藏》三十二，第 576 頁中。
〔註20〕《華嚴五十要問答》卷下，《大正藏》四十五，第 531 頁下。

於智儼的「六相說」，進一步作出圓融觀的處理方式，便成爲了法藏的主要任務了。在《金師子章雲門類解》中，便以獅子爲例，來說明「六相圓融，一多相即」的道理。例如：

> 師子，是總相；一即具多，爲總相。五根差別，是別相；多即非一，爲別相。共從一緣起，是同相；多類自同，成於總。眼耳等不相濫，是異相；名、體別異，現於同。諸根合會有師子，是成相；一多緣起理妙成。諸根各住自位，是壞相；壞住自法，常不作。〔註21〕

由此可知，「總相」是指金獅子的本身，「別相」是指師子的眼、耳、鼻、舌、身等五根的差異性，「同相」是指五根整體的共同性，「異相」是指五根各自的差異性，「成相」是指師子由五根合共組成的狀態，「壞相」是五根的整體性各自分離的狀態，無法作整體正常運作。事實上，《金師子章》的比喻解說是簡單了一點，然而在《華嚴一乘教義分齊章》卷四中，即有較詳盡的解說。現僅逐一分析如下：

（1）總相：指事物的整體性。以「一舍多德」作比喻。如：

> 問：何者是總相？
>
> 答：舍是。
>
> 問：此但椽等諸緣，何者是舍耶？
>
> 答：椽即是舍。何以故？爲椽全自獨能作舍故。
>
> 若離於椽，舍即不成；若得椽時，即得舍矣。〔註22〕

在這裡，屋舍是代表「總相」，這是因爲屋舍是由「椽」等各種條件所構成，離開了椽等條件，就找不到屋舍。所以，我們也可因此而說：屋舍就是椽。由此可知，屋舍其實正是這眾多椽所構成的總相。因此，屋舍的整體性，是由眾多的椽所決定的。離開了椽，即沒有舍，離開了舍，即沒有椽，這正表示了舍與椽之間的相互整體性，是密不可分的。

然而，對於「爲椽全自獨能作舍故」的這一點，卻不免使人感到困惑。其原因是：屋舍的確是由椽所構成，可是，除了椽以外，應該還有其他的條件才對，爲什麼又說屋舍是全部由椽所構成呢？這跟佛教原來所說的「緣起論」，似乎有些不符的地方。因此，有些人會問：

> 問：若椽全自獨作舍者，未有瓦等，亦應作舍？

〔註21〕《金師子章雲門類解》，《大正藏》四十五，第 666 頁下。
〔註22〕《華嚴一乘教義分齊章》卷四，《大正藏》四十五，第 507 頁下。

> 答：未有瓦等時，不是椽，故不作，非謂是椽而不能作。今言能作
> 者，但論椽能作，不說非椽作。何以故？椽是因緣，由未成舍
> 時，無因緣故。非是緣也。若是椽者，其畢全成；若不全成，
> 不名爲椽。〔註23〕

在這裡，我們卻發現到：法藏對於「椽」所下的定義，似乎跟我們所理解的「椽」有所不同。通常來說，「椽」應該是指蓋屋舍時所使用的木料，而這些木料，當它還沒有蓋在屋舍之前，應該算作是「椽」。可是，法藏卻並不是用這種方式去定義「椽」，反倒是說，當準備好的木料，還沒有蓋在屋舍之前，應該算是木料，而不是「椽」。所謂「椽是因緣，由未成舍時，無因緣故。非是緣也」，正說明了法藏對「椽」所下的定義，跟我們一般所理解的大不相同。

因此，這裡所謂的「椽」，必須要它在形成屋舍的時候，才可稱之爲「椽」。所以，從這種角度來說：「椽」是因，「舍」是果，而「椽」與「舍」之間，是相互依存的因果關係，當屋舍尚未完全蓋好之前，雖有準備好的木料，然而尚不可稱之爲「椽」；一旦屋舍已經蓋成，木料於是便成爲「椽」。所以，作爲「椽」的因，以及作爲「舍」的果，是同時成立的。所謂「若是椽者，其畢全成；若不全成，不名爲椽」，因與果的同時成立，正好表現了「椽」與「舍」的同時完成。換句話說：當屋舍蓋好的時候（果），「椽」（因）才宣告成立。倘若作爲「椽」的木料等各方面的條件不齊全時，屋舍即不可能成立。例如：

> 問：若椽等諸緣，各出少力共作，不全作者，有何過失？
> 答：有斷、常過。若不全成，但少力者，諸緣各少力，此但多箇少
> 力，不成一舍故，是斷也。諸緣並少力皆無全成，執有全舍者，
> 無因有故，是其常也。若不全成者，去卻一椽時，舍應猶在。
> 舍既不全成故，知非少力並全成也。〔註24〕

因此，我們也可以從反面來說，當屋舍尚沒有完全蓋好的時候，木料也不可以稱爲「椽」，而必須要等到屋舍正要蓋好的當下，原來的木料才可被稱爲「椽」。所以，按照這一種推論方式來說：「椽」與「舍」之間的關係，也就是同時完成的。而當「舍」的成立缺少一「椽」時，「舍」即不可能成立。例如：

〔註23〕 《華嚴一乘教義分齊章》卷四，《大正藏》四十五，第507頁下～508頁上。
〔註24〕 《華嚴一乘教義分齊章》卷四，《大正藏》四十五，第508頁上。

問：無一椽時，豈非舍耶？

答：但是破舍，無好舍也。故知好舍，全屬一椽。既屬一椽故，知
　　椽即是舍也。〔註25〕

由此可知，當屋舍缺少因緣的時候，便是「破舍」，而「破舍」不可被稱之為「舍」。因此，「舍」的本身，是缺緣不成的；缺緣之「舍」，已不復是舍了。所以，我們更可進一步地說：所謂「舍」，其實正是跟「椽」不可分割的整體。

可是，這一種回答方式，卻又會引申出另一個問題：既然屋舍是由「椽」所構成，那麼，其他的瓦、板、磚等東西，到底算不算是「椽」呢？例如：

問：舍既即是椽者，餘板、瓦等，應即是椽耶？

答：總並是椽。何以故？去卻椽，即無舍故。所以然者，若無椽，
　　即舍壞，舍壞故不名板、瓦等，是故板、瓦等即是椽也。若不
　　即椽者，舍即不成，椽、瓦等並皆不成。今既並成，故知相即
　　耳。〔註26〕

法藏在這裡主要是以屋舍和「椽」的比喻，來說明事物之間相即相成的關係。由於「舍」即是「椽」，因此，板、瓦在這裡也應該屬於「椽」，其原因是「椽」和板、瓦在這裡，也是相即不離，不一不二的。換句話說，當「椽」不存在（壞）時，「舍」也不存在，所以，「椽」＝舍（A＝B）；而當「舍」不存在時，板、瓦等物相繼不存在了，所以，「舍」＝「板、瓦」（B＝C）。由此推論：板、瓦等東西，其實即是「椽」的相即部分（C＝A）。

於是，我們也就可以得出這樣的一個公式，那就是「椽」＝「舍」＝「板、瓦」，（A＝B＝C）。因此，法藏最後總結上述這一種關係時說：

一椽既爾，餘椽例然。是故一切緣起，不成則已，成則相即。鎔融
無礙，自在圓極，難思出過情量。法性緣起一切處，準知。〔註27〕

綜合而言，宇宙萬有，其整體與部分之間，皆是環環相扣，相即相成，圓融無礙，這便是一切現象的總相。

（2）別相：這是指整體的各自構成部分，而這各自的構成部分，跟整體之間
　　　的關係，基本上還是有差別的。例如：

別相者，椽等諸緣，別於總故。若不別者，總義不成；由無別故，

〔註25〕《華嚴一乘教義分齊章》卷四，《大正藏》四十五，第 508 頁上。
〔註26〕《華嚴一乘教義分齊章》卷四，《大正藏》四十五，第 508 頁上。
〔註27〕《華嚴一乘教義分齊章》卷四，《大正藏》四十五，第 508 頁上。

> 即無總故。此義云何？本以別成總。由無別故，總不成也；是故別
> 者，即以總成別也。〔註28〕

換言之，整體和部分之間的關係，一方面是相即相成、圓融無礙的，而另一
方面又是有區別的，對立的。因此，總相是依別相而成立；別相又是以總相
而成立。沒有總相，也就沒有別相；沒有別相，也就沒有總相了。例如：

> 問：若總即別者，應不成總耶？
>
> 答：由總即別故，是故得成總。如椽即是舍故，名總相。即是椽故，
> 　　名別相。若不即，舍不是椽；若不即，椽不是舍。總、別相即，
> 　　此可思之。〔註29〕

因此，總相是成立於別相，而別相又是成立於總相。這一種相即相成的道理，
表面上好像都是言之成理。然而，又有人會問：既然是相即相成，那麼，便
應該只有總相，爲什麼還會有總、別之分呢？例如：

> 問：若相即者，云何說別？
>
> 答：祇由相即，是故成別。若不相即者，總在別外，故非總也；別
> 　　在總外，故非別也。思之可解。〔註30〕

事實上，整體與部分，是相依相成的。因此，就在這種相即的情況下，別相
其實已經成立了。假如別相不依總相而立，那麼，便會造成了在別相以外還
有總相，在總相以外還有別相的現象產生。所以，在相即的過程中，其實總、
別二相，已經宛然成立了。

　　由此可知，這裡所謂的「別相」，並不是指離開了「總相」以外，還有一
個叫做「別相」，或者離開了「別相」以外，還有一個叫做「總相」。總、別
之間的關係，其實正是相即相成，缺一不可的。例如：

> 問：若不別者，有何過耶？
>
> 答：有斷、常過。若無別者，即無別椽、瓦；無別椽、瓦故，即不
> 　　成總，故此斷也。若無別椽、瓦等，而有總舍者，無因有舍，
> 　　是常過也。〔註31〕

因此，倘若沒有「別相」，即沒有構成部分，也就等於沒有椽、板、瓦，這樣

〔註28〕《華嚴一乘教義分齊章》卷四，《大正藏》四十五，第 508 頁上。
〔註29〕《華嚴一乘教義分齊章》卷四，《大正藏》四十五，第 508 頁上。
〔註30〕《華嚴一乘教義分齊章》卷四，《大正藏》四十五，第 508 頁中。
〔註31〕《華嚴一乘教義分齊章》卷四，《大正藏》四十五，第 508 頁中。

子，即不可能成就「舍」的「總相」，如此，便成為斷過。同樣地，若沒有橡、板、瓦而能有「舍」的總相，便等於說「舍」其實是無因自有，這便會流於常過。

（3）同相：這是指以橡、板、瓦的組合作用，共同構成了屋舍的部分。因此，屋舍跟橡、板、瓦之間，是含有統一性的關係。例如：

> 同相者。橡等諸緣，和合作舍，不相違故，皆名舍緣。非作餘物，故名同相也。〔註32〕

換言之，這裡所謂的「同」，其實正是指橡、板、瓦的因緣，共同構成了屋舍的統一性而言。因此，橡、板、瓦的諸因緣，不作其他東西，而只作屋舍，這便證明了橡、板、瓦與屋舍之間，是具有內在的統一性基礎，所以才會在毫無矛盾的情況下構成了屋舍。然而，又不禁有人會問：這一種統一性基礎，跟總相之間的關係，到底又有何差別呢？例如：

> 問：此與總相何別耶？
>
> 答：總相唯望一舍說。今此同相，約橡等諸緣。雖體各別成，力義齊故，名同相也。〔註33〕

因此，這裡的所謂「總相」，主要是就屋舍的整體性而言；而「同相」，則是針對橡、板、瓦與屋舍之間條件上的統一性關係或構成力量來說的。所以，單從立論的角度而言，依然是有所不同的。因此，倘若否定了這一種統一性關係，則事物的組合便會互相矛盾。例如：

> 問：若不同者，有何過耶？
>
> 答：若不同者，有斷、常過也。何者？若不同者，橡等諸義，互相違背，不同作舍。舍不得有，故是斷也。若相違不作舍，而義有舍者，無因有舍，故是常也。〔註34〕

由此可知，倘若沒有「橡」等的統一性基礎，則無從凝結成「舍」，這樣，「舍」的存在便斷滅了。又倘若不需要「橡」等的諸緣，而能有「舍」的話，那麼，「舍」便成為自有本有之物，這便是常見了。

（4）異相：這是指屋舍雖然是由「橡」的統一性所構成，然而，就橡、板、瓦的諸因緣來說，還是各自保持其差別性。例如：異相者，橡等諸緣，

〔註32〕《華嚴一乘教義分齊章》卷四，《大正藏》四十五，第 508 頁中。
〔註33〕《華嚴一乘教義分齊章》卷四，《大正藏》四十五，第 508 頁中。
〔註34〕《華嚴一乘教義分齊章》卷四，《大正藏》四十五，第 508 頁中。

隨自形類，相望差別故。〔註35〕

因此，所謂「異相」，其實正是站在條件本身的相對性立場而言，由此而顯現出彼此條件之間的差異性。例如，屋舍是由「椽」等因素所構成，而這些因素或條件之間，都是各自存在有差異性的。同時，也正由於有這種差異性的存在，所以，才會構成一個整體的統一性。這便是法藏所說的「統一性和差異性之間的依存原理」。如《華嚴一乘教義分齊章》卷四所說：

問：若異者，應不同耶？

答：祇由異故，所以同耳。若不異者，椽既丈二，瓦亦應爾。壞本緣法故，失前齊同成舍義也。今既舍成，同名緣者，當知異也。

〔註36〕

由此看來，統一性和差異性之間，確實是交互辯證，相輔相成，缺一不可的。因此，統一性是建基於差異性上，而差異性又是建基於統一性上。這正如同屋舍是由眾緣所構成，倘若眾緣之間沒有差異性，那麼，組合（統一性）便成爲不可能了；同樣地，倘若沒有統一性，那麼，眾多椽、瓦、板堆在一起，也不可能成爲屋舍。因此，同成於異，異成於同的道理，已是相當明顯的了。

（5）成相：由於有椽、瓦、板的統一性和差異性的存在，因此，屋舍的「成相」便可成立。如《華嚴一乘教義分齊章》卷四所說：成相者，由此諸緣，舍義成故；由成舍故，椽等名緣。若不爾者，二俱不成。今現得成，故知成相，互成之耳。〔註37〕

由此可知，作爲結果的屋舍，以及作爲原因的椽、瓦、板等諸緣，都是相互同時成立的。換句話說，由於有椽、板、瓦等的「別相」和合，所以，才能構成屋舍的「總相」。又由於屋舍是由椽、板、瓦等所構成，當屋舍構成的時候，椽、板、瓦等東西才可被稱作是屋舍的「緣」。因此，總相和別相之間，是相互依存，一時俱成的。

再從另一個角度來說：椽、瓦、板能作爲屋舍的因緣，正代表了椽、瓦、板不顯現本身的性質作用，而顯現爲屋舍的性質作用。如《華嚴一乘教義分齊章》卷四所說：

問：現見椽等諸緣，各住自法，本不作舍。何因得有舍義成耶？

〔註35〕《華嚴一乘教義分齊章》卷四，《大正藏》四十五，第508頁中。
〔註36〕《華嚴一乘教義分齊章》卷四，《大正藏》四十五，第508頁中。
〔註37〕《華嚴一乘教義分齊章》卷四，《大正藏》四十五，第508頁中。

答：秖由椽等諸緣不作故，舍義得成。所以然者。若椽作舍去，即
　　失本緣法故，舍義不得成；今由不作故，椽等諸緣現前故，由
　　此現前故，舍義得成矣。〔註38〕

因此，每一件事物都有其本身的獨立存在形式，當它處於不同的聯繫中，便
會表現出不同的性質。例如：當木料成為屋舍的緣時，即不同於木料原來的
形態，而被稱為椽、瓦、板了。所以，木料不作屋舍，因為當我們稱它為木
料時，即不把它當作屋舍的緣；而當我們稱它為椽、瓦、板時，屋舍其實已
經完成了，這時才可稱之椽、瓦、板。

　　由此可知，「椽」不可作「舍」，這是因為「椽」不是作為「舍」的過程
語（今由不作故），而應該是作為完成語（「椽」等諸緣現前故）。因此，在過
程中的「椽」，並不能算是「椽」，而是木料；而當木料造成了「舍」時，木
料即頓然成「椽」。所以「椽」之成「舍」，不是從過程去完成「舍」，而是「椽」
與「舍」的同時完成，這正如同「十玄門」中的「同時具足相應門」一樣，
所謂：「若椽作舍去，即失本緣法故，舍義不得成；今由不作故，椽等諸緣現
前故，由此現前故，舍義得成矣。」

　　倘若是以「椽」去作「舍」，那麼，「椽」便成為了過程語，而「椽」本
身作為跟「舍」同時完成語的諸緣意義，便會因此而喪失了。因此，「椽」之
成「舍」，並不是作為過程意義的造作，而是作為結果意義的頓然現前、頓然
完成。

（6）壞相：這是指各種因緣，都以自身獨立的方式存在，不參予和合變化的
　　　過程，這便是「壞相」。因此，「壞相」也就不等同於「斷裂空」。所謂：

　　椽等諸緣，各住自法，本不作故。〔註39〕

換句話說，當「椽、瓦、板」還是保持原來的木料狀態（各住自法），木料還
是木料，不在過程變化中，去作「舍」的因緣時，對於「舍」的本身來說，「舍」
便是不存在，因此，「舍」便成為「壞相」。因此，「舍」之成為「壞相」，主
要是因為「椽」不去作「舍」的緣，而保持它原來作為木料的狀態。

　　然而，不禁有人會問：明明是看到屋舍是由眾椽所構成，何故又偏說「本
不作」呢？例如：

　　問：現見椽等諸緣作舍成就。何故乃說「本不作」耶？

〔註38〕《華嚴一乘教義分齊章》卷四，《大正藏》四十五，第 508 頁下。
〔註39〕《華嚴一乘教義分齊章》卷四，《大正藏》四十五，第 508 頁下。

答：祇由不作故，舍法得成。若作舍去，不住自法，有舍義即不成。

何以故？作去失法，舍不成故；今既舍成，明知不作也。〔註40〕

這正好說明了「橡」和「舍」是同時完成，頓然現起的道理。由於「橡」是作爲與「舍」同時完成的因緣，而在過程中的「橡」，並不稱作「橡」，而是木料。由於「橡」是跟「舍」同時完成的因緣，因此，「橡」是不作（不參予過程的運作，只作爲結果的同時俱起），而「舍」完成。倘若把「橡」去參予過程運作，那麼，「橡」便成爲木料，如此一來，「舍」即無從建立，而只是一堆木頭的存在而已。在這種情況下，「舍」於是便成爲了「壞相」。

當因緣自身不參予過程變化，依然保持自身的獨立性，這些因緣便不能算作是因緣了，而只是材料而已。而當材料變化爲因緣時，事物已經頓然完成，所以因緣本身是不作的。因此，當因緣不作時，事物其實已經完成，這便是「成相」；而當材料還是材料，不去完成事物時，事物便無法頓然生起，這便成了「壞相」。在結尾的部分，法藏對於有關「六相圓融」的道理，曾總結如下：

又「總」即一舍；「別」即諸緣；「同」即互不相違；「異」即諸緣各別；「成」即諸緣辦果；「壞」即各住自法。別爲頌曰：

一即具多名總相，多即非一是別相；

多類自同成於總，各體別異現於同；

一多緣起理妙成，壞住自法常不作；

唯智境界非事識，以此方便會一乘。〔註41〕

由此可知，「六相圓融」的最高表現是一、多相即，這也正是華嚴最高法門「一乘圓教」的具體表現。因此，從因緣的同時頓起來說明「法界緣起」的眞諦，確實是「六相圓融說」的理論極致。

事實上，法藏的「六相圓融說」，主要是希望能夠融合哲學意義於宗教境界當中。換言之，他是希望能藉著「六相圓融說」的理論基礎，去進一步建立華嚴義海的「法界緣起觀」。誠如《華嚴一乘教義分齊章》卷四所說：

此教爲顯一乘圓教、法界緣起、無盡圓融、自在相即、無礙鎔融，乃至因陀羅無窮理事等。此義現前，一切惑障，一斷一切斷，得九世、十世惑滅；行德即一成一切成；理性即一顯一切顯，並普別具足，始終皆齊，初發心時，便成正覺。

〔註40〕 《華嚴一乘教義分齊章》卷四，《大正藏》四十五，第508頁下。
〔註41〕 《華嚴一乘教義分齊章》卷四，《大正藏》四十五，第508頁下。

良由如是法界緣起、六相圓融、因果同時、相即自在、具足逆順。因即普賢解行，及以證入；果即十佛境界，所顯無窮。

從法藏的理論系統中，我們大可得出如下的體認，那就是：宇宙萬有，都皆具有「六相」的相即相入，圓融無礙的系統，而這一種境界便是「法界緣起」的無盡境界。在這種境界中，一切的惑障、煩惱，皆可完全斷盡，普歸毗盧性海中。由此可見，華嚴義海，的確是人間難得幾回聞的最高境界。

第四節　法藏的「新十玄門」

「十玄門」的理論，據說最初是杜順所創，然而，正式把它撰寫成文字作品的，便是智儼的《華嚴一乘十玄門》了。因此，一般學者，都傾向於接受「十玄門」的理論，主要是承接自杜順《法界觀門》中「周遍含容觀」的思想啟發，再經智儼的系統整理而成，這便是一般人所說的「舊十玄門」。

後來，法藏繼承此說，並在《華嚴經文義綱目》中，列舉了有關「十玄門」的名稱次序，跟智儼所說的完全一樣。隨後，又在《華嚴一乘教義分齊章》卷四中，進一步發揮了「十玄門」的義理，而所列舉的名稱，跟智儼所說的大致相同，但次序卻有所更動。

在《華嚴金師子章》中所列舉的「十玄門」名目，跟《華嚴一乘教義分齊章》相同，而次序有異。接著，在較後期的著作《華嚴經探玄記》，以及《華嚴經旨歸》中，更把原來「十玄門」的綱目名稱，作更大幅度的修改，而且，在內容意理上，更有所創新突破。

站在中國佛教史的立場而言，通常都喜歡把智儼的「十玄門」，稱為「舊十玄」；而把法藏所創新發展的「十玄門」，稱為「新十玄」。事實上，法藏的「十玄門」學說，是經歷過兩大轉折：首先是繼承智儼的「舊十玄說」，然後是闡發自己所發展的「新十玄說」。

有關「十玄門」的內容，可直接參閱本論文第四章第二節的部分，在這裡就不多說了。而現在我們所要進行的工作，主要是比較一下新、舊十玄的內容差異，藉以作為理解法藏「新十玄門」思想的切入點。

為了要突顯新、舊十玄內容的差異，我們僅以智儼在《華嚴一乘十玄門》所列舉的「舊十玄」；〔註42〕以及法藏在《華嚴經探玄記》所列舉的「新十玄」，

〔註42〕請參閱《華嚴一乘十玄門》，《大正藏》四十五，第515頁中。

〔註43〕表解如下：

「舊十玄」	「新十玄」
1.同時具足相應門 ———— 同時具足相應門	
2.因陀羅網境界門	廣狹自在無礙門
3.祕密隱顯俱成門	一多相容不同門
4.微細相容安立門	諸法相即自在門
5.十世隔法異成門	隱密顯了俱成門
6.諸藏純雜具德門	微細相容安立門
7.一多相容不同門	因陀羅網法界門
8.諸法相即自在門	託事顯法生解門
9.唯心迴轉善成門	十隔法異成門
10.託事顯法生解門	主伴圓明具德門

從上列表解中，我們可以看出新、舊十玄的差別，主要有兩點，一是次序，二是名稱。「新十玄」除了第一句外，其它的次序都作出大幅度的改。這是分別以總、空、用、體、緣、相、喻、智、時、境的觀念來排列的，這一種排列次序，在法藏看來，是更能符合華嚴「法界緣起」的義理。

在這裡，名稱被更改的地方，共有四門：

（1）「因陀羅網境界門」改為「因陀羅網法界門」

這裡把「境界」改為「法界」，比較更為符合無盡的「法界緣起」精神。事實上，因陀羅網的重重無盡，正是說明「法界」的同時頓起現象；倘若使用「境界」，則較難使人聯想到它跟「法界」之間的關係。

（2）「秘密隱顯俱成門」改為「隱密顯了俱成門」

這裡把「秘密隱顯」改為「隱密顯了」，比較更能突顯出秘密的隱顯關係。因此，改動之後的文字更感確切，而內容則是完全一樣。

（3）「諸藏純雜具德門」改為「廣狹自在無礙門」

有關這一點，澄觀在《大方廣佛華嚴經隨疏演義鈔》卷十當中，曾有如下的解釋云：

> 此門賢首（法藏）所立，以替至相（智儼）十玄諸藏具德門。意云：一行為純，萬行為雜等，即事事無礙義。若一理為純，萬行為雜，

〔註43〕請參閱《華嚴經探玄記》卷一，《大正藏》三十五，第 123 頁中。

　　　　即事理無礙。恐濫事理無礙，所以改之。〔註44〕

在這裡，智儼是以理事無礙的觀念來貫通「十玄門」的思想，因此，所謂的「諸藏純雜具德門」的「純雜」，其中「純」是指理方面，而「雜」則是指事方面。所以，「純雜具德」其實就是指「理、事無礙」，而不是指「事、事無礙」。法藏爲了要把「十玄門」歸結到「事、事無礙」方面，藉以擺脫智儼「理、事無礙」的思想影子，於是便改以「廣狹自在」來彰顯「事、事無礙」之理。

　　（4）「唯心迴轉善成門」改為「主伴圓明具德門」

　　「唯心迴轉善成門」是指一切諸法，無論是善是惡，都是如來藏自性清淨心的顯現。因此，這一門是在闡明一切染、淨事物之間「事、事無礙」的原因，皆是如來藏清淨心所顯，從而染、淨一如，事、事無礙。由於它只表示「事、事無礙」的原因，而不是表示無礙的相狀，爲了避免一般人泛泛地談唯心，而忽略了一切事物的本具自性，法藏乃以「主伴圓明具德門」，來彰顯出一切事物自性本具的特點。

第五節　法藏的「法界觀」

　　法藏的法界思想，總計有二、三、五等多種。現分析如下：

一、二法界說

　　這裡的「二法界」，便是指：（1）理法界和（2）事法界兩種。如《華嚴經探玄記》所說：

　　　　一性二用，法界亦二。一、理；二、事。如次二身，遍二法界；二
　　　　界兩身，相互相即，四句無礙，思之！〔註45〕

二、三法界說

　　所謂「三法界」，便是把理、事兩種法界加以圓融無礙，便成爲「理、事無礙法界」，合稱「三法界」。如法藏在《華嚴經義海百門》中有云：

　　　　（《華嚴》）經云：即法界無法界；法界不知法界。若性相不存，則
　　　　爲「理法界」。不礙事相宛然，是事法界。合理、事無礙，二而無二，

〔註44〕請參閱《大方廣佛華嚴經搜玄分齊通智方軌》卷十，《大正藏》三十六，第75頁中。
〔註45〕《華嚴經探玄記》卷二，《大正藏》三十五，第145頁上。

　　無二即二，是爲法界也。〔註46〕

三、五法界說

　　所謂「五法界」，主要是指：（1）有爲法界〔A〕；（2）無爲法界〔-A〕；（3）亦有爲亦無爲法界〔A-A〕；（4）非有爲非無爲法界〔-A--A〕；（5）無障礙法界〔O〕等五種，現分析如下：

（一）有為法界〔A〕

　　所謂「有爲法界」，是指從無始時來阿賴耶識的有漏種子，所開展出來的現象世界，也是前面所說的「事法界」。如法藏在《華嚴經探玄記》卷十八所說：

　　初、有爲法界。有二門：一、本識能持諸法種子，名爲法界，如《攝大乘》論云：無始時來界等。此約因義。

　　二、三世諸法差別邊際，名爲法界。〈不思議品〉云：一切諸佛，知過去一切法界，悉無有餘；知未來一切法界，悉無有餘；知現在一切法界，悉無有餘等。〔註47〕

因此，這裡的「有爲法界」，也正相當於前面所說「染法緣起」中的「緣集一心門」。

（二）無為法界〔-A〕

　　所謂「無爲法界」，是指阿賴耶識的清淨種子，或眞如性所展現的「法界恒淨性」。就「本有」和「修生」而言，則又可分兩門：（1）性淨門；（2）離垢門。如《華嚴經探玄記》卷十八所說：

　　二、無爲法界，亦有二門：

　　1. 性淨門：謂有凡位，性恒淨故；眞空一味，無差別故。

　　2. 離垢門：謂由對治，方顯淨故。隨（修）行淺深，分十種（十地）故。〔註48〕

這裡的 1. 性淨門，正相當於「淨法緣起」中的「本有」；2. 離垢門，也正相當於「淨法緣起」中的「修生」觀念。

（三）亦有為亦無為法界〔A-A〕

　　法藏亦把「亦有爲亦無爲法界」分爲兩種，即：（1）隨相門（事相）；（2）

〔註46〕《華嚴經義海百門》，《大正藏》四十五，第 627 頁中。
〔註47〕《華嚴經探玄記》卷十八，《大正藏》三十五，第 440 頁中。
〔註48〕《華嚴經探玄記》卷十八，《大正藏》三十五，第 440 頁下。

無礙門（理體）。如《華嚴經探玄記》卷十八所說：

> 三、亦有爲亦無爲法界者。亦有二種：
>
> 1. 隨相門：謂受、想、行蘊，及五種色（眼、耳、鼻、舌、身），并八無爲（擇滅、非擇滅、虛空、不動、善法眞如、不善法眞如、無記法眞如、道支眞如），此十六法唯意識所知；十八界中名爲法界。
>
> 2. 無礙門：謂一心法界，具含二門：一、心眞如門；二、心生滅門。雖此二門，皆各總攝一切諸法，然其二位，恒不相雜。其猶攝波非靜，攝波之水非動。

故〈迴向品〉云：於無爲界出有爲界，而亦不壞無爲之性，於有爲界出無爲界，而亦不壞有爲之性。〔註49〕

因此，這裡的所謂「隨相門」，其實就是指有爲法的八種「事相」：（1）受、（2）想、（3）行的三蘊，以及（4）眼、（5）耳、（6）鼻、（7）舌、（8）身的五種色根，合共成八種有爲法。而無爲法亦有八種「事相」，即：（1）擇滅、（2）非擇滅、（3）虛空、（4）不動、（5）善法眞如、（6）不善法眞如、（7）無記法眞如、（8）道支眞如，合共十六種相狀。

而所謂「無礙門」，則是指《大乘起信論》所說的「一心開二門」之「理體」，這也就是法藏所說的「一心法界」。由於「一心」包含了「眞如」和「生滅」，因此也就等於包含了有爲和無爲二法。如此，「眞如」不壞「生滅」；無爲不壞有爲，這樣便可達到圓融無礙的境地。

（四）非有爲非無爲法界〔-A--A〕

所謂「非有爲非無爲法界」，便是要從「有爲」和「無爲」的相對待中加以突破，藉以達到「離兩邊」「絕相待」的最高圓融境界。爲了達到這種離邊絕待的效果，法藏於是便以「形奪門」和「無寄門」來表示。如《華嚴經探玄記》卷十八所說：

> 四、非有爲非無爲者亦二門：
>
> 1. 形奪門：謂緣無不理之緣，故非有爲；理無不緣之理，故非無爲。法體平等，形奪雙泯。
>
> 《大品（般若）經》三十九云：須菩提白佛言：是法平等，爲是

〔註49〕《華嚴經探玄記》卷十八，《大正藏》三十五，第 440 頁下。

有爲法，爲是無爲法？佛言：非有爲法，非無爲法。何以故？離
有爲法，無爲法不可得；離無爲法，有爲法不可得。須菩提，是
有爲性、無爲性，是二法不合不散，此之謂也。

2. 無寄門：謂此法界離相離性故非此二。由離相故非有爲，離性故
非無爲。又由是眞諦故非有爲，由非安立諦故非無爲。又非二名
言所能至故，是故俱非。

《解深密經》第一云：一切法者，略有二種，所謂有爲、無爲。是
中有爲，非有爲非無爲；無爲，非無爲非有爲。乃至廣說。〔註50〕

由此看來，「形奪門」是指「緣」無不具理之緣，故是非有爲；「理」無不具
理之理，故非無爲。換言之，法法平等，無有高下，如此有爲、無爲二法，
俱不可得，從而顯示出此二法的不合不散關係，藉以爲「無障礙法界」的理
論，預作鋪路。

（五）無障礙法界〔O〕

這便是把理、事無礙的圓融境界，推置到最高峰的表現。爲了展示理、
事之間的無礙性，法藏特別以普攝門和圓融門來表示。如《華嚴經探玄記》
卷十八所說：

五、無障礙法界者，亦有二門：

1. 普攝門：謂於上四門，隨一即攝餘一切故。是故善財，或睹山海，
或見堂宇，皆名入法界。

2. 圓融門：謂以理融事故，全事無分齊。謂微塵雖小，能容十刹，
刹海非大，潛入一塵也。以事融輳故，全理非無分，謂一多無礙，
或云一法界，或云諸法界。

〈性起品〉云：譬如諸法界分齊不可得，一切非一切，非見不可
取。此明諸則非諸也。〔註51〕

總括以上所述，法藏在這裡所強調「法界觀」，是比較傾向於「事、事無礙」
的「無障礙法界」，在這個境界中，一切的是非對立，皆可消融於其中，混然
爲「一眞法界」，這也正是「法界緣起觀」的最高境界表現。此外，法藏尚有
其它的「法界觀」等理論，如「十法界」或「五種法界」的分類，惜因篇幅
關係，因此，本文的論述，也只能到此爲止。

〔註50〕《華嚴經探玄記》卷十八，《大正藏》三十五，第 440 頁下。
〔註51〕《華嚴經探玄記》卷十八，《大正藏》三十五，第 440 頁上。

結　論

　　從本論文的論述過程中，我們不難發現到：「法界緣起」的形上學進路，是具有相當深厚的思想史背景作爲基礎，才會有如此豐碩的思想成果，無怪乎「法界緣起」在眾多的「緣起說」當中，終於被認定爲「圓教一乘」的最高極致。

　　在第一章的討論，主畏是針對《華嚴經》的出處、編纂和流通問題所展開的討論。爲了避免造成「大乘非佛說」的困擾，作者在這裡也提出了一個「調和說」的處理方案，首先是把《華嚴經》的「法會時間」和經典在「人間出現時間」加以區分。換句話說，站在經典的立場，《華嚴經》是佛陀成道時，在天上爲天人、菩薩眾所說的經典，因此，它在人間是不曾流通過（就是連當時佛陀在人間的五比丘，聽後也如聾作啞）。那麼，這部經典在人間的正式流通，便是要等到佛滅度後五、六百年，人間才開始有華嚴法門的弘揚，這是一個歷史的事實。

　　因此，在本論文的第二章中，作者花了相當多的篇幅，去處理有關「法界緣起」的思想史淵源，其目的正是要突顯出「法界緣起」之所以理論殊勝，主要是因爲它能夠超越前期不同的「緣起說」，如「十二支緣起」、「業感緣起」、「賴耶緣起」、「眞如緣起」，乃至「如來藏緣起」等等。

　　在論述的過程中，作者主要是針對佛教形上學系統的發展和演變，去作思想史的分析工作，例如，原始佛教原先是不談形上學的，爲何後來卻一直往形上學的道路發展呢？這便必須要牽涉到原始佛教對「十四無記」所探取的態度問題。因此，從「十四無記」的追問方式中，佛教卻不期然地往形上學的方向加以發展，而「業感緣起」、「賴耶緣起」、「眞如緣起」等思想系統，

於是便順應著這一種思潮而不斷發展，而華嚴的「法界緣起觀」，於是便順應著這一種趨勢，大大地發展開來。

從這一點看來，本論文在討論「法界緣起」的思想史淵源和經典的成立過程時，都是站在這一種人間流布的立場而言，這跟經典的是否爲佛說的問題無關。因此，我們也可以說，這些大乘經典都是佛說的，但在當時的人間弟子是無法聽聞的，所以便一直被押後五、六百年，當人間的「時節因緣」成熟的時候，經典才會慢慢出現人間。所以，我們在這裡所討論的「法界緣起」的思想史淵源，也是基於同一的立場，也就是說，從「業感緣起」、「賴耶緣起」到「眞如緣起」，都只是在說明這種思想在人間呈現經過而已，跟他方世界的流傳沒有多大關係。

因此，本論文主要是在作人間歷史性的敘述，指出「法界緣起」在人間形成的時間次序，而這一個次序，也只是代表了這種思想在人間所呈現的「時節因緣」而已，事實上，學術的探討範圍，也只能限定在這一個領域上，超過了此一疆界，學術是無法處理的。所以，本文所處理的「法界緣起」，也只能就思想面和哲學面的層次展開討論，至於有關實踐面的體證部分，便只有透過信、解、行的實踐工夫去加以完成了。

綜合以上各章的論點，我們也可以清楚地看出，「法界緣起」跟「眞如緣起」之間的關係的確是很難區別的。例如，早期杜順的《法界觀門》和《五教止觀》所呈現的「法界緣起觀」，主要是從「性空眞如」所轉出的「法界緣起」；而法藏的「法界緣起觀」，則是從「性起眞如」所轉出的「法界緣起」。

形成這種差異性的主要原因，很可能是由於杜順是深受到早期般若思想的影響，而法藏則是受到當時的如來藏思想的影響，尤其是《大乘起信論》的「一心開二門」，更形成了法藏思想的重要樞紐。由此可見，「眞如緣起」跟「法界緣起」之間的思想關係，是何等接近。可是，「法界緣起」始終還是「法界緣起」，「眞如緣起」始終還是「眞如緣起」，那麼，「法界緣起」與「眞如緣起」之間，是否還是會有差別呢？

事實上，「眞如緣起」和「法界緣起」的根本差別，主要是「法界緣起」多出了一個「圓融無礙」的觀念，而這一部分正是「眞如緣起」所沒有的。這其中的關鍵點，正是由於「眞如緣起」的重點在於說明萬法根源的衍生義，而「法界緣起」的重點則在強調事與事，以及事與理之間互相含攝的無礙性和圓融性。而這一部分思想特質，正是「眞如緣起」所欠缺的。

因此，我們也可以說，「法界緣起」是從「真如緣起」所轉出的「圓融無礙緣起」；若從其「一時頓現」而言，或可稱作「無盡緣起」，誠如「因陀羅法界網」的光光相網一般，是一種重重無盡的基深緣起。所以，「真如緣起」重視諸法的染、淨，皆從「真如心」所流出；而「法界緣起」，則重視諸法之間，彼此平等互攝，圓融無礙的關係，已經是相當明顯了。

然而，「真如緣起」的「真如心」或「一心」，到底又是從那裡來呢？對於這一個問題，便必須溯源到「賴耶緣起」的心、意、識說了。事實上，阿賴耶識的染、淨說，乃至第九識說，都直接跟「真如心」的觀念有關。

可是，當我們再往前追溯，便會更進一步追問到這「阿賴耶識」的起源問題，這便必須要回溯到「業感緣起」的形成問題。在部派佛教的「業感緣起說」中，為了針對業體的問題，而有所謂唯心與唯物的觀念之爭，爭論的結果，唯心的方向，終於獲得了完全的確立，因而更造就了「阿賴耶識」的種子說理論。

倘若我們更要往前追問：「法界緣起」的一多相即，光光相攝的無礙境界，到底又是如何確立呢？這便要牽涉到諸法的實體性問題。從思想史的角度來說：在當初的「十二支緣起」中，本來是用作修行實踐之用，但後來卻引發了部派佛教對「實體性」問題的爭論，到了大乘時代，龍樹更直接提出了「緣起性空」的理論，並批判前期的「極微論」或「實體」觀念，是一種典型的「自性見」。同時，更進而強調我空、法空、畢竟空的真諦。

就在這一種情況下，事物與事物之間的「實體性」觀念，便終於被完全打破，因此，事物與事物之間的無礙性和互攝性，在沒有「實體性」觀念的阻隔情況下，終於可以含攝互通，重重無盡。因此，從「性空真如」可以轉出「法界緣起」，其關鍵也正在於此。所以，研究「十二支緣起」，對於瞭解「業感緣起」、「賴耶緣起」，乃至「真如緣起」等思想關係，也是相當具有幫助的。然而，這些形上學的方向，到底又是從什麼時候開始呢？這便要追問到原始佛教的「十四無記」問題了。

由此可知，從「十四無記」、「十二因緣」、「業感緣起」、「賴耶緣起」、「真如緣起」到「法界緣起」，正好說明了「法界緣起」思想，在人間的演變過程，是何等的迂迴曲折。因此，就在這五、六百年的歷史發展過程中，「法界緣起」的思想，就是如此的發展開來，當「法界緣起」思想在人間發展的「因緣時節」都達到相當成熟的時候，密藏已久的《華嚴經》，終於能夠出現於人間，

且爲當時的人間所接受，倘若沒有這些「時節因緣」配合，恐怕人間永遠也不會知道有這一類的經典出現了。

參考書目及經論

壹、參考書目

1. 楊政河，《華嚴經教與哲學研究》，慧炬出版社民國 71 年 10 月再版。

2. 湯用彤，《隋唐佛教史稿》，木鐸出版社民國 72 年 9 月版。

3. 黃懺華，《中國佛教史》，河洛出版社民國 63 年 12 月版。

4. 高峰了州著，慧岳譯，《華嚴思想史》，中華佛教文獻社民國 68 年 12 月 8 日初版。

5. 坂本幸男著，慧岳譯，《華嚴教學之研究》，中華佛教文獻社民國 60 年 9 月初版。

6. 中村元等著，《中國佛教發展史》上、中、下，天華出版社民國 73 年 5 月 1 日初版。

7. 中村元、笠原一男、金岡秀友編集，《アジア仏教史・中國編 1》全二十卷，佼成出版社昭和五十五年六月二十五日第三刷。

8. 中村元、笠原一男、金岡秀友編集，《アジア仏教史・インド編 III》全二十卷，佼成出版社昭和五十五年六月二十五日第三刷。

9. 平川彰博士古稀記念論集，《仏教思想の諸問題》，春秋社昭和六十年六月三十日第一刷。

10. 武邑尚邦等著，余萬居譯，《無我的研究》，法爾出版社民國 78 年 6 月 1 日版。

11. 龍山章眞著，櫻部建補注，《インド仏教史》，法藏館昭和五十二年七月十日。

12. 武内紹晃等編著，《緣起の研究》，百華苑昭和六十年三月二十日。

13. 平川彰、梶山雄一、高崎直道等著，《講座・大乘佛教》三─《華嚴思想》，春秋昭和五十八年五月三十日第一刷。

14. 呂澂，《中國佛學思想概論》，天華出版社民國 77 年 2 月 1 日三版。

15. 呂澂，《印度佛學思想概論》，天華出版社民國 77 年 2 月 1 日三版。

16. 方東美，《華嚴宗哲學》上、下冊，黎明文化事業公司民國 70 年 7 月初版。

17. 演培，《印度部派佛教思想觀》，慧日講堂民國 64 年 1 月 1 日初版。

18. 常盤大定，《支那佛教の研究》一、二、三冊，名著普及會昭和五十四年十一月二十日版。

19. 宮本正尊，《佛教の根本眞理》，昭和四十七年八月十日第四版。

20. 舟橋一哉，《業の研究》，法藏館昭和五十六年二月二十日第七刷。

21. 舟橋一哉，《原始佛教思想の研究——緣起の構造とその實踐》，法藏館昭和五十八年一月二十五日第七刷。

22. 靜谷正雄，《小乘仏教史の研究——部派佛教の成立と變遷》，百華苑昭和五十三年七月一日發行。

23. 靜谷正雄，《初期大乘仏教の成立過程》，百華苑昭和四十九年七月十五日發行。

24. 平川彰，《初期大乘仏教の研究》，春秋社昭和五十二年十月一日第三刷。

25. 印順，《初期大乘佛教的起源與開展》，正開出版社民國 70 年 5 月版。

26. 羅光，《中國哲學思想史》上、下冊，學生書局民國 74 年 11 月再版。

27. 霍韜晦編著，《佛學》教科書·上下冊，香港中文大學 1982 年 9 月初版。

28. 金克木著，《印度文化論集》，中國社會科學出版社 1983 年 10 月第一版。

貳、主要參考經論

1. 佛馱跋陀羅譯，《大方廣佛華嚴經》六十卷，譯出年代 418～420，大正九。

2. 實叉難陀譯，《大方廣佛華嚴經》八十卷，譯出年代 695～699，大正十。

3. 般若譯，《大方廣佛華嚴經》四十卷，譯出年代 795～798，大正十。

4. 杜順撰，《法界觀門》一卷（保存於澄觀《華嚴經法界玄鏡》），大正四十五。

5. 杜順撰，《華嚴五教止觀》，大正四十五。

6. 智儼撰，《華嚴一乘十玄門》，大正四十五。

7. 《華嚴五十要問答》，大正四十五。

8. 《華嚴經搜玄記》十卷（大方廣佛華嚴經搜玄分齊通智方軌），大正三十五。

9. 《華嚴經孔目章》四卷（華嚴經內章門等雜孔目章），大正四十五。

10. 法藏撰，《華嚴經探玄記》二十卷，大正三十五。

11. 《華嚴五教章》四卷（華嚴一乘教義分齊章），大正四十五。

12. 《華嚴經文義綱目》一卷，大正三十五。

13. 《華嚴遊心法界記》，大正四十五。

14. 《修華嚴奧旨妄盡還源觀》一卷，大正四十五。

15. 《華嚴經義海百門》，大正四十五。

16. 《華嚴發菩提心章》，大正四十五。

17. 澄觀撰，《華嚴經疏論纂要》，全六冊。

18. 世親撰，《唯識三十頌》，大正三十一。

19. 無著造，眞諦譯，《攝大乘論》卷上，大正三十一。

20. 世親釋，眞諦譯，《攝大乘論釋》，大正三十一。

21. 玄奘釋，無性譯，《攝大乘論釋》，大正三十一。

22. 世親造，玄奘譯，《大乘成業論》，大正三十一。

23. 天親造，毘目智仙譯，《業成就論》，大正三十一。

24. 眞諦譯，《顯識論》，大正三十一。

25. 《大乘起信論》一卷，大正三十二。

26. 窺基撰，《成唯識論述記》，大正四十三。